教练自我职业生涯管理本土化研究

JIAOLIAN ZIWO ZHIYE SHENGYA GUANLI BENTUHUA YANJIU

章崇会　著

重庆大学出版社

图书在版编目（CIP）数据

教练自我职业生涯管理本土化研究 / 章崇会著. -- 重庆：重庆大学出版社，2020.1

ISBN 978-7-5689-1868-8

Ⅰ.①教… Ⅱ.①章… Ⅲ.①教练员—人才培养 Ⅳ.①G808.191

中国版本图书馆CIP数据核字（2019）第241729号

教练自我职业生涯管理本土化研究

章崇会 著

策划编辑：陈 康

责任编辑：李桂英 黄菊香 版式设计：陈 康

责任校对：谢 芳 责任印制：张 策

*

重庆大学出版社出版发行

出版人：饶帮华

社址：重庆市沙坪坝区大学城西路21号

邮编：401331

电话：（023）88617190 88617185（中小学）

传真：（023）88617186 88617166

网址：http://www.cqup.com.cn

邮箱：fxk@cqup.com.cn（营销中心）

全国新华书店经销

重庆俊蒲印务有限公司印刷

*

开本：720mm × 1020mm 1/16 印张：15 字数：245千

2020年1月 第1版 2020年1月第1 次印刷

ISBN 978-7-5689-1868-8 定价：48.00元

/ 序一 /

2018 年 3 月召开的第十三届全国人大一次会议把国家体育总局的改革推向风口浪尖，国家体育总局苟仲文局长在“部长通道”回答提问时说：竞技体育面临瓶颈，呼吁我们出台措施。确实一些措施需要进一步完善，再改正自己。体育强国的建设，重要内涵是人人享有体育，改革的意图是变体育部门自己办体育为动员全社会力量，体育改革当前与今后主要用两个关键字：开放。

一谈体育改革马上就会联想到我国对举国体制的改革，举国体制曾经是我国竞技体育事业取得辉煌的重要保证，但中国竞技体育原来最大的优势之一——人力成本优势，包括运动员与教练员，正在减弱甚至慢慢消失。昔日无数家庭与孩子为了更好的人生涌向竞技体育，同时也有大量退役运动员因可拥有一份工作而愿意留下当教练员。所以，即使运动队的科学训练水平不高，即使普遍存在着高压式的控制型 / 家长式执教与管理，即使教练员的职业生涯发展并不清晰，但只要体制内其他资源配套，我们的体育运动队伍仍然保持着相应的发展规模，仍然可以取得很好的运动成绩。

但今非昔比，当前我国竞技体育改革的目的之一，就是在运动员与教练员人力成本大幅上升的时候，现有的体制能够找到解决对策，提高运作效率。当今改革要动员社会上不同部门的力量来共同办体育，本质上也是为了降低现有举国体制办体育的人力成本与制度成本。在这样一个改革与发展环境下，章崇会博士《教练自我职业生涯管理本土化研究》一书的出版可以说是恰逢其时。探讨中国教练员自我职业生涯管理，是当前中国体育改革中的重要一环，教练员的自我职业生涯管理对个人来说，关系到教练员个人的生存质量和发展机会；而对于组织 / 体制来说，关系到系统运作效率与成本投入，关系到保持系统的强大竞争力。

章崇会博士的研究采用了质性研究与定量研究相结合的范式，系统深入地探讨了在本土文化背景下中国教练员职业生涯成长过程。从质性研究中作者先归纳建构了教练职业生涯成长的理论模型；基于此模型又进一步通过访谈归纳了教练自我职业生涯管理以及它的前因变量和效果变量，并提出了进一步的研究假设，最后运用大样本的定量研究对假设进行验证。读者可以从本书中了解到中国教练员促进自我职业生涯发展的管理行为是如何受教练职业环境和体制中上下级关系影响的。本书的研究结论对改善我国教练员的自我职业生涯管理质量具有较好的借鉴与参考价值。

其实章崇会博士本人的职业生涯发展也充分体现了“自我职业生涯管理”的特点，他硕士研究生未毕业就来广东省体育局二沙训练基地实习一年，并在我的推荐下参与国家游泳队备战雅典奥运会，后来一直在科研处建立运动心理咨询和心理训练团队。他从一个基地实习生过渡到独当一面开展应用心理学工作的专业人员；之后又历经艰苦地一边工作一边备考，终于如愿以偿考上了华中师范大学博士研究生；博士毕业后进入了“双一流”大学——重庆大学，又能够在这样一所重要的高校里以较快的速度晋升为副教授。他所有的这些人生进取都来自良好的自我职业生涯管理，也就是通过对个人能力和个人发展目标的有效管理来实现个人的发展愿望。作为他的硕士生导师，我也借此书出版的机会，祝愿与祝福章崇会博士的职业生涯在日新月异的时代潮流中有更好的发展。

姒刚彦

香港体育学院运动心理学中心主任

国际运动心理学会前主席

/序二/

2008年章崇会成为我的博士生。刚入校，他就与我谈起研究计划：准备做教练员职业发展方面的研究，并且前期已经积累了很多宝贵资料，这一切与他的经历有关。作为学生，他有别的博士生没有的丰富实践经历：自2003年就参加过国家游泳队在雅典奥运会周期的备战工作，后以全职运动心理学工作者的身份进入广东省体育局，在科研处起手建立运动心理咨询和心理训练团队，独当一面开展应用心理学工作。在北京奥运会期间（2007—2008年），作为广东体育局驻北京工作站应用心理方面的负责人，长驻北京参与奥运会的备战。在所有这些经历中，有一个非常重要的信息，即他作为全职应用心理工作者与很多高水平教练和运动员同吃同住，长期相处。这使他能从研究对象——教练那里获得第一手宝贵资料，有一种别人没有的视角和敏感性。因为有这种经历，章崇会在博士期间参与了我主持的国家社科项目“北京奥运会主场参赛环境及其应对策略研究”，从资料收集到资料分析都充分体现了他从经历里磨砺出来的能力。他以往在研究方法方面的训练也颇为系统，尤其在质性研究方面比较擅长。后来，在小组参与“985平台教师胜任力”方面的课题时，他也充分发挥个人特长，主动参与了其中的研究过程。章崇会唯一稍显不足的地方在于量化数据处理，尤其是结构方程模型建模。所以，在博士学习期间，他带着问题认真扎实地投入全日制学习中，如心理学院几位博导“心理学研究进展”的串讲系列，他从不缺课；上刘华山教授的“高级统计学”也是一样，他还把讲课内容录像，以备自己好好学习。总之，作为一名参加了几年工作的学生，他表现出难得的学习激情。这次回炉重造，恰恰弥补了他在数据分析方面的不足。正如他自己所言，2008年，他带着特别的实践体验选择重新回到校园，希望自己的感性体验变得更加理性。作为博士三年来学习和研究的一个总结，他把研究定位在理论和实践之间，尝试对实践中的一些问题进行理性思考。在博士三年里，他做了近两年的田野调查，一年时间的问卷调查，超过五次的论文修改……从博士阶段之前积累，到博士研究开展，到论文的写作，最后到博士论文顺利通过专家外审和毕业的答辩，时间战线拉得较长。这也终究促成该研究质量较高，属国内难得的教练组织行为学方面的一次非常有系统性和完整性的研究。

完成毕业答辩后，他带着当时专家评委的一些疑问，继续对教练自我职业生涯管理做了后续研究。在这期间，他利用教学和兼职实践服务的便利，往来穿梭于大学课堂和高水平运动队之间，继续保持着研究与实践之间的弹性，发现实践性研究在一定程度上可以填平理论和实践之间的巨大鸿沟。经过长期的资料积累和分析，最终整理成本书。

章崇会的研究采用了质性研究与定量研究相结合的范式，采用混合研究中的探索式序列设计方法，系统深入地探讨了在本土文化背景下中国教练员职业生涯发展行为——教练自我职业生涯管理。该研究先从社会学角度，运用质性研究范式归纳建构了教练职业生涯成长的理论模型，然后作为提出问题的理论基础，从社会学视角落到心理学视角，聚焦教练自我职业生涯管理，即基于质性研究的理论模型又进一步通过访谈归纳了教练自我职业生涯管理以及它的前因变量和效果变量，并提出了进一步的研究假设，最后运用大样本的定量研究对假设进行验证。该研究选取教练的角度，从文化主位出发，归纳得出：对本土教练职业生涯成长有核心影响的因素是教练平台。这个教练平台是非常具有本土特色的概念，与西方组织职业生涯管理虽然同属于组织层面概念，但内涵差别巨大，这也是本研究的突出之处。从与研究对象——教练的回访反馈来看，教练平台充分体现了中国本土竞技体育教练的视角，其理论化过程体现非常好的本土契合性。并且，质性研究部分归纳的故事线得到绝大部分国家队教练的认同：教练职业生涯成长充分表现出社会取向特征，即教练必须依赖其职业环境，通过积极改善职业内环境，实现集体目标和个体发展。为了进一步操作这个教练平台，同时方便未来专家同行从管理学角度理解和交流，将教练平台定义为教练职业环境，进一步研究确定其构成的三个方面：运动队支持环境、项目管理环境、运动员职业环境。所有这些研究为其从理论意义过渡到实用意义提供了可能，这是以往在教练管理领域较少人能做到的。本书的研究结论对于教练管理部门有较大的参考意义，在改善我国教练员的自我职业生涯管理质量方面也具有较大的借鉴与参考价值。

2017 年，我赴重庆西南大学参加第二十届全国心理学学术会议，正好有机会听取章崇会在进入重庆大学后的进展。令我惊奇的是，他不仅在做教练自我职业生涯管理方面的研究，同时也在精心设计自我的职业生涯发展，这种以行动研究的思路，使他在应用心理学的实践应用方面有较喜人的发展，服务对象不只局限于运动队，还稳步拓展到其他行业。我想，所有这些人生进取都来自他良好的自我职业生涯管理。作为他的博士导师，我也借此书出版的机会，祝福章崇会博士的职业生涯蒸蒸日上。

马红宇

华中师范大学心理学院院长

/ 目录 /

引　文

近年来，自我职业生涯管理成为组织行为学颇受关注的一个主题，它主要关注个人进入职业领域后，为了进一步适应个人和社会的变化，如何不断地寻求职业自我完善，更好地维持自我在劳动力市场中的竞争力。西方在该领域已经积累了丰富的研究成果，但是这些出自西方社会文化背景下的成果难以在中国本土直接应用。并且对于中国特殊社会群体——竞技体育教练而言，其应用的契合性就更难保证。对此，本研究以本土化（Indigenization）方法，将社会文化因素纳入考察范围，关注教练群体特性，对本土教练自我职业生涯管理进行全面系统的研究，构建适合本土教练群体自我职业生涯管理的中层理论，这将有助于推动本土教练职业发展及相关实践应用。

本研究以教练自我职业生涯管理为焦点，采用混合研究（Mixed-method Research）中的探索式序列设计方法（Exploratory Sequential Design）：首先运用质性研究方法——扎根理论（Grounded Theory），从社会学视角理解教练职业生涯成长过程，由 17 名不同项目的高水平教练研究参与者提供文本和访谈原始资料，运用三级编码方法从中归纳建构教练职业生涯成长的理论模型；然后基于教练职业生涯成长的理论模型，聚焦教练自我职业生涯管理为研究对象，通过质性研究进一步归纳教练自我职业生涯管理、前因变量和效果变量，并提出研究假设，最后运用定量研究方法进行验证。此次定量研究以问卷的方式调查了 460 名国家队、省、直辖市级教练。此外，还采用了探索性因素分析、验证性因素分析、结构方程模型、层级回归分析以及 T 检验等多种统计分析技术。研究分为以下部分：

第一部分：中国高水平教练职业生涯成长的质性研究

研究以文化主位（Emic）方式，从社会学视角理解高水平教练职业生涯成长，运用质性研究方法——扎根理论归纳出教练职业生涯成长的核心类别、重要类别及其关系，并提出定量研究的思路框架。其中对教练职业生涯成长发挥核心作用的类别是教练平台，即教练所在单位的职业环境。

第二部分：教练职业环境问卷的编制与检验

为了更好地理解教练职业环境，基于研究部分一的本土心理学研究，通过专家访谈，运用扎根理论方法归纳出教练职业环境的结构：教练职业环境是指由教练所在单位集体搭建的，支持教练培养高水平运动员的综合环境。进一步编制教练职业环境的测量工具：经过初卷形成、预测数据的项目分析、探索性因素分析和正式施测数据的验证性因素分析，发现教练职业环境包含三个维度：队伍支持环境、项目管理环境、队员职业环境。教练职业环境问卷具有较好的信效度，达到了测量学标准，可以作为进一步研究的工具。

第三部分：教练自我职业生涯管理与前因变量研究

基于文献分析和半结构化访谈，对教练自我职业生涯管理问卷进行修订，并检验其信效度。修订的教练自我职业生涯管理问卷由关注信息、专业探索、自我展示三个维度构成。问卷具有良好的心理测量学的指标，可以作为进一步研究的工具。

前因变量包括个人因素、环境因素、个人和环境交互因素。作为个人因素，在人口学变量中，教练职称对教练自我职业生涯管理有显著的积极影响；在控制人口学变量的情况下，成就动机对教练自我职业生涯管理有显著的积极影响。

作为环境因素，教练职业环境对教练自我职业生涯管理有显著的积极影响。

作为个人和环境交互因素，成就动机调节教练职业环境对教练自我职业生涯管理的影响，具体表现在：超越动机正向调节队伍支持环境对教练自我职业生涯管理三个维度的影响；掌握动机正向调节队伍支持环境对教练自我职业生涯管理两个维度关注信息、专业探索的影响；掌握动机负向调节队伍支持环境对教练自我职业生涯管理的维度自我展示的影响。

第四部分：教练自我职业生涯管理和教练职业环境与效果变量研究

基于研究部分一的归纳，通过验证性因素分析验证教练职业环境对组织内竞争力和组织外竞争力均有显著的积极影响、教练自我职业生涯管理对组织内竞争力和组织外竞争力均有显著的积极影响。

通过结构方程全模型发现：上下级关系对教练自我职业生涯管理与组织内竞争力和组织外竞争力均有显著的部分中介效应。

综合以上结论：本研究证实了教练自我职业生涯管理的社会取向特征，即教练促进自我职业生涯发展的管理行为受教练职业环境和上下级关系影响。教练必须依赖其职业环境，在人口学变量（职称）、个人心理变量（成就动机）与职业环境交互作用的影响下，通过自我职业生涯管理，包括注重“上下级关系”，来提高职业竞争力，促进职业生涯发展。

1　研究背景

今天，在时刻激发地球上亿万人热情的现代体育竞技场上，不同国家间的竞争空前激烈。各国都争相致力于改善各种因素来提高竞技水平。影响一个国家竞技水平的因素有很多，而教练（作为研究对象，以下所有教练都指竞技体育教练）人数的多少和水平的高低是其中一个重要因素（田麦久，1988）。前国家体育总局局长袁伟民（1988）指出："一个运动项目水平的提高，关键是教练。一位精通专项、肯于钻研技术、善于管理、有理想追求的教练，往往能带出一批好运动员、一支好队伍。"没有金牌教练就没有金牌运动员，竞技体育场上运动员之间的竞争，实质上是教练水平的竞争，教练是中国体育腾飞的关键（朱佩兰，2002）。实践告诉我们，教练队伍业务水平的高低，与竞技体育发展水平关系极大，在整个复杂的运动训练系统工程中，起主导作用的是教练，所以体育界人士把教练称为优秀运动员的"设计师"，世界冠军的"雕塑家"（吉嘉，2007）。

教练在运动训练的所有方面均处在中心位置，包括运动员组织、生理、心理以及发展方面（Lyle，1999）。Durand-Bush 和 Salmela（2002）通过研究发现，教练从运动员的早期发展阶段到成绩表现的巅峰阶段始终扮演着重要的角色。教练在高水平运动员心理发展过程中也起到重要影响（Gould，Didffenbach & Moffert，2002）。还有研究认为，现代教练和运动员构成的整体是通向成功竞技表现和人际满意的桥梁（Salminen & Liukkonen，1996; Jowett & Meek，2000; Wylleman，2000; Poczwardowski，Barott & Henschen，2002; Jowett & Cockerill，2003; Côtê & Gilbert，2009）。

随着我国竞技体育的发展，教练职业生涯成长和发展已经成为竞技体育界的重大课题。竞技体育是中国重要的国际战略领域，它在现代国际社会中早已经远远超出了它原来仅有的意义。2008 年北京奥运会为中国获得了巨大的国际声誉，使举国空前团结，推动了中国社会转型时期许多行业向国际化水平迈进。但是，大家都看到，中国许多项目在近几届奥运会及其他国际比赛上的突破，很大程度上归功于聘请了外籍教练。如备战北京奥运会就在击剑项目、游泳项目（包括花样游泳项目）、赛艇、曲棍球等 17 个大项上聘请了 38 位外籍教练。随后中国体育军团中类似于迈克尔 · 伯顿这样的外教群体逐渐增多，并成为推动中国竞技体育发展不可或缺的重要力量。从北京奥运会到伦敦奥运会，中国体育在 21 个项目上先后共聘请了 67 位外籍教练参与备战训练。而在里约奥运会周期，中国共聘请 43 名外教参加备战训练。可见外籍教练的聘请人数呈上升趋势，甚至对某些俱乐部化程度越来越高的项目，如篮球、足球等项目，在全国性比赛中，各地方球队为了尽快取得好成绩不惜重金聘请外籍教练来担任主教练。这些现象说明，在这些项目上，本土教练已经跟不上时代发展要求，落后于国际水平。多年来，国家体育总局也意识到这种问题的严重性，为了培养高水平教练，提倡把更多教练送到国外去学习一段时间，但好像不那么有效。为什么会出现这种现象？归根结底在于一个普通教练在职业生涯中成长为高水平教练是一个长期、系统的过程，仅仅学习和接受西方式的教练教育和培训是不够的。中国竞技体育形成了特有的体系，即采用举国战略，通过体育行政管理形成分级体系，统筹财力、教练及其他类人才，最大限度地实现举国战略目标。教练在这种环境中培养运动员参与各种大赛（而高校体育教练员则没有，或极少有这种机会），这种特有环境决定了本土教练职业发展的很多方面，形塑了他们的发展倾向。

基于以上考虑，本研究运用本土化方法，深刻理解中国高水平教练的职业生涯成长，以人境互动论（Person-Situation Interactionism）视角，提炼高水平教练职业生涯成长的关键因素和关系。在此框架下，通过进一步定量研究探讨教练进入职业领域后，如何适应个人（指经验、职称、年龄、家庭生活等）和环境的变化、如何不断地加强对职业生涯发展的管理等来促进职业成功，即系统探讨教练自我职业生涯管理，从而为促进新时期下竞技体育战线上涌现更多高水平教练提供相应的理论指导和实证依据。

2 文献综述

2.1 职业生涯的相关概念

职业生涯来自西方的概念“Career”。Career在《大英辞典》中被解释为“Road, Path, Way（道路）”，即个人一生的发展路途，它是一个人一生所有与职业相连的行为与活动以及相关的态度、价值观、愿望等连续性经历的过程，也是一个人一生中职业、职位的变迁及职业目标的实现过程。简单地说，一个人职业发展的状态、过程及结果构成了个人的职业生涯。一个人对其职业发展有一定的控制力，他可以利用所遇到的机会，从自己的职业生涯中最大限度地获得成功与满足（王天哲，2014）。

“生涯”有广义和狭义之分。广义的“生涯”可以被理解为介于“生命”和“职业”之间，除个人终身所从事的工作或职位外，还包含对非职业性或休闲活动的选择与追求。如早期Super（1957）在他的职业生涯发展理论中把“生涯”定义为：“生活里各种事件的发展方向与历程，统合个人一生中各种职业和生活的角色，并表现个人独特的自我发展形态；它也是人生自青春期以至退休之后，一连串有酬或无酬职位的综合，除职位之外，还包括任何和工作、休闲、家庭、公民等有关的角色。”狭义的“生涯”即为“职业生涯”，指职业发展的种种循序渐进的阶段或历程，不涉及非职业性或休闲活动，它是人的生涯的核心内容。根据中国职业规划师协会的定义：所谓职业生涯，是指人的一生中的职业历程。人的职业生活是人生全部生活的主体，在其生涯中占据核心与关键的位置。人们一生的职业历程，有着种种不同的可能：有的人从事这种职业，有的人从事那种职业；有的人一生变换多种职业，有的人终身在一个岗位上；有的人不断追求、事业成功，有的人穷困潦倒、无所作为。造成人们职业生涯的差异，有个人能力、心理、机遇方面的原因，也有社会环境的影响。

职业生涯这个概念的含义也曾随着时间的推移发生过很多变化。在20世纪70年代，职业生涯专指个人生活中和工作相关的各个方面。随后，又有很多新的意义被纳入“职业生涯”概念，其中甚至包含了生活中关于个人、集体以及经济生活的方方面面。从经济的观点来看，职业生涯就是个人在人生中所经历的一系列职位和角色，它们和个人的职业发展过程相联系，是个人接受培训教育以及职业发展所形成的结果。综合来讲，职业生涯就是以人的心理、生理、智力、技能、伦理等潜能开发为基础，以工资待遇、职称、职务的变动为标志，以满足需求为目标的工作经历和内心体验（程社明，2003）。职业生涯可以理解成一个人一生中从事职业的全部历程。这整个历程可以是间断的，也可以是连续的，它包含一个人所有的工作、职业、职位的外在变更和对工作态度、体验的内在变更。据中国职业规划师协会的定义，职业生涯分为两个方面：内职业生涯（对个人自身而言）、外职业生涯（对外在职场而言）。其中内职业生涯是指从事一种职业时的知识、观念、经验、能力、心理素质、内心感受等因素的组合及其变化过程。它是别人无法替代和窃取的人生财富。外职业生涯是指从事职业时的工作单位、工作时间、工作地点、工作内容、工作职务与职称、工作环境、工资待遇等因素的组合及其变化过程。它是依赖于内职业生涯的发展而增长的。可见，早期的职业生涯研究比较忽视社会经济结构和组织环境与职业生涯的关系；随后，社会学开始关注职业分层和职业变动背后的社会、文化因素，着重研究不同社会群体的职业生涯；组织行为学主要关注个人进入职业领域后，为了进一步地适应个人和社会的变化，如何不断地加强对职业生涯发展的管理，更好地维持自我在劳动力市场中的竞争力（游黎丽玲，1993）。随着职业生涯的概念的含义不断丰富，职业生涯已经是社会学、心理学、经济学、教育学等多个学科的研究对象。也正因为这些不同学科的参与研究，逐渐完善了人们对职业生涯的认识。综合起来，从组织行为学的角度来看，职业生涯管理不是简单地对“人们如何做事”的管理，而是对“人们如何发展”的管理，目的在于促进人的职业发展，增强可被雇用的价值，从而提高工作的绩效和组织竞争力。现代的职业生涯管理与过去相比，从观念到内容都在发生变化，职业生涯管理主体也在变，即职业生涯发展将主要由个人管理，而非组织管理（Hall & Moss，1998）。其实，不管组织是否存在，个人必须继续自己的职业生涯，否则就会缺乏生活来源，自我职业生涯管理是个人为了实现自己的职业生涯目标而采取的各种策略和措施（龙立荣，2007）。

2.2 职业生涯理论

职业生涯的相关研究主要集中在职业选择理论、职业生涯发展理论和职业生涯管理理论三个方向。其中在职业选择理论方面，代表理论有 Vroom 的择业动机理论、Holland 的职业性向理论等。Vroom 于 1964 年在专著《工作与激励》中提出，择业动机取决于职业效价和职业概率，并认为择业者多以择业动机分值高的职业作为自己的最终选择。Holland 在 1971 年提出职业性向理论，认为员工的职业满意度、稳定性和实际成就取决于其个性与职业特点的匹配程度，并由此发现了六种基本的人格类型或性向。职业性向理论注意人与职业的交互作用，把人作为一个整体加以研究，从一种静态模式扩展到动态模式，是一种较为完整的职业生涯管理理论。该理论认为人们都在积极寻找适合他们的职业环境，而他们自身的行为则是其个体特征与环境特征共同作用的结果（廖泉文，2004）。

在职业生涯发展理论方面，其代表理论主要有：Super 的职业生涯发展阶段理论、Greenhaus 的不同任务发展过程理论、Ginzberg 的职业意识发展过程理论和 Schein 的职业生涯发展阶段理论等。这些理论主要是根据人的生命周期和生命发展特点，对人生的职业发展阶段进行划分，并对不同阶段的主要任务及对策进行分析和说明。终身职业生涯发展阶段理论是由 Super 提出的，他以年龄为依据，将职业生涯阶段划分为成长阶段、探索阶段、确立阶段、维持阶段和衰退阶段。Greenhaus 的研究侧重于不同年龄段职业生涯所面临的主要任务，并以此为依据将职业生涯划分为五个阶段：职业准备阶段、进入组织阶段、职业生涯初期、职业生涯中期和职业生涯后期。Ginzberg 研究的重点是从童年到青少年阶段的职业心理发展过程。他将职业生涯的发展分为幻想期、尝试期和现实期三个阶段。

Schein 立足于人生不同年龄段面临的问题和职业工作主要任务，将职业生涯分为九个阶段：成长、幻想、探索阶段；进入工作世界；基础培训；早期职业的正式成员资格；职业中期；职业中期危险阶段；职业后期；衰退和离职阶段；离开组织或职业退休。

职业生涯管理理论起源于美国，最早是以“职业指导”形式出现的。职业指导是指由专业机构帮助择业者确定职业方向、进行职业选择并谋求职业发展的咨询指导过程。职业生涯管理理论的奠基人，美国波士顿大学教授 Parsons（1908）创立了“波士顿职业局”，并于 1909 年出版了著作《选择职业》。随后，职业生涯管理理论受到苏联、日本、德国等国家的重视和推崇。20 世纪 60 年代以来，职业生涯管理理论和实践获得蓬勃发展。20 世纪 90 年代中期由欧美国家传入中国，并广为人们接受。在职业生涯管理模型理论方面，比较有影响力的是 Greenhaus 的职业生涯管理模型理论和 Schein 的职业锚理论。Greenhaus 提出个人导向中的职业生涯管理模型包含了八项活动：职业考察、认识自己和环境、目标设定、制订战略、实施战略、接近目标、获得反馈和职业生活评价。Schein 职业锚理论的提出为职业生涯管理理论作出了重要贡献，他认为职业锚指当一个人不得不作出选择的时候，无论如何都不会放弃的职业中的那种至关重要的东西或价值观，并指出职业设计是一个持续不断的探索过程，每个人在自己的职业生涯过程中，都会根据自己的天资、能力、动机、需要、态度和价值观等慢慢形成较为明晰的与职业有关的自我概念。随着一个人对自己越来越了解，这个人就会越来越明显地形成一个占主要地位的 “职业锚” 。Schein 还将职业锚分为五种不同类型：自主型职业锚、创业型职业锚、管理能力型职业锚、技术职能型职业锚、安全型职业锚。

与国外比较成熟的职业生涯理论及实践相对，我国学术界对职业生涯管理的研究比较晚，始于 20 世纪 90 年代，从引进、介绍国外相关研究（戴良铁，刘颖，2001；张再生，2002）起步逐渐发展起来。真正奠基性的研究是从龙立荣等人（2003）研究组织职业生涯管理开始，它第一次提出了我国企业组织职业生涯管理的四维结构，并介绍了职业生涯管理中的相关测评技术，从技术角度指导企业职业生涯管理的实践。程艳萍（2006）在实证研究的基础上指出目前我国企业的组织职业生涯管理由招聘甄选与绩效管理、职业生涯和培训进修三个维度构成。邹开敏（2007）认为，组织职业生涯管理由绩效和晋升提供信息、培训与学习、发展项目、上级支持五个因子构成。廖泉文（2003）提出人的职业生涯发展阶段分为三阶段理论，每个阶段又可分为三个子阶段，每个子阶段又可分为三种情况，因此命名为职业生涯发展“三三三”理论。另外，国内还有相关学者关注职业生涯管理的效果，如杜彬彬（2003）认为，在职业生涯管理的过程中，个体间的差异能够削弱职业生涯管理的有效性，进而引发人力资源的混乱。阮爱君和陈劲（2004）从职业生涯管理系统的角度研究了职业生涯管理实践活动组合以及工作分析、薪酬体系、战略目标、管理人员的支持与员工参与等影响职业生涯管理系统的因素。周文霞和李博（2006）提出组织职业生涯管理与员工的工作卷入之间存在显著的正相关关系。魏卫主（2008）基于职业规划构建高素质人才模型，对未来从事的职业作方向性的计划与安排。职业生涯管理作为人力资源管理的重要组成部分，日益成为企业关注的热点。尤其是随着市场竞争、人才竞争越来越激烈，企业在对人才的职业生涯规划与管理实践上面临着巨大挑战，其相应的研究和实践也将呈现出一些新趋势。如“无边界职业生涯”概念的提出（旁涛，王重鸣，2003），它跨越了不同组织的边界，从现有组织外得到市场和认可，需要外部网络和信息来支持等。因此，强调就业能力的提升代替长期雇佣保证，使员工能够跨越不同组织实现持续就业（丁秀玲，2007）。

2.3 自我职业生涯管理

作为职业生涯理论的重要方向之一，职业生涯管理的概念和内涵一直存在分歧。综合众多专家和学者的意见，可以认为它是个人和组织对职业历程的规划、职业发展的促进等一系列活动的总和。并且根据实施的主体不一样，它包含两重含义：一是主体组织针对个人和组织发展需要所实施的职业生涯管理，称为组织职业生涯管理（Organizational Career Management）；二是主体个人为自己的职业生涯发展而实施的管理，称为自我职业生涯管理（Individual Career Management,

ICM）。本研究根据职业生涯发展将主要由个人管理，而非组织管理（Hall & Moss，1998）的发展趋势，以自我职业生涯管理为研究焦点。Greenhaus（2000）提出自我职业生涯管理是个人洞察自己和环境，形成职业生涯目标和战略，在职业生涯中获得反馈的过程。关于自我职业生涯管理的内涵，西方组织心理学家尚存在分歧。中国学者龙立荣（2002）针对当前自我职业生涯管理定义不一致的问题，参照一些标准，将自我职业生涯管理定义为：员工为了满足自己发展的要求，根据自己的实际，依托现在的组织，寻求职业自我完善的过程。本研究从组织行为学角度来探讨自我职业生涯管理，其国内外相关研究可以分成三个方面：自我职业生涯管理的结构研究；自我职业生涯管理的效果研究；影响自我职业生涯管理的因素研究，主要包括个人因素和组织环境因素研究。

2.3.1 自我职业生涯管理的结构

自我职业生涯管理结构和测量的研究很早就已经开始，根据其观点的不同，较有代表性的研究有以下一些：

Stump 和 Noe（Stump， 1983; Noe， 1996）通过研究发现基本一致的自我职业生涯管理结构：职业探索、职业目标设置和策略。Pazy（1988）也运用因素分析的方法，发现三因素结构：职业生涯规划、职业生涯策略和主动性。Seibert 等（2013）通过研究得出四因素结构：内部职业目标、外部职业目标、职业规划和职业满意度。国外自我职业生涯管理的结构研究因为其研究的侧重点不同、方法不同，所得的结论难以比较。从 Noe 和 Pazy 等的研究可以看出，其对自我职业生涯管理内容和结构的理解差异比较大。从整体上看，这些西方自我职业生涯管理研究都表现出个体追求职业发展的自主性，个体为个人的发展负责任的鲜明特点，充分体现西方文化特色。中国学者龙立荣（2002）在前人文献研究的基础上，通过访谈、开放式量表等方法，确立了中国自我职业生涯管理是五因素结构：职业探索、职业目标和策略确立、继续学习、自我展示和注重关系。可见中国企业员工自我职业生涯管理与西方有共同点，也有差异，如“注重关系”维度就是对本土文化的重要思考。龙立荣（2002; 2003）在探讨自我职业生涯管理的结构和影响因素时也提到：在当今社会，我国在人力资源管理方面，由于受体制的制约和文化的影响，很多企业管理者在组织层面上经常更愿意或不得已屈服于关系，这是中国特色。凌文辁等（2010）通过研究发现五因素结构：了解机会、生涯信念、生涯探索、自我认知、向上沟通，其中“向上沟通”充分体现了直线式管理环境的特点。

除了普遍性的员工自我职业生涯管理，国内学者已经转入对社会分层后不同职业群体的自我职业生涯管理结构进行研究。如黄洁华和田甜（2007）研究大学教师群体自我职业生涯管理，发现六因素结构：教育育人、科研创新、明确目标、沟通协调、认识自我、了解组织；李维等人研究软件销售人员（李维，侯光明，杨波，2008）自我职业生涯管理，发现三因素结构：目标和胜任、职业发展准备、跨组织流动；马跃如和程伟波发现高科技企业的经理人自我职业生涯管理四因素结构：职业探索、生涯规划、专注工作和延伸管理。从这些不同职业群体的自我职业生涯管理结构来看，有共同性和差异性。在共同性方面，它们的自我职业生涯管理结构中都有“目标”这一维度，而国外则不存在，反映出中国文化中实用主义特点；在差异性方面，可能是不同职业的原因，如大学教师群体出现“教育育人、科研创新”这样的维度；也可能是不同组织制度方面的原因，如软件销售市场化程度高，其组织实施现代人力资源管理制度，软件销售人员出现“跨组织流动”这样的维度，与西方自我职业生涯中的“职业探索、主动性”比较接近。这些结果体现不同职业群体自我职业生涯管理结构的差异。所以，中国自古有“隔行如隔山”一说，这反映出对不同职业群体进行自我职业生涯管理的必要。针对与教练相近的职业体育教师，郑旗和孙静静（2009）发现中小学体育老师自我职业生涯管理的结构包括职业目标、追求发展、社会交往和离职倾向四因素。符堪德（2011）发现高校青年体育教师自我职业生涯管理的结构包括自我认识、了解组织、生涯探索、职业策略、教学与科研五个维度。结合前面对自我职业生涯管理结构的综述分析可知，教练作为社会分层中的一种职业群体，应该与其他群体不一样，应针对其特殊性进行研究。

2.3.2 自我职业生涯管理的前因

以现代人力资源管理模式来理解，影响员工自我职业生涯管理的因素主要可以分成两个方面：个人因素和组织环境因素。个人因素包括性别、年龄、职位、身体状况等人口学变量（龙立荣，2003），和与态度、动机、能力等有关的个人心理因素，如成就动机（龙立荣，2003）、一般自我效能（Crant，2000; 龙立荣，2003）等。刘华芹等人（2013）认为职业态度、成就动机和自我效能对自我职业生涯管理产生影响，并通过它的中介作用最终对职业成功构成影响。

组织环境因素主要指组织职业生涯管理，它和自我职业生涯管理共同组成对企业员工职业生涯发展的支持系统。这种组织环境表示组织注重员工的职业生涯发展对员工自我职业生涯管理有显著的积极影响（Noe，1996），最终目的是达到防止员工流失、提高员工职业承诺、职业满意度、职业生涯成功等效果。可见其组织因素的影响也表现出以个体职业生涯发展为重的倾向，这是西方研究和现代人力资源管理制度对组织职业生涯管理的认识。但是，中国学者的研究并没有明显体现出这种特点，可能缘于社会文化差异。

2.3.3 自我职业生涯管理的效果

自我职业生涯管理的效果研究虽然存在着不同的结论，但也有些学者的观点比较一致，尤其在其效果变量的研究上。如 Super（1994）认为，职业成功能使个体产生对现在与未来的控制感，进而产生职业满意感（Career Satisfaction）。所以自我职业生涯管理的效果应该与员工知觉到的控制感和积极的职业结果（Career Outcome）有关，如绩效提高（Performance Improvement）、满意度、压力降低（Pressure Decreasing）、工作适应（Job Adaption）、职业进步（Career Advancement）。两位组织心理学家（Terry & Jimmieson，1999）在他们的综述研究中提到职业管理与职业的控制感（Controlibility）及员工的生理、心理健康有关，成功地进行职业管理，会减少工作与非工作角色的冲突，有利于建立对生活领域的控制感和提高心理健康水平。因此，自我职业生涯管理导致期望的职业结果，进而导致职业满意感和一般生活满意感（Life Satisfaction）。Hall 和 Foster（1977）在研究自我职业生涯管理效果变量时提出职业生涯有效性可以分解为四个指标：主观绩效、职业态度（包括个人知觉和评价职业的方式，如满意度和工作卷入）、职业认同（能意识到自己的倾向、兴趣和能力）、适应性（适应职业变化）。以

Hall 等学者的职业有效性指标为因变量，Gould（1979）发现职业目标、职业策略与职业生涯有效性有关。Pazy（1988）也使用了 Hall 等学者的职业生涯有效性指标，来研究职业生涯规划的效果，结果发现：确定目标和实施计划对绩效有影响；职业生涯规划、主动性对职业态度有积极影响；主动性对职业适应性有影响。Noe（1996）在研究自我职业生涯管理状况对管理效果的影响时发现：职业探索、目标设置和职业策略与职业发展行为或绩效无关，职业探索对是否愿意参加职业发展活动有关，有学者（龙立荣，2002）解释为职业发展时目标定向不同，参加职业发展的员工，绩效高的注重提高胜任能力；而绩效差的注重避免负面绩效评价。Tharenou（1997）通过实证研究发现自我职业生涯管理可以作为工资增加和晋升的预测源，实施自我职业生涯管理的员工表现出更好的工作效果，如比其他员工更快地得到职位提升和工资增长等。Sturges 等人（2000）的研究认为自我职业生涯管理对组织承诺有负向影响作用，员工的职业探索水平越高，员工的组织承诺越低。这和组织实施的职业生涯管理有利于组织承诺的结果正相反。龙立荣（2003）研究发现，自我职业生涯管理对组织承诺、职业满意度有影响，却没有发现自我职业生涯管理对职业承诺和绩效有影响作用。发展不一定是正式的培训，不一定是向上流动。Blau（1999）认为，组织的动荡和变革将会使个人相应地加强对职业的承诺，以保持自己的竞争力。

从上述介绍可知，在自我职业生涯管理的效果方面，以往研究比较注重对组织有益的行为，如绩效、组织承诺、职业态度、适应性等，以及对个人有益的行为，如职业满意度。总之，自我职业生涯管理的重要性对个体来说，关系个人的生存质量和发展机会；对组织来说保持员工的竞争力，意味着增加组织在变化莫测的情景中生存和发展的空间。所以，Eby 等人（Eby，Butts，& Lockwood，2003；Nikandrou & Galanaki，2016）提出自我职业生涯管理的效果职业成功（Career Success），根据职业生涯定义的两方面，衡量职业成功也有两个方面：主观上对职业生涯发展的满意度，客观上在职场上的竞争力，包括组织内竞争力和组织外竞争力（Arthur，Khapova & Wilderrom，2005; Eby，Butts & Lockwood，2003；Seibert，kraimer & Linden，2001）。这一效果变量的提出引发了国内学者的兴趣，如龙立荣和毛忞歆（2007）探讨了自我职业生涯管理对职业生涯成功的影响，研究发现自我职业生涯管理和职业承诺均对职业满意度和职业竞争力有预测作用。目前，职业生涯管理的研究中涉及效果变量职业生涯成功的越来越多（周文霞，2006；严圣阳，王忠军 等，2008；王立军，龙立荣，2008；王牟，2009）。从这些效果变量的研究可见：其一，组织心理学从注重自我职业生涯管理对组织的积极影响转向同时注重对组织和个人的积极影响，职业竞争力既是关系个人生存和组织竞争力的变量，这是必然趋势。其二，单一的职业成功评价标准向综合性的职业成功评价标准转变。2005 年 5 月，美国《组织行为学》杂志集中发表了五位职业生涯理论研究专家的有关职业成功标准的论文，并由此产生广泛的影响。在此之前，职业成功主要存在两个方面：主观成功和客观成功。主观成功指“自我认同、工作满意和精神满足”等；客观成功指由社会认可的“较高的薪金和职位”。这种仅仅从主观和客观两个角度评价职业成功的模式，容易误导人们过于追求客观的成功，而忽视主观的意愿、兴趣和社会使命。高客观、低主观的成功意味着个体在职业发展过程中产生了人的差异化，外在的成功则是以否定人的自由、自觉的生命本质为代价。

可以说，现代社会进入知识经济时代，使人们越来越注意职业生涯的成功，它不仅意味着实现了自身的价值，还意味着得到了别人的认可。总结这些效果变量，其实都可以从职业成功的角度来理解，即职业生涯成功的不同标准：对个人来说，做到心理上成功，即职业满意；对组织来说，个人做到在组织内部有职业竞争力，对雇主有价值；对社会来说，个人应做到在组织外部有职业竞争力，对外部劳动力市场其他雇主有价值。

2.4 教练职业发展的相关研究

在现有的国内外文献中，几乎没有发现完全从组织行为学的角度来探讨教练群体的职业生涯发展和管理的相关研究，但是在运动科学领域探讨教练实施自我职业生涯管理促进教练职业发展的研究非常多，对教练为实现职业生涯目标应采取什么策略和措施有一定的借鉴意义。总结其相关研究，基本上有以下三个方面：

2.4.1 专家教练法与职业发展

从 2007 年北京国际教练员大会（主题是“运动成绩与执教之道”）到 2008 年伦敦国际教练员大会（主题为“专家教练—专家系统：优秀教练员教育的基准”），国际竞技体育界对专家教练越来越重视，激发很多学者对专家教练的研究热情，探讨专家教练的特征、成长之道等。有专家较早时就提示（Gould，Giannini，Krane，& Hodge，1999；Reade，Rodgers，& Hall），对当前有效执教方面理论与实践之间的差距，可以从专家教练身上找到答案；对专家教练知识、学习等深入研究（Peterson & Comeaux，1987），可以用于教练教育，传播给其他教练，促进教练职业发展。专家教练法是从专家系统方法发展而来。最初的专家系统是人工智能（Artificial Intelligence，AI）的一个应用（Elio & Scharf，1990; Wilkins，1980），它能模仿人类专家解决特定问题时的推理过程，因而可供非专家们用来增进问题解决的能力。借用在知识的符号表征和启发式加工领域的传统人工智能技术，专家系统技术后来被很多领域进一步发展成为解释人类专家技能的方法（Dehn & Schank，1982），即调查特定领域专家被试以了解专家的知识和专门技能等。确实，这种专家被试研究已成为一种研究模式，激励着很多学者收集专家教练的第一手资料，尝试解释专家教练的本质。受 Dreyfus（1986）的启发，根据 Dreyfus 对“专家水平”的严格划分和描述，专家教练应该是执教表现卓越的、具有专家水平的精英教练，故本研究统一以“专家教练”（Expert Coach）、“精英教练”（Elite Coach）、“卓越表现教练”（Excellence/High Performance Coach）为专家教练的标准，对当前以专家教练为研究对象的最新研究予以归纳，发现其主要集中在三个领域：执教模型（Coaching Model）、教练发展研究和执教互动研究。

1）执教模型

为了能抓住或解释专家执教的本质，许多学者致力于发展执教模型，目的在于解释教练是在一个怎样的概念框架下执教的，这样有助于鉴别、确认未来执教研究的方向和重要影响变量。执教模型包括在执教过程中所有相关因素在内的整合模型和部分因素的局部模型。最早的整合模型由 Fairs（1987）提出，它是针对所有教练执教的过程模型，当然也针对专家教练（Erickson，Côtê，& Fraser-thomas，2007）。为了描述专家教练执教的复杂性和结构，Côté 等人运用专家系统方法来提炼出专家执教模型，如图 2-1 所示。

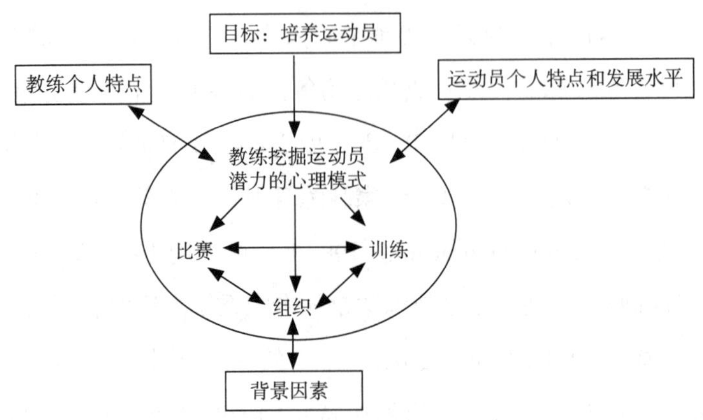

图 2-1　Côté，Salmela，Trudel，Baria，& Russel（1995）的执教模型

后来，Lyle（2002）又提出了教练行为的框架，澄清执教框架中的一些概念。对于专家教练执教，Abraham 等学者（Abraham，Collins，& Martindale，2006）从内容和信息加工的角度，运用内容分析的方法，分析出一个描述专家教练执教流程的模型，该模型包括六个主类别：角色、目标、典型行为、必需的知识、原理图支持和影响教练发展的因素，类别关系较为复杂，其中前四个类别属于原理图的隐性支持，作者单独用一个图描绘它们之间的关系。并且这个研究结果得到专家教练的支持，并认为对教练发展有一定的引导作用。对于专家执教所涵盖的概念模型，学者们通过研究意识到其复杂性，运用一个模型难以概括其全貌（Nash & Sproule，2009）。因此，一部分学者为了尽可能地解释专家执教的本质，把执教模型涵盖的范围继续扩大。如 Côté 和 Gilbert 基于教学、积极心理学和运动员培养发展方面的文献，提出更加整合性的执教概念模型，包含三大成分：教练知识、运动员成绩和执教背景，并对每个成分进行具体讨论，该研究给出了有关“执教有效性或专业技能”的综合性概念描述，提示教练知识和运动员成绩是在一定执教背景下产生的；另一部分学者开始转入对局部模型的研究。

对于执教的局部模型，目前主要有目标和运动员培养环境模型、专家教练特质模型、专家教练与运动员关系模型、角色模型等。如 Martindale 等学者

（Martindale， Abraham，& Collins，2007）研究了执教目标和运动员培养环境系统，他们进一步发展了专家教练在天才运动员发展方面的五大显著特点：①长期目标和方法；②给运动员提供广泛的一致性信息和支持；③强调适时发展，而不追求运动员的过早成功；④个人化和持续发展；⑤整合的、系统性的发展。还有 Walton（1992）用整体性方法调查哲学家教练（Philosopher Coach），发现他们的一些共同品质：竞争热情、追求卓越、智慧、领导力、奋力工作、个人整合性和前瞻性，并且每种品质都是在不同情境中发挥其特有的作用。Walton 认为哲学家教练总是表现出富于责任心和整合性、自立等，解释这些哲学家教练的本质应兼顾共同点和差异性，这些结论得到 Bloom（1996）的认同。其中，专家执教知识模型（Dehn & Schank，1982）可能是揭示专家教练之所以为专家的关键。所以，在现有专家教练执教的各种局部模型中，以执教知识模型影响最大。如 Salmela（1996）认为专家教练在组织、训练和比赛方面都有共同的知识经验，并且随着积累在不同发展阶段中演化。Bloom 等人（Bloom，Durand-Bush，Schinke，& Salmela，1998）肯定 Salmela（1995）的研究结论，并且进一步把执教知识放在一个更上层的模型框架来理解，即关于专家教练执教的特点、知识、策略的模型。他们认为执教知识应包括知识、策略等方面的内容。Gilbert 和 Trudel（1999）从经验学习的角度建构执教知识模型。Jones 和 Wallace（2006）尝试建构专家教练知识模型，他们认为专家执教总是在不断改进，应该从发展的角度来更好地理解专家知识的积累；并且更重要的是了解专家教练怎么应用这些专家知识。对于专家教练执教知识，学者们都尝试建立一种普遍的执教知识分类体系，如 Salmela（1996）把知识经验分为三个方面：组织、训练和比赛。Norman （2007）认为执教知识包括程序性知识（Procedural Knowledge）和陈述性知识（Declarative Knowledge），它们在竞技运动动力系统中起着非常重要的作用。尤其是程序性知识，它与默会知识（Tacit Knowledge）关系密切，在专家知识中都占有非常重要的分量。Nash 和 Collins（2006）曾专门对专家教练的默会知识进行探讨。该研究提出了执教知识的互动发展模型，即执教知识分为三大部分：做什么、怎么做、获得知识的渠道。而且这些部分之间相互作用，每个成分中都有一个分层结构，包含默会知识、陈述性知识和程序性知识，其中默会知识主要表现为命题性默会知识和程序性知识等，即它不可言传，可通过对专家的观察与模仿以及个体的亲历实践获得，它启发我们重新认识与评价知识的掌握。还有 Côté 和 Gilbert（2009）把教练知识分为专业知识、关于人际的知识和自我反思的知识三个方面，三方面相互作用，以自我反思的知识在专家教练身上表现最为明显。

2）教练发展研究

毫无疑问，专家教练多由普通教练发展而来，受所在国家教练教育、学习和发展这些环境的深刻影响。2007 年在北京举办的“国际教练教育大师班”（ICCE Coach Education Master Class）期间，就有一个主题为“正式 / 非正式教育”的论坛。论坛上，许多学者结合以往影响专家教练发展因素的研究进行总结，包括教练学习和经历等方面。这些主题和近年来的研究主要表现在两大方面：一是从教育学角度出发，对专家教练学习的研究；二是从社会适应角度出发，对专家教练经历和社会化过程的研究。

关于专家教练学习的研究，Werthner 和 Trudel（2006）通过个案来说明专家教练通常在三种类型的学习情境中积累知识。这三种类型的学习情境包括有媒介学习情境（Mediated Learning Situation）、无媒介学习情境（Unmediated Learning Situation）和内在学习情境（Internal Learning Situation）。其中，有媒介学习情境指教练教育课程、有指导的教练学习、教练培训等；无媒介学习情境指非正式方式，无可见知识载体的同行交流、自学、与运动员接触等；内在学习情境指对内在知识结构和经验重新加工、精细化和自我理解。对于教练学习，Gauthier 等人（Gauthier，Schinke，& Pickard，2005; 2006）认为专家教练的学习在方法上更注重结合实际情境，并提出教练的学习模式对教练有重要影响。即教练接受知识信息的方式也很重要，提示当前教练教育和学习不应该只关注灌输知识内容，更要注意方式，这已经被很多研究证实（Douglas & Carless，2008; Lyle，2007）。确实，在过去相关的研究中，学者们只把注意力集中在教练不同方面的教学内容和技术上，认为教练能像计算机一样被输入信息。只要具备相应的知识，就能完成相关的任务。事实上，远不是这样简单，专家系统的很多研究已经证实，专家与新手在知识内容上几乎没有什么太大区别，而是在知识结构或知识组块优化和应用上有巨大的差异，这不能不引起当前教练教育、培训机构的注意。Reade 等人（Reade，Rodger，& Hall，2008）曾调查研究专家教练怎样获得和应用运动科学知识，结果专家教练表示较难从运动科学出版物、讲座等途径中获得和应用科学训练知识。原因是那些运动科学出版物、讲座等在教练看来，虽然内容全面，但并不是很切合他们的需要，因为任何一个能阻碍专家教练训练、比赛的难题都可能是最前沿、具体化的问题，而这些很难在正式的出版物和讲座中找到。该研究还得出结论：与正式的教练运动科学知识培训相比，专家教练更经常受益于在队中与运动科学家直接交流，把最前沿的训练和比赛问题拿出来与运动科学专家共同探讨，这是专家教练获得和应用运动科学知识的最佳方式。这其中，很多研究都提到内在学习或反思学习的重要性。最近 Stephenson 和 Jowett（2009）发现教练的专业训练、社会学习和内在反思学习是影响教练成功发展的三大关键因素，并提出专家教练相对于一般教练能更多地在实践中反思学习。Young 等人（Young，Jemcxyk，Brophy，& Côtê，2009）通过回溯式研究，也归纳出反思学习这个类别，并且分析得出执教年限、教练指导、继续教育和运动经历这四个方面对教练执教技能的获得，发展成为专家教练有非常重要的作用。

很多关于专家教练的经历和社会化过程研究指出专家教练能更有效地从自己的从业经历中学习（Cushion & Armour，2003; Fairs，1987; Mielke，2008; Nash & Sproule，2009; 2011; Sloane，2008）。如前面提到的在实践中反思学习、执教年限、运动经历等对专家教练的发展有重要因素。这些研究（Young，Jemcxyk，Brophy，& Côtê，2009）都反映出较为一致的结论，即专家教练更能适应社会，有效利用自己的执教经历，从经历中反思学习进行自我提高。从教练成长和发展的角度来看，教练经历就是教练社会化的过程。专家教练都要经历不同的发展阶段，每个发展阶段都有其主要的发展任务，研究发现在专家教练的前两个阶段（新手执教和发展性执教阶段）中，发展执教理念、新的技能，从学历教育和指导教练那儿获得理论性和应用性知识成为适应性发展的主要任务（Schinke，Bloom，& Salmela，1995）。任何一个专家首先要适应社会，Gauthier 等人（Gauthier，Schinke，& Pickard，2005; 2006）以独特的视角发现加拿大北原住民专家教练在加拿大主流文化社会当中的适应和发展过程，研究发现专家教练通过三种方式来学习适应：合作、积极建构和应对限制性条件。其中，善于应对限制性条件是专家教练一大特色，即专家教练从不抱怨职业环境的好坏，他们总是在有限的条件下发挥最大的主观能动性，培养精英运动员，追求卓越表现。Mallett 等学者（Mallett，Trudel，Lyle，& Rynne，2009）面对教练专业化发展趋势，整合以上有关教练教育、学习和教练发展领域的研究，认为教练学习（正式和非正式）与教练资格认证和教练发展有必然的联系，必须把这些结合起来（Mallett，Trudel，Lyle，& Rynne，2009）。即用系统论的观点来看，只有通过有机地整合教练教育、学习和教练资格认证等体系，才能更好地促进教练发展（Lyle & Trudel，2007）。

3）执教互动研究

有些学者认为当前对专家教练执教模型的研究过于简单化，专家教练需要经过长期积累才能形成一种专家直觉，尤其体现在专家执教的动态性互动上，主要从关系、角色的角度来研究。尤其是教练—运动员关系，对于执教过程非常重要，其互动质量直接影响执教有效性（Jowett & Chaundy，2004; Nash & Sproule; 2011）。有研究发现，良好的互动关系对训练效益有非常大的帮助，无论是从运动员的配合和表现最优化上，还是教练训练计划设计上都有较大的影响（Trudel，Côtê，& Bernard，1996）。对于专家教练与运动员的互动关系特点，D'Arrippe-Longueville 和他的同事（1998，2001）曾做过两个研究：前一个研究分析结果显示教练的互动属于权威性，通过六种策略来实施；运动员的互动属于自主性，通过五种策略来表现。虽然互动策略各有不同，但结果显示教练和运动员各自特殊互动策略的有效性，尤其是在运动选拔和目标实现过程中具有相容性和适应性；后一个研究得出专家教练充分尊重运动员的自主性，运动员表现为自主性和主动寻求专家教练的帮助，专家教练和运动员的合作是在共享知觉下达成的默契，或者通过协商形成。专家教练通常能与运动员形成有效的互动关系，这些关系包括一些基本成分，如共情式理解、诚实、支持、喜爱、接受、应答性、友好、合作、关心、尊重、积极关注（Jowett & Cockerill，2003; Jowett & Meek，2000）。过去的几年，教练—运动关系研究发展出许多概念模型，开始了对教练—运动员关系动力学的探讨（Jowett & Cockerill，2003; Potrac，Jones，& Armour，2002）。最经典的研究当属 3+1Cs 理论模型——教练员与运动员关系的理论，“3+1Cs”指亲密性（Closeness）、义务感（Commitment）、互补性（Complementarity）以及相互定位（Co-orientation）。有后续研究报告“3+1Cs”与高满意度相关（Jowett & Don，2003），高水平团队凝聚力相关，更高水平的和谐情感相关，更低水平的角色模糊相关（Jowett & Chaundy，2004）。Poczwardowski 等人（Poczwardowski，Barott，& Henschen，2002）探讨教练员与运动员关系质量，区分出积极关系和消极关系。其中积极关系可见于训练中其他情境增加的语言和非语言互动；消极关系则在这些情境中的互动减少，只存在正式的、限制性的互动，运动员感到压力，不舒服，被误解，并避免眼光接触等。为什么专家教练与运动员的互动关系更积极？许多研究提出应该从专家教练与运动关系的复杂性上来理解，如从执教角色或者执教理念的角度来理解。教练与运动员确实存在互动关系的复杂性（Bowes & Jones，2006; Jones & Wallace，2006）。为此，Barić（2007）尝试研究影响执教互动的各种因素，发现教练个性、专家资历、创造性、交流技能、领导行为类型、情感控制、激励能力和运动员个性、所属专项、性别和经历是决定教练与运动员关系的最重要因素，其次是当前互动的情境（Bowes & Jones，2006 ）。

关于执教角色，在西方社会学的分析框架中，表达人际关系的最重要的概念就是角色。许多社会学家都认为，通过对角色的分析可以解释社会的建构和运作原理。在专家教练与运动员的互动中，教练通常扮演不同的角色。有研究概括一个专家教练的角色有教育工作者、教师、运动专家、心理学家和领导（Wylleman & Lavalle，2007; Wylleman，2004; 2005）。Nash 等人认为，虽然专家教练可能会参与很多不同的任务，但执教最重要的任务是寻找有天分的运动员，充分挖掘他们的潜力，帮助参与晋级选拔，通过实施计划来提高比赛表现和效能感（Bompa，2000; Nash & Collins，2006）。Trninić 等人（Trninić，Papić，& Trninić，1996）进一步提出专家教练发展高水平运动员的角色模型（图 2-2），清楚地说明专家教练在不同时期里的执教角色。

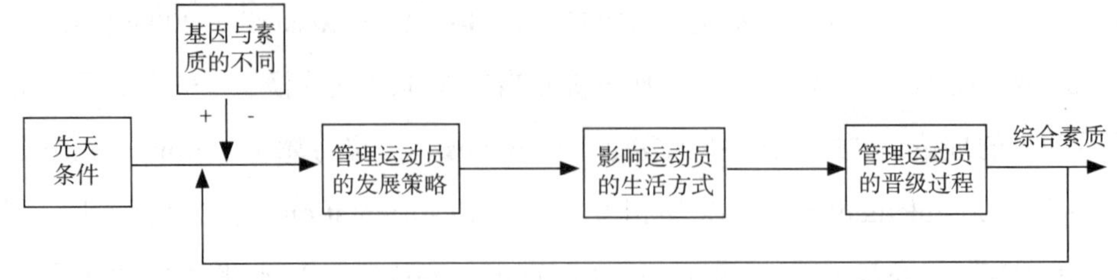

图 2-2　Trninić，V.，Papić，V.，& Trninić，M 的角色模型

总之，在专家教练看来，高水平运动员职业生涯发展是一个长期的、持续的、系统的、渐进的复杂转变过程，专家教练需要在运动员的不同发展阶段中扮演不同的角色，结合专家知识经验，使运动员最大限度地提高比赛表现和比赛效能。在这些专家教练的角色中，比如作为运动专家，专家教练不可能解决运动专项中的所有问题，有时会寻求与运动心理学家合作来帮助运动员进行职业生涯管理。即专家教练表现出更善于利用其他资源来帮助自己的特点。

从教练角色的整合性和执教情境的复杂性来看，很多研究认为专家执教不仅从专业角度培养运动员，更能在一定的执教情境中审视他们（她们）与运动员互动的社会性（Berliner，1986; Cassidy，Jones，& Potrac，2004; Potrac & Jones，2002），如教练权力和怎么运用教练权力、执教情境中的互动、教练代理、执教伦理等。这些研究尝试从执教互动的社会性来获得对专家教练的整体理解。Potrac 等人（Potrac，Jones，& Armour，2002）对英式橄榄球专家教练的执教行为进行研究发现，这些专家教练存在一个总的理念，即"获得尊敬"。如 Romand 和 Pantaleon（2007）归纳出教练员—运动员互动关系是在教练的角色意识和执教理念背景下。所谓执教理念，就是教练在一系列有关价值行为和互动中表现出来对执教实践的思想（Bloom，Durand-Bush，& Salmela，1997），通过知识和经验的积累，形成一个内在的理念（Nash，Sproule，& Horton，2008）。专家教练能意识到他们的执教信念，意识到它怎样影响执教有效性（Nash & Sproule，2011），这是专家教练对自我行为的判断，判断在执教理念之下的社会互动是否合适。可见，专家教练是在实践中根据情境以一个整体性的思维来思考他们执教互动的社会性，充分发挥角色的社会功能来整合执教过程。研究认为对专家教练的发展发挥关键作用的成分包括教练理念、价值观和教练责任，这些方面组合起来支撑专家教练实现目标。

从专家教练—运动员关系和角色，到执教理念的研究，这是对专家教练的执教互动从简单到复杂、从单一到整合的理解。其中，执教理念被认为决定着执教的各个方面，处在教练知识、信念等内在知识结构的最高层。专家教练尝试通过各种方式传达一个正确的理念，并在执教互动中不断整合各个方面来提高执教有效性（Poczardowski，Barott，& Heinscken，2002）。执教互动充分体现出执教既是一种科学，也是一种艺术，其中执教艺术包括以灵活的方式运用广泛的哲学理论，以提升对目标的追求（钟秉枢， 黄诗薇，2007）；如果需要专家教练从执教生涯之初回顾到现在，解释某些问题，他们只能用一种理念（Philosophy）来概括，这就是复杂性。

2.4.2　教练学习教育与职业发展

教练教育、学习是教练自我职业生涯管理的重要内容，很多国家的教练管理和培训机构都相信，教练教育和学习对教练发展的影响是非常大的，所以他们倾注巨大的努力开发一些课程或进阶程序，促进教练的职业发展。以教练发展为中心，关于教练学习和教育的研究非常多，如教练学习（Werthner & Trudel，2006; Wright，Trudel，& Culver，2007）、教练教育和培训（Cushion，Armour，& Jones，2003; Gould，Giannini，Krane，& Hodge，1990; Malete & Feltz，2000）、教练发展和学习（Cushion，Armour，& Jones，2003; Lyle，2002; Malete & Feltz，2000; Weiss，Barber，Sisley，& Ebbeck，1991）。当然，经历也是一种体验式学习，有许多研究表明教练有效利用自己的从业经历（Cushion，Armour，& Jones，2003; Erickson，Côté & Fraser-Thomas，2007）对教练发展影响很大，还有专家级教练的生涯发展（Schinke，Bloom，& Salmela，1995）、教练适应（Gauthier，Schinke，& Pickard，2006）、教练的社会化（Anderson & Gill，1983）也都是从经历这个角度来谈教练发展的。这其中有以下几个较有影响的研究，但都是从整体视角，运用质性研究方法，把教练教育、学习放到一个更加整合的环境中去理解，对当前的教练教育、学习有很大的启发作用。

Werthner 和 Trudel （2006）通过个案来说明在三种类型的学习情境中高水平教练不同的学习过程，以一个新的理论视角来理解教练怎样学习执教，他们相信这个新观点提供一种从教练角度来看教练发展的方式，帮助大家理解“成为一个教练通常是特殊的”，为今后教练发展的研究提供了潜在的概念框架，尤其是针对高水平或专家级教练。Gauthier 等人（Gauthier，Schinke，& Pickard，2005; 2006）以独特的视角发现加拿大北原住民教练在加拿大主流文化社会中的适应和发展过程，研究发现高水平教练通过三种方式来学习适应：合作、积极建构和应对限制性条件。 他们的研究不仅提示教练的学习方法，也了解到他们的学习要结合实际情境。研究还得出教练的学习模式可能对教练类型有直接的影响，即教练接受知识信息的方式也很重要，提示当前教练教育和学习不应该只关注教练接受的内容。在过去相关的研究中，学者们只把注意力集中在训练过程中，教练在不同方面的教学内容，认为教练能像电脑一样被输入信息，然后就能完成相关的任务，事实上远不是这样简单。Stephenson 和 Jowett（2009）研究了影响英国年轻足球教练发展的因素。他们采用质性研究方法，通过资料分析发现这些教练的专业训练、社会学习和内在反身性学习情况是影响教练成功发展的三大关键因素。其中，所有教练都会有专业训练和社会学习，但经验丰富的教练更多在实践中反思。研究对教练专业化发展的经验有了一个更深入的了解，促进人们思考应该在教练教育时要把更多注意放在关键的影响因素上面，教练学习包含着更广阔的内容：社会文化适应。Mallett 等学者（Mallett，Trudel，Lyle，et al.，2009）面对教练专业化发展趋势，认为教练学习（正式和非正式）与教练资格认证和教练发展有必然联系，必须把这些结合起来，用一个整体的系统论来理解，通过有机地整合教练教育、学习和教练资格认证等体系，才能更好地促进教练发展。这些观点曾被很多研究者在 2007 年国际教练委员会教练教育大师班的研讨会（Lyle，& Trudel，2007）上提出过，刺激很多行内人士进一步思考以更宽视野、整体思维来理解教练职业生涯成长和发展，以求更现实地推动教练学习、教育和发展。

2.4.3 执教有效性与职业发展

与职业生涯管理有效性相对应，执教有效性可以作为教练职业生涯管理的效果。目前，执教有效性研究主要包括两个方面：互动关系的有效性和专长。因为教练的工作是培养人的工作，教练—运动员互动关系更显得重要。有很多研究认为这种关系对训练效益有非常大的帮助，无论是从运动员的配合和表现最优化上，还是教练训练计划设计上都有较大的影响（Douge & Hastie，1993; Smith，Smoll，& Curtis，1979; Trudel，Côté，& Bernard，1996）。最近 Romand 和 Pantaleon（2007）关注年轻英式橄榄球教练道德行为的态度问题，从而开始把互动关系上升到角色和执教理念的高度。研究发现教练角色的复杂性，即教练必须在刺激运动员到达一定的高水平的同时，还要传递许多行为规则和方法来帮助他们的运动员适应更高层次的竞争。John 等学者（John，Evans & Richard 2008）采用行动研究，报告一个橄榄球教练尝试引入一个合作式行动研究教育理念（Philosophy）来执教，使人们对教练—运动员的互动关系有了新的理解。所以，Nash 等人（Nash，Sproule，& Horton，2008）研究了教练知觉到的角色框架和执教理念。执教理念被认为决定着执教的各个方面，是处在教练知识、信念等内在结构的最高层，所以人们尝试通过传达一个正确的理念，并在执教实践中不断整合来提高教练有效性。教练角色的实现是基于经验、知识、价值观和信念。研究最后总结出教练通过知识和经验的积累，形成一个内在的理念；并且发现高水平教练是在实践中根据情境以一个整体性的思维来提高他们的执教水平的。

这些研究从教练—运动员关系到角色复杂性，再到角色框架和执教理念，以一个愈加整体性、现实性的思维来理解教练执教和教练发展。

2.5 对以往研究的评价和启示

国外职业生涯管理和教练职业发展的研究经过很多年的发展，积累了相当的研究成果，在对这些成果进行分析的基础上，发现可以提示从以下几个方面更全面地理解本土教练自我职业生涯管理。

2.5.1 从本土心理学的视角出发，把社会文化因素纳入考察

正如 Gauthier 等人（Gauthier，Schinke，& Pickard，2005，2006）以独特的视角关注加拿大北原住民教练在加拿大主流文化社会当中的适应和发展过程，即把教练对社会文化的适应和发展放入对教练职业生涯发展的视野。教练为促进自

我职业生涯发展的管理应该包括专业探索、教练教育、学习等因素，在西方研究视野中正以一个整体视野被很多学者关注到；而且结论都认为把这些因素放到一个更加整合的环境中去理解，才能对当前的教练教育、学习和管理有更大的启发作用。如 Abraham 等学者（Abraham，Collins，& Martindale，2006）运用内容分析的方法尝试分析出一个能完整描述专家级教练执教发展模型，最后提炼出六个主类别：角色、目标、典型行为、必需的知识、原理图支持和影响教练发展的因素。Mallett 等学者（Mallett，Trudel，Lyle，& Rynne，2009）面对教练专业化发展趋势，认为教练学习（正式和非正式）与教练资格认证和教练发展有必然的联系，必须把这些结合起来，用一个整体的系统论来理解，通过有机地整合教练教育、学习和教练资格认证等体系，才能更好地促进教练发展。国内学者也充分意识到运用整体观进行组织行为学研究的必要，如凌文辁（1991）通过研究提出文化因素对管理的影响非常大，应把社会文化因素纳入研究。Schein（2006）认为，理解组织心理学的规律应该要放在社会背景中去。对于社会背景对个体的影响，发展心理学家 Bronfenbrenner（1979）就认为应当在自然环境和具体的社会背景下探讨个体发展问题，他提出："要了解个人的发展，我们必须了解个人所在的多重环境背景，即对发展所作的生态取向研究，强调研究'环境中的发展'或'发展的生态学'。"杨国枢（1981，1993）认为："生态特征可以影响经济类型，经济类型又可影响社会结构，社会结构又可影响社会化方式，社会化方式又可影响人的心理结构和性格行为特征，而人的行为活动反过来又影响经济类型和社会结构。"故理解个体发展必须把个体放在其社会背景下，以整合的思维（人境互动论）来看待教练的职业生涯发展，才更符合实际。

本研究关注本土教练自我职业生涯管理，不可避免地受到社会文化因素的影响，所以要对本土教练自我职业生涯管理进行全面理解，应该把社会文化因素纳入考察，进行本土心理学研究。

2.5.2 借鉴国外教练职业发展的研究方法

从前面关于教练职业发展方面的文献回顾可以看出，西方在相关领域的研究无论在研究内容和研究方法方面，已经远远走在我们的前面。在研究内容上，国外从专家法到教练学习、教育和执教有效性，研究内容越来越趋于细化，而我们仍然停留在国外早期研究水平上，只对专家级教练的胜任特征、能力和知识结构进行研究；在研究方法上，仅仅就教练专家法研究，从专家特征的定量研究到专家成长过程的质性研究，由此产生的研究结果非常丰富，对教练职业发展有较大的推动作用。尤其是教练专业发展的质性研究，常以“文化主位”（即从教练角度出发）方法关注教练所处的环境，以及在这种环境中教练怎样进行执教互动，产生怎样的效果。相对来说，国内教练员的研究无论从内容和方法都非常单薄，更难以形成理论体系，而且，在教练职业发展这种过程性规律方面的研究几乎是一片空白。针对这种情况，我们应该进一步丰富研究内容，以求全面理解教练职业生涯发展，形成体系；更要运用不同的研究方法，以求研究结论更加准确、多样。

2.5.3 关注本土教练职业发展的特殊性系统

由以上综述可知，国外有关促进教练职业发展方面的研究大多从教练学习教育、执教探索和目标这些单一维度上来探讨，还没有对其整体结构因素、前因变量和效果变量进行系统研究。企业员工自我职业生涯管理是否可以概括教练自我职业生涯的全部内涵？从前面对自我职业生涯管理结构的综述分析可知，教练作为社会分层中的一种职业群体，应该与其他群体不一样。国内学者对不同行业群体（如大学教师、公务员、软件销售人员等）的自我职业生涯管理的研究充分说明职业群体的差异明显，应针对其特殊性进行研究。

从社会背景来看，本土教练在举国体制下生存并发展，其自我职业生涯管理受环境的影响，但是我们的环境真的就如西方契约型社会一样吗？组织职业生涯管理能说明本土教练的组织环境吗？本土教练作为中国竞技体育领域的核心力量，几乎全部都是运动员出身，接受体育行政组织管理。而且，大多终其一生只与一个竞技体育项目有关，即自从当运动员那一天开始，他们就进入一个竞技体育项目，数十年如一日，以奥运会和全运会为大周期，从训练到比赛，再到训练。可见教练职业属于稳定型，并且专业性很强。另外，竞技体育是以创造优异成绩、夺取比赛优胜为主要目标的体育活动。这种目标在中国表现得更加明显，如在奥运会、全运会时非夺得金牌不能引起大家的密切关注，体育行政管理者（领导）以运动成绩作为政绩的重要指标。这些本土情况对教练的职业发展带来巨大影响，也促使本研究对中国教练自我职业生涯管理的系统研究应该选取其特有的变量。

3 研究问题的提出

3.1 问题提出

首先，不同社会文化背景下的教练成长和发展应该不一样，所以要从文化心理学角度来探讨教练自我职业生涯管理。正如 Gauthier 等人（2005，2006）研究本土教练的社会文化适应，本土契合性（Indigenous Compatability）就是针对社会文化背景提出的。由于受到同一组文化性与生物性因素的影响，研究者的研究活动及知识体系与被研究者的心理及行为之间，易于形成一种契合状态。这种当地之研究者的思想观念与当地之被研究者的心理行为之间的密切配合、贴合、接合与契合，称为本土契合（杨国枢，2004）。被研究者的心理与行为是心理学研究的重点或焦点，即焦点本土契合性；被研究者的心理与行为有关脉络背景亦为心理学者所关注，即脉络契合性。倘若有人能够建构出具有这种双重契合性的理论，它必然是实质性理论，而不是形式性理论（杨国枢，1983）。实质性理论的概括性虽然较低，但是却能够解释某一特定领域中的现象，在推动心理学本土化的过程中，如果能够建构出这样的理论，这种类似于社会学中的中层理论（Theories of The Middle Rang）对实践有巨大指导意义，高度本土契合性带来高度本土适用性。

其次，职业生涯研究应从社会学角度出发关注对不同社会群体的生涯研究。本土教练隶属中国特有的体育行政组织，国家队教练受国家体育总局和地方体育总局双重管理，各省属、市属教练则接受各地方体育局直接管理，已经形成成熟运行的分级体系。另外，教练还是单项协会中的成员。单项协会是全国体育总会管理全国各级（包括省、市、区县级）单项组织中的教练、运动员的一种专业性管理形式。这两种管理形式都是服务于举国体制，以为国争光为目的，所以有着千丝万缕的联系。就拿教练职称评定来说，教练职称评定先由所在单位行政组织审核，然后送审，最后由单项协会审定。从这些事实可见，本土教练在这种社会体制下应该有其特有的与社会互动的经历，所以应该以文化主位来切入。聚集于本土教练职业生涯成长这种在特定社会结构下的深层含义或许不易为人所道尽，其特有的脉络意义也只有在我们的社会中显现，理解其本土内涵，再通过定量研究进行验证相关假设，这对建构教练职业生涯成长和发展的理论是非常有指导意义的。

所以，本研究的主要目的在于：

首先，对当前社会文化环境下教练职业生涯成长进行本土化研究，结合文献诠释，通过归纳和比较，以扎根理论方法构建能够真正揭示当前我国高水平教练职业生涯成长过程与规律的本土化实质性理论。

其次，在质性研究和以往相关理论研究的基础上，引出对中国教练自我职业生涯管理有重要影响的因素和其因素关系的假设，通过量化的方法来系统探讨教练自我职业生涯管理，包括前因变量、自我职业生涯管理，以及其与效果变量的关系。

3.2　研究构架

通过文献梳理，发现在“教练自我职业生涯管理”这个问题上，存在着研究方法、研究视野等方面的局限，这种基本沿用已有的国外理论或模型的思路无法有效解决现存问题，因而需要研究者开始运用建构性的思维来探索问题。基于此，研究者采用混合研究方法（Mixed-Methods Research），具体采用探索性序列设计（Zoellner & Harris，2017）（图 3-1）。即以开放式调查、本土化方法收集教练职业生涯成长的社会生态学原始资料，通过扎根理论方法归纳教练职业生涯成长的理论模型，包括影响教练自我职业生涯管理、前因变量及其效果变量，基于此提出假设，然后通过大样本的定量研究验证假设。可见研究整体上分为两大部分：其一是教练职业生涯成长的质性研究；其二是基于质性研究对教练自我职业生涯管理的定量研究，该研究设计对需要定量研究而又没有现成的变量或理论框架时十分合适。本研究通过质性和定量研究的结合，通过这种质性和定量研究的结果互证，提升研究结论的可信度，并将研究数据和研究结论进行整合，增加研究的解释度。

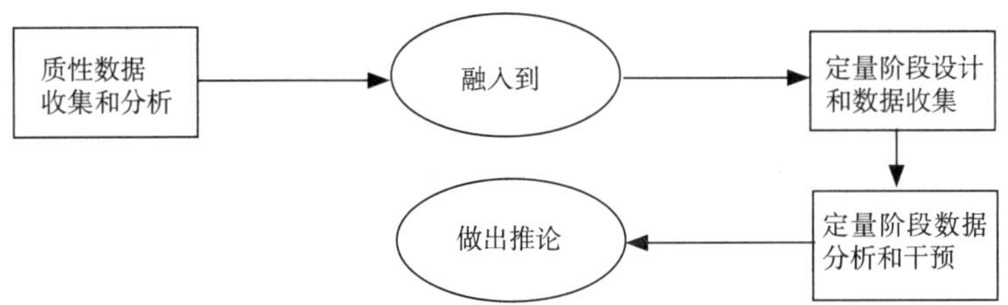

图 3-1　探索性序列设计（Exploratory Sequential Design）

在图 3-1 的思路框架下，本研究综合质性研究和定量研究，分为四大部分：先是在本土化特色下，以社会学视角对教练职业生涯成长进行质性研究，作为定量研究提出某些关键变量或研究假设模型的基础。研究部分二、研究部分三和研究部分四是在研究部分一融入的基础上，结合前人研究进一步探讨相关变量结构内涵，以及其与前因变量、效果变量的关系，具体研究思路及各子研究之间的关系，如图 3-2 所示。

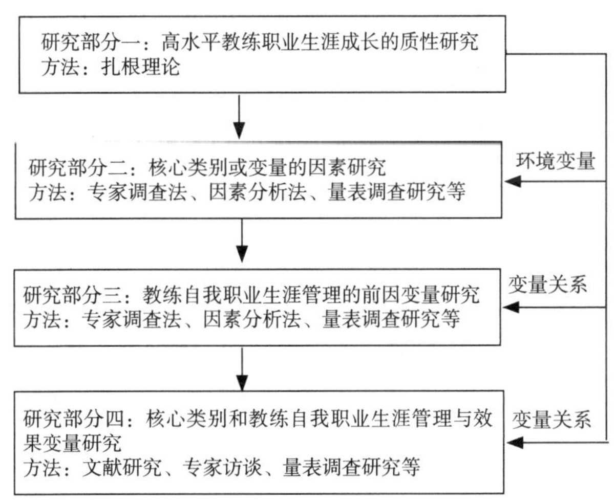

图 3-2　研究的总体构想图

3.3 研究意义

3.3.1 理论意义

通过质性研究，从大量的原始资料中归纳出本土社会文化背景下高水平教练职业生涯成长的实质性理论，把个体放入社会、文化背景中进行考察，尤其是以人境互动论视角考察人与环境交互作用影响，这对发现本土教练职业生涯成长和发展的普遍规律有较大的帮助。

3.3.2 实践意义

用质性研究与量化研究相结合的方法，对本土教练的职业生涯管理进行全面、深入、系统的研究，促进适合中国教练群体自我职业生涯管理的中层理论的产生，对推动本土教练职业发展及相关实践应用更有意义。

3.3.3 创新点

第一，研究视角。

作为本土化研究，先从社会学视角关注高水平教练职业生涯成长中个人与本土社会文化环境的互动，在归纳出本土社会文化背景下高水平教练职业生涯成长的实质性理论的基础上，探讨本土教练自我职业生涯管理的关键变量内涵及其与其他变量的关系，这对系统研究本土教练自我职业生涯管理将是一次极有价值的探索和尝试。

第二，理论应用取向。

扎根理论研究关注的多是社会现实，旨在反映社会结构与行动间的联系，研究成果也回归社会现实，体现出强烈的应用倾向。本研究采用了扎根理论方法，具体来说，通过这种“实用主义下致力于填平理论研究与经验研究之间尴尬的鸿沟”的质性研究范式构建教练职业生涯成长的实质性理论，以此作为定量研究的基础，再进一步通过定量研究明确教练自我职业生涯管理与相关变量的关系，尝试在理论与实践之间搭建桥梁，最终建立教练自我职业生涯管理的中层理论。总之，以扎根理论研究作为定量研究提出假设的基础，并运用定量研究进行验证，这种由本土化方法发展出来的适于在特定情境中解释特定社会现象的中层理论，将最大程度地发挥理论的应用价值。

第三，方法论取向。

对于教练自我职业生涯管理，因为目前国内并无相关研究。作为本土化研究，本研究采用质性研究与定量研究相结合的设计。先以质性研究提出问题，表明研究根植于本土特色，通过扎根理论方法归纳出重要类别和类别关系，以此作为定量研究可靠的理论依据，提出假设，再通过大样本调查验证假设，最终明确教练自我职业生涯管理的相关重要变量内涵和变量关系。整个过程逻辑清楚、严谨，有效地避免由于使用单一研究范式所带来的不足，充分发挥两种研究范式的固有优势，这种研究范式的三角检验（Triangulation）有助于确保最终结论更加真实、准确和可靠。对此，Gioia 和 Pitre（1990）更强而有力地指出：在任何一个研究领域中，只靠单一的研究范式（Paradigm）来建立理论与创造知识，并不是一种最有效的方法，更有效的方式是鼓励多元范式（Multi-paradigm）的做法。

4　研究部分一　中国高水平教练职业生涯成长的质性研究

4.1　研究者和研究目的

研究者关注教练职业生涯问题，来源于参加 2007 年 4 月在武汉体育学院举行的全国运动心理专家资格认证会。会上有来自上海市体育局一名负责教练教育和岗位培训的干部（朱学雷，时任上海体育职业学院副院长）提到，心理学在竞技体育领域不应该只聚集于运动员，更应该关注教练，尤其是教练培训、职业发展等方面。另外，在 2007 北京全球教练员大会（2007' ICCE Global Coach Conference）上，参会的中国教练研究专家钟秉枢提出："中国竞技体育长远发展和 2008 年奥运会对高层次教练员的需求相比，仍然相对滞后，特别是教练员的创新能力、综合素质是制约中国竞技体育运动训练水平快速提高的'瓶颈'……"可以说，研究者与这些体育官员和教练研究专家对本土教练的相关问题认识有共鸣，激发着研究者开始研究教练职业发展。研究者自从 2001 年进入高水平运动队（第一个跟进的运动队是驻武汉体育学院的国家女子拳击队）实习以来，以运动队心理教练的身份陆续跟进摔跤队、羽毛球队、游泳队、武术队（包括套路和散打）、击剑队、体操队、跳水队、举重队、田径队、蹦床队。其中 2003—2004 年受聘于国家游泳队备战雅典奥运会，2006—2008 年作为广东省备战北京奥运会驻北京工作站的心理专家跟进体操队、跳水队等，在实践中与各项目教练长期共事，也一直从组织行为学方面思索教练的职业生涯发展。从这方面来看，本研究的研究者与研究对象有共同的文化性和生物性，研究者以相同或相似的心理与行为为基础，与研究对象长期共事在同一环境，前者对后者的心理与行为甚为熟悉，从而使自己的研究活动及理论建构能切实配合后者的心理与行为。因此，可以同时在三个互相关系的历程上较好地产生本土契合性。

本研究在高水平教练的深刻认识下，透视教练职业生涯成长及社会互动，又因他们与普通教练处同一社会文化背景，从高水平教练的角度归纳的相关结果对普通教练也有较大的指导意义。即本研究采用后实证主义下的扎根理论研究方法，从中国本土出发，将研究对象所处的社会、文化等特征纳入探讨，通过社会学视角关注教练个体与其赖以生存和发展的社会文化环境之间的互动过程，尝试全面理解高水平教练的职业生涯成长，以建构能够真正揭示当前我国高水平教练职业生涯成长的生态化实质性理论模型。

4.2 研究方法：扎根理论

扎根理论是一种被广泛应用的、科学的质性研究方法，它的哲学方法论背景是后实证主义（Post-Positivism），由芝加哥大学的 Glaser 和哥伦比亚大学的 Strauss 两位学者共同发展出来，两位创始人声称其主张就是为了“填平理论研究与经验研究之间尴尬的鸿沟”（Corbin & Strauss，2001）。扎根理论正是弥补了质性研究过去只偏重经验的传授与技巧的训练的缺憾，提供了一套明确系统的策略，以帮助研究者思考、分析、整理资料，挖掘并建立理论。它在方法论方面的特点充分反映了它的哲学渊源。受符号互动论和实用主义等理论流派的影响，扎根理论研究者认为研究本身是互动性、实用性的。它的互动性体现在收集资料过程中研究者与访谈对象的互动，分析资料过程中研究者与资料的互动；它的实用性体现在理论与实践之间的真正联系，具有显著的实用性。具体来说，在实用主义影响下，扎根理论的研究题目多来源于日常生活，研究成果也回归日常生活，而非理论检验或在理论引导下的假设检验；受符号互动论的影响，扎根理论在理论定位上保持开放的态度，即建构理论本身是一个过程，理论是暂时的，有待修正的。在纷繁芜杂、不断萌生的社会现象中，扎根理论的主旨不是了解单一的所谓因果关系的社会现象，而是将社会现象纳入一个多因素结构彼此互相影响的分析框架中，反映社会现象的复杂性。所以，扎根理论所扎根出来的是实质理论，从资料中衍生出来的理论，反映社会结构与行动间的联系，是适于在特定情境中解释特定社会现象的理论，而非形式理论。除了实用主义和符号互动论等理论渊源外，扎根理论还从工作社会学中汲取了养分。工作社会学的一个主要观察重点是工作者及其工作间的互动。在“工作”的意义下进行研究，或者说带着工作去研究，可以将研究活动与个人的社会经验背景联系起来。如此，研究活动与研究者之间没有了疏离，还能在工作中揉进个人的经验、背景和学术训练。因此，工作社会学的视野有利于培养研究者在日常生活中的研究敏感性，研究活动的正式开展并非始于系统的观察或访谈，而是在平时生活中就已经开始一些非正式的比较、思考等。因此，Glaser 和 Strauss 主张扎根理论研究方法研究者利用个人所有的，包括理论训练、实际的经验和个人的背景，以良好的“理论敏感性”（Theoretical Sensitivity），去注意、了解社会现象，再经过研究的程序，使之成为扎根理论的一部分。

扎根理论在其本体论、认识论和方法论基础上，为实现自下而上的资料探索，建立扎根于原始资料的理论，明确了它主要的探索原则。只有理解了这些原则，才能使具体的研究方法具有扎根理论的特征。其原则主要有三个方面：科学与创意的平衡、登录范式和互动思考。扎根理论研究方法是一种科学的方法，它的程序是为达到此目标而设计的。假如学者小心地执行这些程序，这个方法将会满足“好”的科学所要求的一些标准。从研究过程来看，扎根理论研究方法要求研究者充分利用研究者的理论敏感性，对自己现有的理论、前人的理论以及资料中呈现的理论保持警觉，注意捕捉新的建构理论的线索。如不断比较、归纳所得资料，把握其中相同的主要特质，即研究者从许多案例中归纳出相同特质，并赋予这些特质一个名字，可以是本土概念（Indigenous Concept），也可以是文献概念，称为类别。归纳出一些类别后，开始运用假设演绎作为分析切入点的原则，即“理论性抽样”（Theoretical Sampling）。总之，研究者通过归纳、演绎与假设验证，反反复复、周而复始地进行。所谓理论性抽样，即在对资料分析时，研究者可以把从资料中初步生成的理论作为下一步资料抽样的标准，以指导下一步的资料分析工作，如选择什么样的资料、如何设码、建立什么样的编码系统和归档系统等。通过检验，理论抽样逐步去除那些理论上薄弱的、不相关的资料，将注意力放到那些理论上丰富的、对建构理论有直接关系的资料上。理论抽样是累积性的。抽样的事件根据先前的资料收集分析而来，而这个事件同时加入先前的资料收集和分析中，随着逐渐深化的理论，所进行的抽样会变得越来越明确，增加其密度，最后达到饱和。创意是扎根理论研究方法里一个重要的部分，扎根理论用一种独特的“想象的比较”来体现它创意的思考，即借着想象的比较，研究者把所收集到的资料经过概念化的过程予以命名；自由联想出一些足以令人深思的问题；针对研究现象有效地进行理论性的抽样、归类和建立理论。许多用来发展理论敏感性的分析技巧，本质上都属于创造力或想象力，但研究者应力求保持在他所创造的概念或解释与实际情景间的平衡。换言之，创造性是重要的，但所创造的必须与研究资料相符合，具有真实性。研究者最好能自我觉察到他会将其学科和研究经验带进分析之中，这么做是用来促进分析的创造性，而非驱动分析的进行。经验和知识促使研究者能敏锐地觉察到资料中所显现的重要主题和具争论性议题（Strauss & Cobin，1998），让研究者能看到其他可替代的解释，并辨认出概念的属性和维度。在质性研究领域，按研究的问题分类，扎根理论研究问题的类型属于“过程”类问题，即了解时间维度上事情发生的变化，研究问题可以呈现阶段性和不同的层面。所以，在扎根理论的资料分析中，登录范式也体现出这种特征，即它用来刺激思考的策略包括四个部分：事件产生的情况、结果、处理措施与过程。研究者从这四方面切入，用“想象的比较”方式来思考。很明显的一个例子是资料分析过程中的典范模型（Paradigm Model）的运用，具体研究实例见下文主轴式编码部分。

扎根理论基于符号互动论发展而来，所以互动地思考是它的一个重要原则，思考单位间的互动关系，思考在结构层次上微观与宏观不同层次间的互动状况，思考环境与分析单位间的互动方式。如条件矩阵（Conditional Matrix）的运用，即研究者以研究现象所在的分析层次为中心，向周围较广的社会实体去思考单位间的互动关系。例如，以工作为分析层次，研究者应思考与工作组织、行业、社区（或地区）、社会（社会规范、社会变迁）等之间的关系。这些关系的思考有助于研究者收集资料时注意分析层次与包含此分析层次的大环境，以及彼此间的关系，有助于对中心现象的解释。条件矩阵是一个强有力的分析工具，可以帮助我们捕捉现象的条件和结果。当我们就某一现象在矩阵层次上追踪与之有关的条件及结果路径时，可以确定哪些层次是相关的，继而通过这些层次对行动 / 互动（Action/Interaction）的影响，把我们所研究的现象联系起来。扎根理论是社会学视角下泛行动的分析系统，此分析方法可以让读者检查事件的互动性质。它用编码框架来分析社会实体，其中行动 / 互动是这个框架的核心。这个泛行动系统由彼此有关和彼此互动的条件层次，即其与所研究的现象间的关系由一般（距离较远）到特殊的（距离较近）（Corbin & Strauss， 2001）的条件矩阵组成。为了把条件和结果与行动 / 互动作直接的联系，我们使用条件矩阵追踪条件的路径。即研究者在面对资料中的事件或事故时，应从矩阵的最深处，即行动 / 互动层面，向外追踪相关的层次，或由外向内追踪，把行动 / 互动与条件（Conditions）和结果（Consequences）联系起来。一般扎根理论研究者可以进行以下七个层次的追踪检查：行动开始；由行动向外进入条件矩阵的互动层次；再移到条件矩阵的个人层次；到机构里的副组织层次；继续到组织层次；再移到社区层次；最后移到国家层次。

扎根理论方法是一个一边搜集资料，一边分析资料的连续循环过程。从搜集到第一份资料开始，研究者进行资料比较以刺激思考，以便全面而扼要地抓住研究现象的主要特征。扎根理论方法的资料分析过程体现在三级编码上，即开放式编码（Open Coding）、主轴式编码（Axial Coding）和选择式编码（Selective Coding）。

开放式编码是将资料分解、检验、比较、概念化和类别化的过程，它是扎根理论研究法的基础步骤，为后续分析与成果展示打下基础。主轴式编码是在做完开放性编码之后，研究者通过其分析工具，如典范模型（Paradigm Model）把各类别联系起来，于是资料又被组合到一起的过程。选择式编码即选择核心类别，把它系统地和其他类别予以联系，验证其间的关系，并将概念化尚未发展完备的类别补充整齐的过程。三级编码过程是一个逐步挖掘原始资料信息，通过不断比较、分析，将资料转化为概念，并归纳出类别和类别关系，即经由系统化的资料搜集与分析建构实质性理论的过程。这一特性充分体现了该方法的后实证主义科学性和扎根于原始资料的严密性。虽然整体上是一个由开放式编码向选择式编码的发展过程，但在编码时，我们很可能一下子用一种编码方式，突然不知不觉地又转到另一种编码方式，尤其是在开放式编码与主轴式编码间，这种来回的更迭更容易发生。虽然说研究者较常在研究初期使用开放式编码，但也有可能即使已在用选择式编码了，却仍有一些未发展或未统合的概念，这时就需要使用研究初期较常使用的开放式编码或主轴式编码，以辅助选择式编码。当然，研究者在此时使用这三种编码方式，将会有不同于研究早期的“感觉”，其具体操作流程可参见图 3-2。开放式编码是将资料分解、检验、比较、概念化和类别化的过程：逐字逐句阅读——登录（Key Point Coding）——概念浮现（Emergence of Concepts）——类别浮现（Emergence of Categories）——为类别取名字——发现类别的性质和维度——各种不同的开放式编码——撰写编码备忘录。它是研究初期对原始资料进行逐字逐行的微观分析，以产生初步的类别（及其属性和维度），并暗含类别之间的关系（即在编码者的思维里已经有开放式编码和主轴式编码的组合意识）。开放式编码是通过仔细检验而为现象取名字或对资料加以分类贴标签的分析工作，它是扎根理论研究法的基础步骤，为后续分析与成果展示打下基础。其中，从原始资料到意义单元是“去情境化”（De-Contextualize）过程；从意义单元到类别是“再情境化”（Re-Contextualize）过程。为了方便起见，我们用数字或字母标记意义单元或类别，以便形成归类档案，如在做去情境化时，对意义单元贴词语标签，同时赋以数字或字母代号；同时在再情境化时，也对类别安排做比较得出的类别内涵进行数字或字母归类，这样我们可以形成一个系统的编码手册。我们需要用开放性编码将收集来的资料分解成一个个单位，仔细检验，比较其间异同，针对资料里所反映的现象，提出问题；经过这个过程，我们才能针对研究者或别人的假设，提出质疑、探索，并进一步导出新的发现。在这个过程中，Glaser 和 Strauss（1967）坚持研究者的假设不应该被强迫性压制，研究者只要阅读原始资料，根据个人的阐释和资料的细节在大脑中结合后突然自动浮现（Emergence）（Glaser，2001）。当然在这期间，需要撰写编码备忘录，备忘录里包括对开放式编码的某些细节提问题，也包括对后续主轴编码的思考等。主轴式编码是在做完开放式编码之后，研究者通过其分析工具，如典范模型把各类别联系起来，于是资料又被组合到一起的过程。这个典范模型是用来审视资料的视野观点，有助于系统地收集和排序资料，并以此来整合结构和历程的一种分析立场，包括：（A）因果条件（多数）——（B）现象——（C）脉络——（D）干预条件（多数）——（E）行动或互动策略（多数）——（F）结果（多数）。在建构扎根理论的过程中，我们通过标明因果条件、脉络、干预条件、行动或互动策略以及结果等彼此间的关系，而将副类别（Subcategory）与类别连接在一起，利用产生这个现象的因果条件、这个现象所寄寓的脉络（也就是这个现象的一些特定性质），以及在现象中行动者为了要执行、处理而采用的策略（执行策略基本上就是一种行动 / 互动）和采用后的结果，来帮助我们更准确地认知一个类别（现象）。因此，条件、脉络、策略和结果虽然也都是类别，但都是与某一类别有关而用来帮助我们了解这个类别的，我们将其称为副类别。因此，开放式编码是分解资料以便研究者指认资料中的类别、属性及维度的位置，主轴式编码则要连接一个类别和它的副类别而把资料重新整合。值得注意的是，主轴式编码并不是要把几个核心类别联系起来构建一个全面的理论学架构，而只是要好好发展主要类别，即它还是属于具体的分析工作，而不是综合工作。换言之，主轴式编码要做的仍然是发展类别，只不过比发展它的性质和维度更进一步而已。即在主轴式编码时，我们的重点是要在性质和维度以外，如何对所编码的一个类别（现象）获知得更多、更准确。选择式编码即经过主轴式编码阶段后，在已经发展好的若干个主要类别之间，可以借由阐明“故事线”来找出核心类别，或是以某一个类别为核心类别（Core Category），其他类别为次要类别，从而把类别相互联系起来，铺陈整个观察所得或验证访谈的个案资料。选择式编码有五个步骤：①阐明故事线。用原始资料以及由此发展出的类别、关系等来思考一个可以简要说明全部现象的核心，即故事线；②根据资料所呈现的因果条件、脉络、策略及结果等编码框架上的单位，把核心类别与附属类别连接到一起；③根据每一个类别所在的特定维度位置，也就是借维度的层次把各个类别加以联系；④用原始资料来验证上述这些类别间的关系，即我们要来来回回于原始资料和编码之间；⑤继续填补类别（Filling in Category），使其具有细微及完备的特征，即达到理论性饱和。核心类别在这里的作用是系统地和其他类别予以联系，帮助验证其间的关系，并把概念化尚未发展完备的类别补充整齐。而故事线（Story Line）由这些主要类别之间的关系所构成，同时还包含了其脉络、条件等，也就是这些质性研究中个别访谈或个案的“原型”。然而理论的形成绝非一夜之间的事情，一直要到主要的类别最后被统整且形成一个较大的理论框架时，研究才真正成为一个理论（Strauss & Corbin，2001）。选择性编码就是一个发展最后的理论的统整（Integrating）与精炼（Refining）的历程。即通过回到原始中验证，最后所得的核心类别及故事线能充分说明高水平教练员的成长过程，其故事线是能解释每个访谈个案的“原型”，并且该资料的分析结果反馈给受访者时，也得到受访者的认可，说明研究的可信性。

总结以上扎根理论研究方法的三级编码过程，结合扎根理论方法的探索原则，可以用图 4-1 表示扎根理论研究方法的操作程序过程。

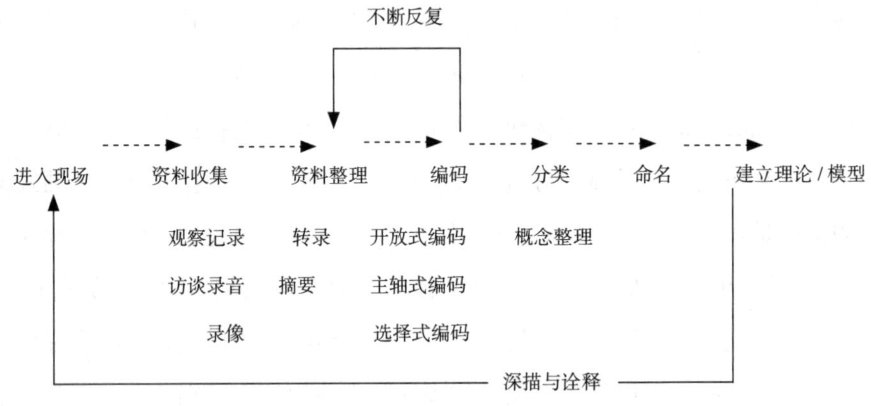

图 4-1　扎根理论研究方法的操作程序图

4.2.1　理论性抽样

扎根理论研究的理论性抽样根据研究的不同阶段和抽样目的确定具体的抽样方法。在本研究中，开始几位受访者采取开放性抽样（Open Sampling），然后考虑研究关系而采取目的性抽样（Purposive Sampling）。因为理论性抽样是累积性的，抽样的研究参与者和事件根据先前的资料收集、分析情况而来，把当前访谈事件同时加入到先前的资料收集和分析中来，随着理论的逐渐深化，所进行的抽样会变得越来越明确，增加其密度，最后达到饱和。所以，其他受访者的选择均是在前一次访谈结束后，经过反复聆听录音，结合参与式观察笔记，对原始资料进行分析后，根据资料分析的结果确定研究需要再选择的相应的抽样方法，包括关系及变异性抽样（Relational and Variational Sampling）和区别性抽样（Discriminate Sampling）。

本研究根据理论性抽样的要求，开始访谈对象通过开放性抽样和目的性抽样，选取的高水平教练全部都是带出过世界冠军，包括奥运会冠军的本土教练，执教年龄较长（至少 10 ~ 15 年）。资料收集和分析达到一定程度后，为了达到理论饱和（Theory Saturation），接着采用了关系及变异性抽样和区别性抽样，最终本研究共选取 17 名高水平教练作为访谈对象（或者研究参与者）。所有教练都曾在国家队、省队承担主要责任，都是独立完成过重要任务的主教练。其中有四名香港地区教练，他们都是从内地成长起来，因为执教表现卓越而享誉国内外，被香港地区作为高级人才引进香港地区执教不同项目。所有访谈对象都达到高水平教练标准（高级职称，亲自带出过世界冠军包括奥运会冠军，至少是省队主教练），并且与研究者有较长时间的工作联盟关系。访谈对象基本情况见表 4-1。

表 4-1 从质性分析软件 Nvivo 8.0 导出的访谈对象基本情况

教练	教练职称	教育水平	执教成绩	职位（访谈时）	执教年限 / 年
1	国家级	本科	世界锦标赛冠军	国家队主教练	≥ 25
2	国家级	研究生	世界锦标赛冠军	国家队总教练	20 ~ 25
3	国家级	大专	世界锦标赛冠军	国家队主教练	≥ 25
4	高级	本科	世界锦标赛冠军	国家队主教练	10 ~ 15
5	国家级	本科	世界锦标赛冠军	省队主教练	15 ~ 20
6	国家级	大专	奥运会冠军	省队总教练	10 ~ 15
7	无	本科	世界杯冠军	香港地区总教练	15 ~ 20
8	国家级	研究生	世界锦标赛冠军	国家队主教练	15 ~ 20
9	高级	本科	奥运会冠军	省队主教练	15 ~ 20
10	国家级	大专	奥运会冠军	省队总教练	20 ~ 25
11	国家级	本科	世界锦标赛冠军	国家队主教练	≥ 25
12	国家级	本科	世界锦标赛冠军	国家队主教练	15 ~ 20
13	无	本科	世界锦标赛冠军	香港地区总教练	≥ 25
14	无	高中	世界杯冠军	香港地区主教练	15 ~ 20
15	无	大专	世界杯冠军	香港地区总教练	≥ 25
16	高级	大专	世界杯冠军	省队主教练	15 ~ 20
17	国家级	研究生	世界锦标赛冠军	国家队总教练	20 ~ 25

注：这里隐去教练所执教的项目（项目包括击剑、游泳、蹦床、体操、乒乓球、跳水、羽毛球、武术套路），以免对号入座。

4.2.2 研究方法

1）资料收集

在质性资料收集方面，主要运用半结构式的深度访谈法；实地观察也是重要的资料收集来源，即近 15 年来，研究者以完全参与者的角色亲身参与其中进行实地观察；还包括个人传记著作等实物资料，如著名排球教练袁伟民的个人传记材料《我的执教之道》等，共三种资料来源。即通过不同资料来源的三角检验来提高资料的可信性。本研究关注的是高水平教练的职业生涯成长，需要高水平教练回顾个人的职业成长历程，从运动员时期开始，从教练本身出发。资料收集主要来源：访谈深入了解受访者的关键事件经历、感受、应对社会环境等方面的描述性资料，以求尽可能地还原当时当地的情境。扎根理论方法要求研究者尽可能收集关键事件及其背景、过程来描述访谈对象在社会背景下的过程性内容（Charmaz，2002）。所以，访谈者开始以较为开放式的访谈，用足够宽泛的内容来占有访谈对象的资料，以便获取有关个人的资料。为了使资料收集过程不至于过于宽泛或局限，研究者在访谈前根据前面资料收集和分析的情况选择几个方面的访谈主题，可能包括：①从访谈对象的角度出发来回溯、探索他们自己的成长历程和职业发展过程；②了解对他们成长有影响的家庭社会因素、个人运动员时期到教练成熟期这期间所有的关键事件及其背景，包括个人基本情况、怎么选择竞技体育、怎么选择当上教练、怎样发展自己的教练水平、运动员培养等。总之，在访谈提纲（见附录一）中提到的一系列问题，只是在整个访谈收集资料的过程中可能包括的内容，访谈将随着资料分析的进行在具体内容上采取理论性抽样而会有所变化。关于如何问法、访谈顺序等可以根据现场访谈由访谈者自由控制，研究者随时抓住关键点不断追问以挖掘更深层的资料，如“您是怎样探索和积累经验的？”“在这过程中，您又是怎样积累知识的？”“在您不同的发展阶段中，一定遇到过许多困难，如管理、人事环境适应、重新认识、应对条件限制等，你是怎样认识和应对这些困难并适应的？”“能谈谈令你印象深刻的事件经历吗？”……

考虑到参与式资料收集的质量关键在于研究关系，所以研究者选取的访谈对象是经过认真筛选，并确认能获得允许进入训练现场观察、面对面访谈、录音、填写知情同意书（见附录一）等。资料收集主要采用深度访谈，每个访谈在事先征得访谈对象的同意后用 MP3 进行现场录音，所有访谈时间长度为 100 ~ 180 分钟。

2）资料分析

所有原始资料导入质性分析软件 NVivo 8.0 进行管理和检索，运用 NVivo 8.0 软件,进行三级编码资料分析,即开放式编码、主轴式编码和选择式编码。NVivo 8.0 分析软件可以协助资料储存、编码、搜寻、比较及连接，让研究者在做质性研究的分析工作时较轻松，基本上表现出以下优点：①化繁为简：省去人工对资料的传统纸笔编码（如铅笔 + 白纸；剪刀 + 便条纸；复制 + 粘贴）等琐碎工作，从而腾出更多精力在意义探寻上。②过程透明化：研究者也可以很方便地把自己的资料和研究分析过程同别人分享，让别人判断其分析与结论或理论验证是否合理。③思考历程视觉化：可同时环顾自己的不同整理过程，有助于理清思路。④较弹性的编码：可以针对文字资料进行编码、提取和弹性地记录。针对这些优点，学者林本炫（2004）总结诸多质性研究的资料分析辅助软件（如 NVivo、AFTER、HyperRESEARCH、Code-A-Text），认为它们真正的功能有三种：编码与搜寻、编码并建立理论、概念网络建构。这其中，NVivo 在众多的质性研究分析软件中，不但具有编码与搜寻的功能，而且支持研究者去建立理论，尤其适用于扎根理论的研究者。相对于其他质性分析软件，NVivo 具有高度结构性的编码系统，可以呈现编码之间的关系、建立高层次的分类及项目，以及测试资料的理论性。尤其在处理备忘录方面有较强的功能(可以让研究者去分类及编码备忘录)，比其他软件具有更精密的搜索、提取功能和更广泛、更精密的超链接功能，可以将不同文字片段连接在一起，也可以将文字、图形、相片、声音、影像、网站资料相互连接，而且可以协助建立多元个案矩阵。但是值得注意的是，这种强大的质性分析软件也只是一个辅助性工具，它不能代替研究者的思考和模型建构。资料分析还是主要依靠扎根理论框架下的三级编码有序进行。

4.2.3 可信性

本研究应用多种方法来提高资料收集和分析过程的可信性，以建立接近实际世界、内容丰富、整合的、具解释力的理论。首先，对访谈进行现场录音，逐字转录，并转发给访谈对象进行确认。其次，研究在其他人的参与下以团体形式进行讨论，以求在质性资料分析过程的多方面达成一致，如讨论访谈提纲、预访谈等。在研究团体讨论中，所有的资料编码都被纳入讨论，如为了提高研究的效度，在给意义单元贴标签时，在两人或多人之间讨论，直到一致认同某一词语更最适合描述某一意义单元。对于资料编码，研究者也考虑过运用编码一致性这种排斥研究关系因素的方法来确认编码可信度，但因这种有争议的方法无法体现研究者与研究对象的互动，与扎根理论初衷相违背，故最终选择多人讨论，参考其他人员的意见，但最终标签确定由研究者反复听取访谈录音，根据自己与研究对象的互动，以情境敏感性为依据来判断。这个程序是为了预防一个编码人员的自我优越感和知觉偏见（LeCompte & Goetz，1982）。在整个质性分析过程中，为了避免受到研究者过于主观性的影响，研究者同时把握“去情境化”过程和“再情境化”过程（Tesch， 1990），如从原始资料产生意义单元的开放性编码，这是对信息进行“去情境化”；只靠“去情境化”还不行，研究者在编码过程中严格遵循扎根理论方法的理论建构需要经常回到原始的社会背景中去，即进行“再情境化”，这种来来回回的工作保证理论建构是完全以原始资料作为扎根基础的。最后，在资料分析时采用质性分析软件 NVivo 8.0 来管理和分析大量原始资料，把教练个案三级编码过程和最后的扎根理论分析结果反馈给教练，与教练讨论编码分析的过程，并进行适当的编码修正，力求契合教练的原意。

总之，本研究在资料收集和分析时应用三角检验的方法，即通过不同的资料来源、多种研究方法、不同的研究者来理解资料。因为质性研究以研究者为研究工具，从本研究的研究者的相关经历来看，研究者对教练职业生涯成长的原始资料有较强的敏感性；从文化主位出发，说明研究有较好的本土契合性。正如杨国枢所言，只有当地的研究者以本土化的研究活动与方式来挖掘当地民众之心理与行为，才能达到“本土契合”的状态或境界，从而建立一套本土性的心理学知识体系。最重要的是研究者不断反思在研究过程中的角色和主观性，通过以上系列方法来提高研究的可信度。

4.3 结果与分析

根据本文前面对扎根理论操作程序的介绍，结合 NVivo 8.0 的具体功能，可以简单把该软件辅助质性资料分析操作流程分为几个部分，包括新建项目和导入文本、编码节点的实现、备忘录、关系和理论模型，基本可以用图 4-2 来表示。

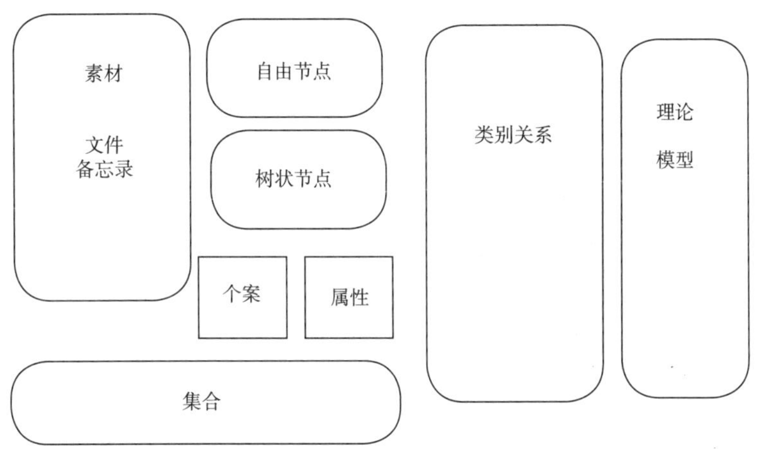

图 4-2 NVivo 8.0 辅助质性资源分析操作流程图：导入文本→编码→探寻关系→建模

在这一过程中，备忘录是一种原始草稿，一种我们将对资料的分析所得写成文字帮助思维的工具，一种扎根理论学者常用的记录方式，它特别有助于资料分析，特别是一些关于方法论及分析的议题。写备忘录时所察觉到的观察、理论上的空隙，或用文字来做沙盘演练抽样的研究设计，都会使研究者再由抽象的理论工作回到具体的社会现象。即研究者在思考方式上一方面是从资料到写作的归纳，另一方面是由文字回到观察的演绎，这两种思考与操作在研究过程中一直是同时进行的，但每次来回的结果则逐渐提升了所观察现象的抽样层次，建立的必要理论。这就是备忘录的功能，可见备忘录基本上是记录研究者资料分析的过程和结果。应这种强大的功能，NVivo 8.0 重点开发了建立备忘录的功能。Strauss 和

Cobin（1998）总结经 NVivo 辅助使用的备忘录是扎根理论的主要技术，总共有三种方式的备忘录：编码记录（Code Notes）、理论记录（Theoretical Notes）、操作记录（Operational Notes）。其中，编码记录即节点备忘录，它记录含有编码后成果的备忘录，包括概念性标识、框架特质、有关过程的现象等。编码备忘录可以在编码的节点标题上点击备忘录功能，直接撰写备忘录。如在本研究中，归纳的次类别“中国式”表示内地教练在培养、管理运动员方面存在国情上的差异，这个类别的编码说明中国高水平教练的执教理念（图 4-3）。

图 4-3　编码备忘录（Memos）

当然，备忘录作为研究者对质性研究分析的思考过程，不仅只针对编码进行记录，它还可以帮助研究者发现所有资料在理论上的含义，显示思路中的空隙，刺激与提醒研究者应注意的现象。所以，备忘录还包括理论性备忘录和操作性备忘录（具体含义见扎根理论研究方法部分介绍）。理论性备忘录，如在关系、个案等标题下可以直接点击备忘录功能，直接撰写备忘录（图 4-4）。操作性备忘录一般在材料来源中“项目记录”（Project Notes）中直接撰写。在撰写备忘时，宜注意两个细节，它对资料的整理与追溯极有用：①备忘录宜以一个主题为内容，以便以后整理时可以将每份备忘录归为一个主题；②每一份备忘录应注明日期，这不但可以在以后追溯不同备忘录而汇集同一概念、状况，也可以了解研究过程，由日期上的推演追溯出研究者自己的思考历程。这些日志式的研究历程资料，将有利于其他学者参考，以便了解扎根理论的建构程序与原则。总之，备忘录在整个资料分析的历程中，可以用来：①解释原始资料；②清晰隐喻；③检查编码类别间的关系；④解释主要编码类别；⑤探索方法论上的议题；⑥产生理论。这些功能可以充分借用 NVivo 8.0 软件来帮助研究者探讨关于资料、编码、类别与主题想法。NVivo 软件还提供给质性研究使用者的一个贴心设计。即针对访谈稿的内容，研究者还可以针对特定的访谈事件，记录访谈的对象、时间、情境、受访者的反应、研究者对于访谈的相关意见等，这些备忘内容有助于后续质性研究的分析。NVivo 8.0 还直接提供备忘录编辑、链接等功能（图 4-5）：把所有备忘录都链接到同一个备忘录文件夹，极大地方便了研究者搜索原始资料、查看和思考研究历程。

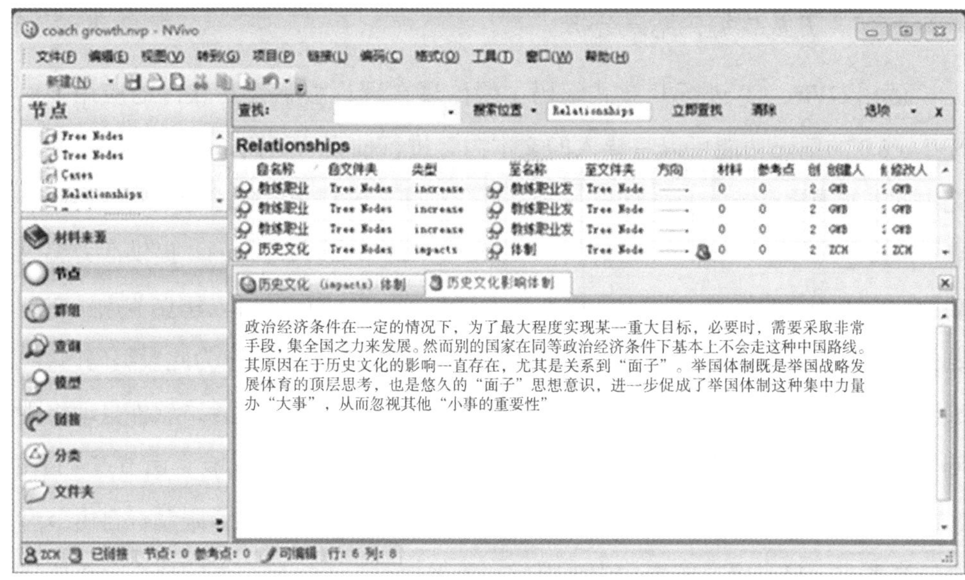

图 4-4 理论备忘录（Memos）

图 4-5 备忘录链接（Memo Links）

4.3.1 开放式编码结果分析

运用 NVivo 8.0 进行开放式编码主要体现在理论敏感性和软件的应用上。NVivo 8.0 的编码功能可以将导入的文本内容进行抽离、编码，逐步形成质性研究中的若干重要概念。具体而言，研究者会对许多语句和段落进行编码，形成节点（Nodes），每一个节点可以是包含多段文字的节点。NVivo 8.0 提供活力编码功能，即不需要事先建立节点，而在文件浏览的同时直接就可以建立节点：在浏览的文件中找到要进行编码的内容，并用鼠标拖动数个字或行作为此段编码内容，编码者只要赋加关键词为名建立一个新的节点，放开鼠标拖动后，软件自动将刚刚鼠标所选择的文字全部选取。在 NVivo 8.0 中，最常用的节点有自由节点（Free Nodes）和树节点（Tree Nodes），这些可以建立的节点没有数量限制。自由节点是研究者对于整个研究的概念尚未形成完整架构时，进行试探性的质性分析所建立的节点，它由开放式编码得出，从原始文本中逐步建立。这些自由节点可以在其后质性研究架构逐渐形成时，通过节点的管理进行剪切或复制到树节点中。树节点是包含子目录的树状结构，此树状结构通常是用于表现质性研究概念间的相互关系。当研究者逐渐形成质性研究的架构时，可以借由树节点的安排来表现概念之间的主从关系。由此可见，自由节点之间还没有建立概念上的关联，所有节点是自由的、彼此平行没有结构的。而树节点按层级结构编码，将各个自由节点建立彼此上下的阶层关系，就成为树节点。树节点是主轴式编码和选择式编码的结果，都是在自由节点的基础上通过作比较和提问题的方式，在扎根理论的登录范式下，运用典范模型、条件矩阵等分析工具建立一层节点与一层节点之间的关系，即类别与类别之间、主类别与副类别之间的关系。具体操作如图 4-6 所示。

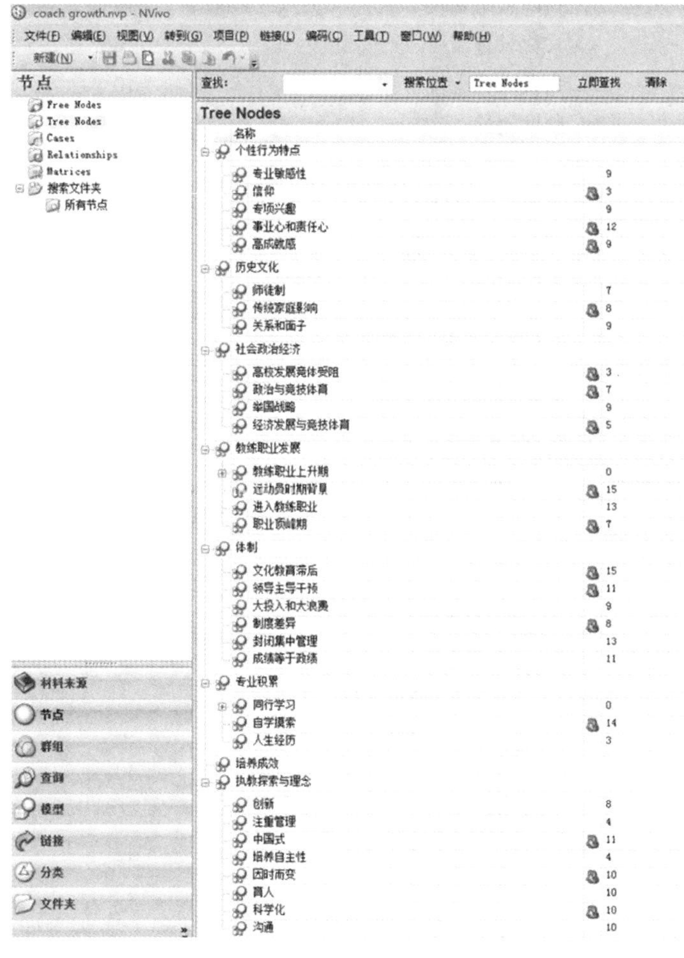

图 4-6　由自由节点合并、复制和剪贴等工作形成的树节点（Tree Nodes）图

1）编码类别

所有的资料（近40万字的转录稿）经过开放式编码形成概念和类别（各类别具体原始资料编码举例见附录二），来说明高水平教练的职业生涯成长所涉及的主题。共登录出953个概念性标签，形成9个主类别、46个次类别，见表4-2。

表4-2　开放式编码形成的所有类别

编码类别（主类别 / 次类别 / 从属类别）			类别来源	
			No. C	No. MU
举国体制			16	237
	行政管理主导		12	58
	成绩与政绩挂钩		11	36
	封闭集中管理		14	25
	文化教育滞后		16	53
	大投入和大代价		10	24
	制度差异		9	41
社会政治经济			9	61
	政治与竞技体育		7	17
	经济与竞技体育		5	8
	举国战略		9	17
	高校发展竞体受阻		3	19
历史文化			8	26
	关系和面子		13	25
	传统家庭影响		8	13
	师徒制		7	13
教练职业发展			15	156
	运动员时期		15	70
	职业新手期		13	27
	职业上升期		14	47
		认识提高	7	11
		资源积累与调整	7	13
		自我职业发展实践	14	23
	职业顶峰期		7	12
教练平台			13	70
	体育战略增加机会		13	42
	教练能力与平台获得		3	8
	教练平台搭建		8	20

续表

编码类别（主类别 / 次类别 / 从属类别）			类别来源	
			No. C	No. MU
社会支持和家庭			10	80
	家庭与工作		7	12
	社会关系状况		10	51
		教练与裁判的关系	3	5
		教练同行关系	3	6
		上下级关系	10	23
专业积累			14	66
	同行学习		7	22
		师徒式言传身教	3	4
		榜样型教练学习	4	8
		同行相互学习	7	10
	自学摸索		14	36
	人生经历		3	8
执教理念与探索			11	155
	创新		8	9
	科学化		10	38
	育人		10	23
	沟通		10	17
	高效管理		2	4
	中国式		11	28
	培养自主性		4	7
	因时而变		10	29
个性行为特征			12	94
	高成就感		12	29
	事业心和责任心		12	29
	专业敏感性		9	21
	信仰		3	15

注：表中 C 代表教练（Coach），MU 代表意义单元（Meaning Unit）。

2）条件矩阵

扎根理论是社会学视角下泛行动的分析系统，此分析方法可以让读者检查事件的互动性质。它用编码框架来分析社会实体，其中行动 / 互动是这个框架的核心。这个泛行动系统由彼此有关和彼此互动的条件层次，即其与所研究的现象间的关系由一般（距离较远）到特殊的（距离较近）（Corbin & Strauss， 2001）条件矩阵（Condition Matrix）所组成。

模型建构是扎根理论研究的最终目的，在选择式编码中实现，即在已经发展好的若干主要类别之间，可以借由阐明“故事线”而找出核心类别，或是以某一个类别为核心类别，其他类别为次要类别，从而是把类别相互连接起来，铺陈整个观察所得或验证访谈的个案资料。这种故事线可以用一个可视化的图表在 NVivo 8.0 中表示出来，并以图片的格式导出图表构架，作为质性研究的重要结果进行报告。具体操作方法：点击左栏导航视图中的“ 模型”，出现模型文件夹和右边的列表，由图 4-7 可以发现，列表视图中包括：知觉（Perception）、初始想法（First Thought）、初始编码分析阶段（First Stage Coding）、最终编码分析阶段（Final Stage Coding）。列表视图中的这些项目可以帮助研究者使用模型以可视化、发掘和显示数据中的连接，从知觉到最终编码分析阶段，建构出理论模型。其中知觉表示未经系统收集资料而对质性研究现象有关的概念关系的认知；初始想法则是经过预研究或一定的调查，思考归纳所得的概念或类别关系，如图 4-7 所示。右下框显示研究实例中对“执教探索与理念”这一大类别的归纳，它是把树节点中“执教探索与理念”这一类别的树状结构关系直接导入而产生的，主要针对类别与副类别从属关系的归纳；初始编码表示主类别和主类别之间的关系， 如研究实例中，经由图 4-7 的步骤，可以导入“初始编码”框中，形成类别之间的条件矩阵，即高水平教练成长的外环境、交互环境和内环境，最后形成关系图表以图片格式导出的结果；而最终编码阶段则表示用以发现核心类别，阐明故事线的最终关系模型建构阶段，这一结果不能从以上归纳结果中在 NVivo 8.0 中直接导出，但是能铺陈整个观察所得或验证访谈的个案资料，也就是质性研究的最终结果。在这四个步骤中，前三个步骤可以依步骤一样执行即可，最终一个步骤需要利用软件中的模型制作功能对模型思想进行试验和建构，这一部分一般不作为研究结果导出，而是在 NVivo 8.0 软件中得到原始资料的验证后，由研究者自己选择模型建构结果的报告形式。

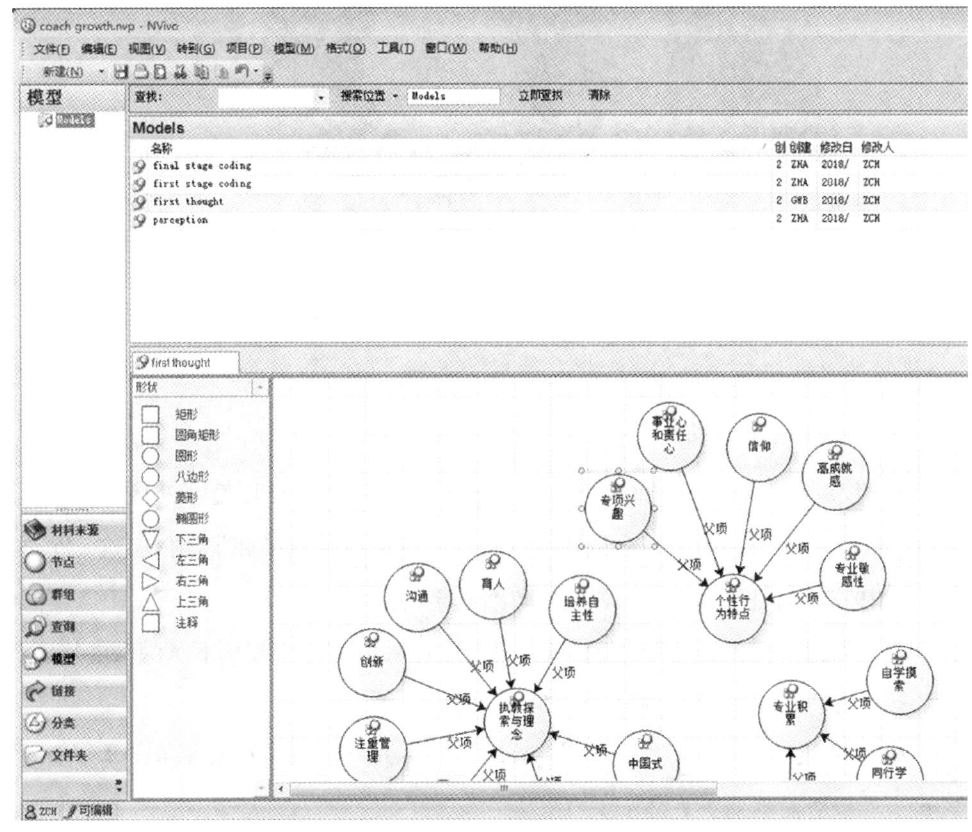

图 4-7　模型建构

通过开放式编码进一步归纳所有主类别得出教练的宏观水平（Macro-Level）、微观水平（Micro-Level）和互动水平（Interaction-Level）的条件矩阵。条件矩阵根据其类别归纳的层次性可以进一步用图 4-8 的同心圆表示，它意味着研究者首先将该现象（高水平教练员的成长）置于一个情景脉络之中，也就是现象所处的宏观与微观条件所及的范围之内，并一路追踪后续行动 / 互动所导致的关联，以及这些行动 / 互动所导致的结果（Strauss & Corbin， 2001）。在高水平教练员的成长过程研究中，研究者使用主轴编码中的典范模型的分析工具继续追踪出存在于条件矩阵中的复杂结构，具体参见第 4.3.2 节中的主轴式编码相关内容。

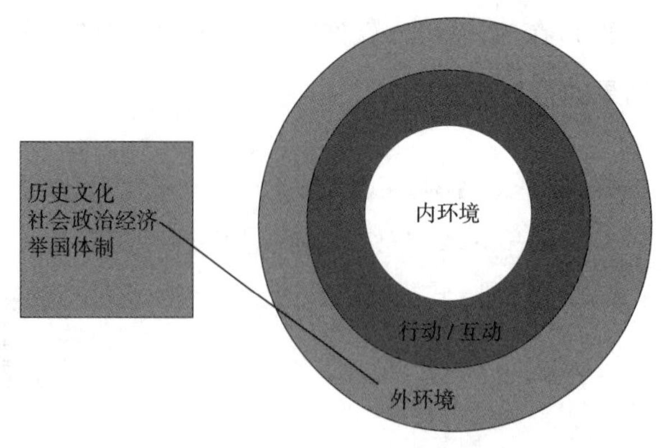

图 4-8　高水平教练员成长的条件矩阵图

（1）宏观水平条件

所谓宏观水平条件，即教练职业生涯成长的社会文化环境（外环境），从 NVivo 8.0 导出的图 4-8 可知，包括历史文化、社会政治经济和举国体制这三个方面，其中举国体制受历史文化和社会政治经济的影响。

说到历史文化，中国几千年的文化积淀，在每个人身上都刻下了深深的烙印，在本土教练的成长过程中通过一些事件投射出：

传统儒家功名思想的影响，家长是可以说都拼命想自己的孩子出人头地啊，是吧？（某国家级游泳教练）

跟"礼"文化是有关系的，就是这样子，它是一层一层服从的，你的一切职能是上面给你的，烙在中国人的根子里边去了。（国家体操队某教练）

这样的文化背景下面，不给你机会的时候，你真的成了没有才能的人，有才能也没才能。（国家跳水队某教练）

……

可见，到处都有历史文化的影子，如不喜欢张扬个性、凡事从大局考虑。这些不仅体现在一个集体里，在一个家庭里也是这样的，如很多运动员和教练员的职业决策不是个人选择的。以上便是中国文化背景下个体心理与行为特征——家族取向（或者他人取向）的直观展现。其中在编码图中，"面子"（Mianzi）与"关系"（Guanxi）作为历史文化主类别中的一个重要次类别经常被教练和体育官员提到：

国家搞竞技体育就是为国争光，争“面子”，省市搞竞技体育是为地方争“面子”。（某市体育职业技术学院院长）

这两个次类别充分体现了中国人社会取向特征深入个体潜意识，与个体心理变量产生非常强的交互作用。如中国人向来爱面子，竞技体育从某种意义上逐渐演变成为国家和各省市的“面子”。各级行政为了“面子”，在传统儒家“功名”意识的推动下，积极性非常高，动用各种资源为竞技体育服务，真正达到举全国之力。所以，面子在这里扮演着群体凝聚的功能（佐斌，1997）。面子在中国是非常重要的影响概念（翟学伟，1994），甚至有学者（汪凤炎，2005）提出面子是个人的社会性成就，它几乎成为中国精神的纲领。另外，“关系”在教练职业生涯成长过程中也发挥着很重要的作用，很多“关系”成为教练的重要社会支持。附录二的社会支持和家庭这一主类别编码中，几乎全部是围绕“关系”这个概念。“关系”是我们中国人社会学和心理学研究的重要内容。

从图 4-9 可知中国历史文化和社会政治经济状况导致举国体制的产生（20 世纪 50 年代）。即在我们所具有的历史文化意识形态里，考虑到现阶段国家的政治经济条件，采用举国战略发展竞技体育：

因为我们整个国家这个竞技，整个所谓全民这个意识，都没达到像国外比较发达国家的水平，是吧？（国家体操队某教练）

确实，中国在当时的政治经济条件和国际环境下，举国体制发展竞技体育是国家领导人的英明决策，可以举全国之力最大限度地发挥竞技体育的影响力：

靠体育去扬眉吐气也好，升国旗也好，提高知名度也好，人家认可你啊，只有这个途径，升国旗，人家必须站起来奏国歌。（羽毛球某国家级教练）

这里包括政治影响力和国际声誉等，甚至能提升国民自信心。（国家蹦床队某教练）

很多教练提到：

像中国 20 世纪 70 年代的乒乓外交、80 年代中国排球的辉煌等，都载入了共和国发展史册，几乎影响了一代人，也确实提高了我们的国际知名度和影响力。

这就是集中力量办大事。所谓投入巨大，收效巨大。第 24 届汉城奥运会，

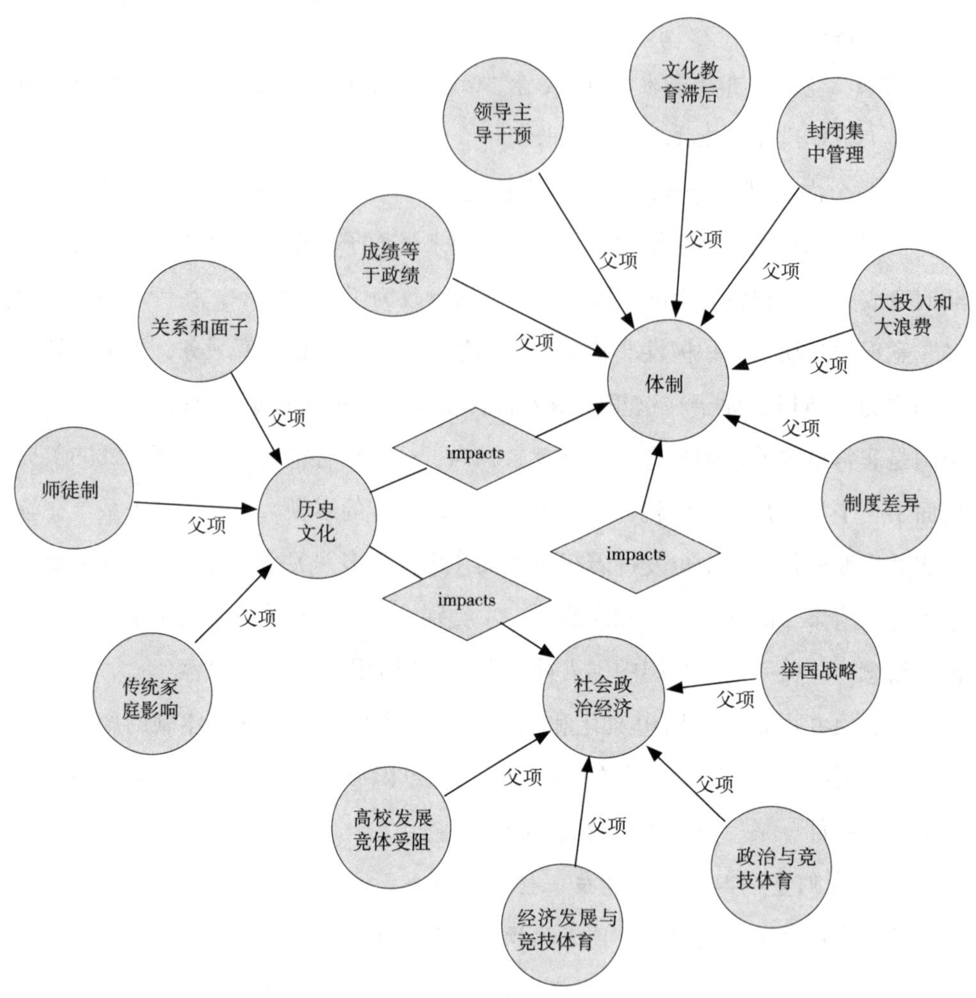

图 4-9　运用 NVivo 8.0 进行分析后导出的社会文化环境编码图

中国体育代表团重返奥运会赛场获得 5 枚金牌，排名第 11；紧接着在第 25 届巴塞罗那奥运会上便获得 16 块金牌的好成绩，位居奖牌榜世界第 4 位，相比当时中国相对落后的经济条件，中国奥运军团凭借该次优异表现，极大地提高了中国在国际社会的地位，也极大地提升了国人的民族自信心和自豪感。同时期的中国女排连续夺得了五年冠军更是让国人感到无比振奋。五星红旗一次次升起、国歌一次次奏响的场景，让中华儿女热血沸腾。一时间，各行各业掀起了学习和发扬女排精神的热潮。杨桦认为："举国体制，从一般意义讲，是在特定时期和资源约束双重背景下，出于政治、经济和文化的特殊需要，或为了应对某种突发事件，运用的较大规模的调配资源的组织方式和运行体系，其本质特征是国家利益目标至上性。”所以，从效果上看，举国体制下的竞技体育确实取得了瞩目的成就，是国家领导人在当时政治经济条件下所采取的英明决策。

（2）微观水平的条件

所谓微观水平条件就是教练职业生涯成长的个体因素（内环境），由图 4-10 可知，包括教练的个性行为特点、执教探索与理念、专业积累和教练职业发展这几个主类别。

其中，执教探索与理念类别从创新、沟通、科学化、高效管理、因时而变、育人、中国式、培养自主性这几个次类别归纳出。创新、科学化、因时而变都与教练研究训练，吸收体育科研成果，理解项目发展规律，并把它们运用到运动训练中有关：

所谓创新，在我看来，就是运用符合事物本身发展规律，在较短的时间内让运动员更快成材，同时避免受伤。（国家跳水队某教练）

自己还写了一句话，就是“求大成于自然之中”，就是我们对运动员的培养不要破坏自然规律，比如当时中国体操部分存在揠苗助长现象。（国家体操队某教练）

在高水平教练的职业经历中，发现规律，运用规律开拓该项目的训练新思路，才能在训练上有显著成效，即教练所谓的会“做事”。

沟通、高效管理、育人、中国式、培养自主性这几个次类别，可以用一位国家队教练的总结归纳，即会“做人”，它是高水平教练的职业目标和策略。

教练的做人决定着教练与运动员的关系。（国家击剑队某教练）

“做人”对于运动员来说，意味着教练是否为运动员的利益考虑，有无人格魅力，决定着能否得到运动员感情上的认可。（蹦床某国家级教练）

“做人”这个概念，乍听就懂，一解释就说不清楚。但几乎所有教练都提到“做人”的重要性。一旦运动员对你情感上不认可，即觉得教练这个人不行，便很难接受这个教练。在这种情况下，执教有效性就大打折扣。按照黄光国的关系类型理论，关系的“情感性”成分没有了，只存在“工具性”，那么教练对运动员的影响力就会小。国外相关研究（Douge & Hastie，1993; Smith，Smoll，& Curtis，

1979; Trudel，Côté，& Bernard，1996）也提到，教练—运动员互动关系影响教练执教有效性。“做人”充分体现了中国伦理关系社会对每个人的塑造作用，彭泗清（1993）专门有论述，认为“做人”包括道德上的自我完善与功利上的适应社会两种相辅相成又相互冲突的含义，做人（对人品、财富、权势、名词的选择）有价值定位和行为定位（品德、人缘、才能的选择）两个层面。

个性行为特征类别是从高成就感、事业心与责任心、专业敏感性、信仰、专项兴趣这几个次类别归纳出来，它与执教探索与理念相互印证。从表 4.2 可知，在这些特征中，高成就感被大多数教练多次提到，说明它是高水平教练最明显的心理特征：

做一个好的教练，这是我很内心的想法，做一个能培养出世界最顶尖运动员的教练。（广东省武术队总教练）

我不断失败，教练弯路走多其实不是一件坏事，有些很成功的世界冠军可能他那条路是一帆风顺的，全靠教练用失败经验积累出来的，让他这个运动员少走弯路。我从这些失败中总结经验，没有气馁。

同行学习、自我摸索和人生经历是教练专业积累的三大途径，也是教练继续学习、专业探讨方面的内容。

从教练职业生涯成长的内环境编码图（图 4-10）可知，个性行为特征、执教探索与理念、专业积累这三大主类别影响教练职业发展。这些方面影响教练在不同发展阶段（见附录二）的表现，如教练上升期的认识提高、积累与调整、自我职业发展实践。正如前面综述中的结论，教练教育、学习等（Cushion，Armour，& Jones，2003; Lyle，2002; Malete & Feltz，2000; Weiss，Barber，Sisley，& Ebbeck，1991; Werthner & Trudel，2006; Wright，Trudel，& Culver，2007）都是影响教练职业发展的因素，执教有效性作为教练职业发展的效果反过来影响教练职业发展。

（3）互动水平的条件

行动 / 互动是扎根理论中编码分析框架的核心。高水平教练职业生涯成长就是内、外环境因素相互影响、相互作用的结果，是本研究体现用“人境互动论”视角思考教练职业成长和发展的关键点，通过对原始资料逐级扎根的过程，这种

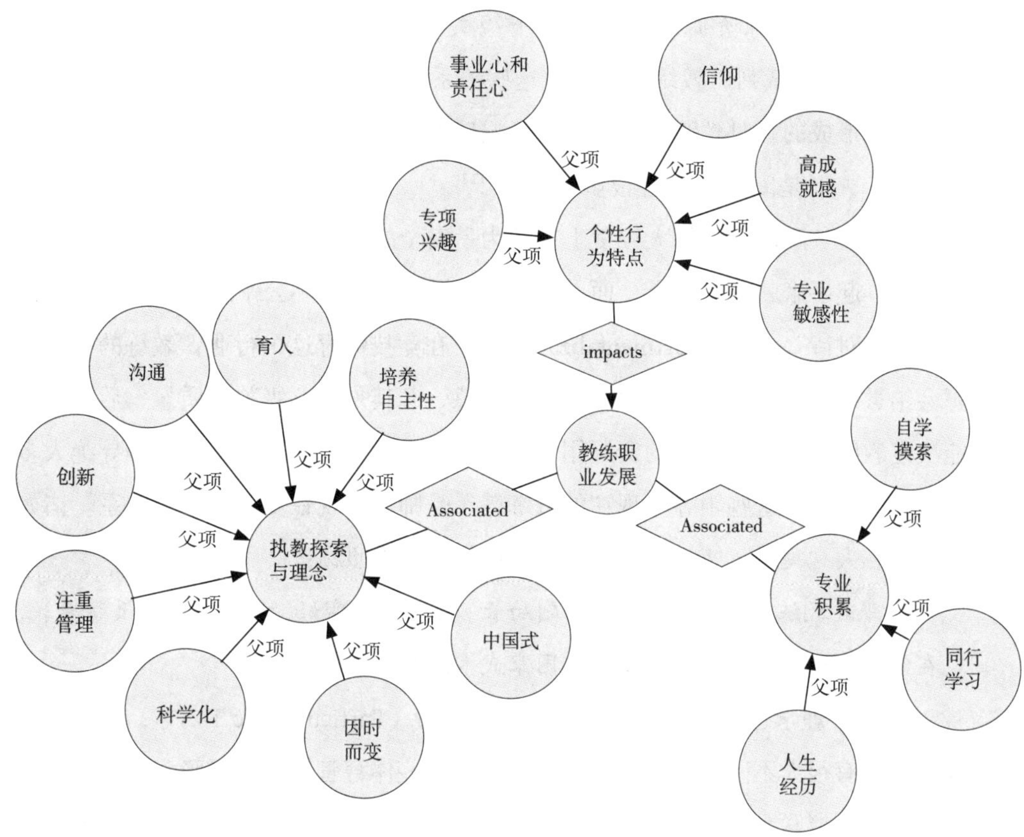

图 4-10 运用 NVivo 8.0 进行分析后导出的内环境编码图

人与社会环境相互作用关系最后表现在社会支持和家庭、教练平台两个大类别上。

在社会支持与家庭这个类别的编码过程中，很多教练提到家庭为他们的事业做出巨大的牺牲。教练是一个特殊职业，尤其需要家庭的支持。本研究访谈的所有国家队教练都长期在北京，奔走于世界各地，一年内极少有时间与家人团聚，很难实现西方文化中的“工作与家庭的平衡”：

家庭都适应了，什么都没有。一开始时候怨言很多，反正这个就是你说就是强迫适应吧，就是她不理解，要执行；理解也要执行。

跟家里人交流啊沟通吧，希望他们理解，工作性质就这样了。啊，你没得选择，对不对，只能这么顺着感觉走。

更为重要的支持是教练的“关系”，从表 4.2 可知，它主要指教练的关系网，或者叫“人脉资源”，包括上下级关系（Supervisor-Subordinate Guanxi，SSG）、教练与裁判、教练与同行。这些关系是在教练的关系认知和行动上经过长期积累形成的，对教练的职业发展影响较大。竞技体育从某种程度上讲是一个“圈子”，但是圈子里还有很多小“圈子”。“圈内人”与“圈外人”是有很大不同的，“圈内人”很大程度上被认为是安全的，相互之间自然就“好说话”一些，办起事来就容易多了，而“圈外人”则经常受到不公平对待，这就是所谓的“差序对待”（Compartmentalization）。在竞技体育这个行业，教练的人脉资源会给教练带来很多物质资源和心理支持感，尤其是上下级关系质量，后者也许能决定教练能否整合更多的资源用于培养运动员。竞技体育领域中的领导绝大多数是教练出身，这些领导与现在的教练曾经是师徒，现在变为上下级关系。诸如此类的私人“关系”使教练在职业生涯成长中颇受照顾：

我跟我教练老杨（时任体育局副局长）关系一直蛮好，那时候他整天带着我，现在经常仍在很多方面指导我。（国家武术队某教练）

社会心理学也称这些“关系”为特殊连带（Particularistic Ties），它与一般人际关系有很大不同。鉴于这种常见事实，有些体育管理部门干脆安排有私人关系的领导直接联系某些项目的教练，实行项目分管，如此便形成传统的“家长式管理”：

领导靠我们拿成绩，我们靠领导拿资源，等于是这样一个关系逻辑，这样去理解它，我觉得就应经常向领导汇报一下……什么事就会好办一点了，是吧？（国家蹦床队某教练）

教练与裁判的关系。在国内重大比赛场上，经常出现前三名的队员表现差别微乎其微，这时裁判的主观判断就会对名次产生重大影响。所以，教练都对裁判既爱又恨，但是有些教练就能处理好与裁判的关系，因此他（或她）的队员在主观性打分时会获得积极偏向。很多教练认为：

感觉人与人之间必须不断的交流、沟通，才能达到一种共识，就好比说，我的哪个裁判打的分数可能与我想象的有一定距离，我就寻找机会跟他做一个交流吧。（国家击剑队某教练）

“教练平台”属于本土概念（Indigenous Concept），在教练看来：

平台就是为了创造成绩的，没有成绩，这个运动队难以生存，教练就没有存在的意义。（武术某国家级教练）

它对教练职业发展至关重要：

真的，跳水要搞起来的话确实还需要一个跑道、一个平台。没有一个好的平台，就难以维持和发展下去。（清华跳水队某国家级教练）

蹦床是列入了奥运会的，2000年第一次，就在澳大利亚那一届蹦床就已经列入了奥运会，所以我们国家也把蹦床项目组建起来了，当时1999年是广东队第一次组建蹦床队。那么这个平台就有了，然后领导让我从技巧转到蹦床，当教练当到现在。（蹦床某国家级教练）

可见，教练平台是中国竞技体育走举国集体发展方式的体现。国家游泳队总教练曾评论：

一个教练发展的环境好不好，看看这个地方的平台怎么样，平台不好，教练能力再强，也很难达到很高的高度……

由上从附录二中教练平台和举国体制等其他类别的原始资料编码可知，教练平台与其所执教的单项环境有关，还与教练所在单位的竞技体育环境有关（图4-11）。因为在管理上，教练同时隶属当地体育行政组织和单项协会。

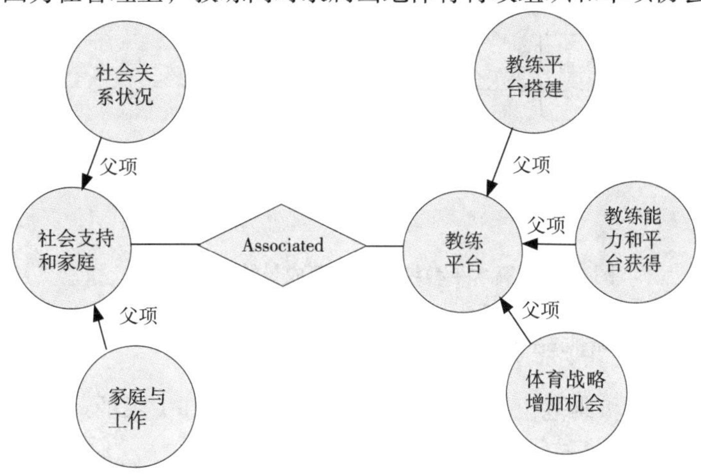

图4-11　运用NVivo 8.0质性分析软件进行分析后导出互动水平条件的编码图

4.3.2 主轴式编码结果分析

在开放式编码阶段，研究者将资料分解并归纳出类别，该过程对资料进行了一定程度的抽象和提炼，但最终得出的类别几乎都是独立的，其间的关系并没有被深入探讨，而关系的建立是得出结论的必要前提。为此，要将各类别加以连接，将被分解的资料重新整合，这就有赖于扎根理论的编码分析工具——典范模型（Paradigm Model）的运用，它是用以将类别联系起来并进一步挖掘类别含义的有效方法。即借所分析现象的条件（Condition）、背景脉络（Context）、介入条件（Intervention）、行动/互动和结果把各类别联系起来，这是从类别分析到情景分析的过程。在各类别相互联系时，所以必须不断回到原始资料中，通过来来回回对类别的不断比较、挖掘，经过对其关系的不断识别、质疑和原始资料验证，研究者最终得到一个典范模型（图 4-12）。

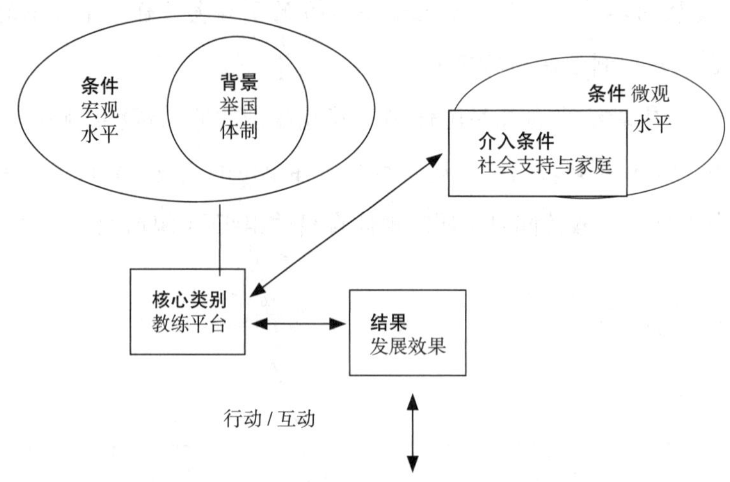

图 4-12 高水平教练职业生涯成长的典范模型

4.3.3 选择式编码结果分析

经过以上编码和典范模型分析，研究者对类别及其关系的理解不断加深。在对原始资料进行归纳和比较时，尤其是在类别关系不断比较的基础上，研究者对主类别及相应次类别继续考察和深入分析，同时结合原始资料，经过理论提升，总结如下：

举国体制是在特定的历史背景（包括历史文化和社会政治经济背景）下形

成并逐渐运行成熟，举全国之力，开展各体育项目，搭建平台，让教练在这个平台上发挥专业能力，提高运动员成绩，实现“体育大国”的目标。所以教练平台是教练职业环境的综合体现。

教练平台是教练职业发展的内外环境交互点，凝结本土社会的竞技体育集体理想和教练个人抱负。

教练个体作为运动队的主要责任人，在教练平台这一目标性很强的集体环境中，依靠教练平台获得资源和支持，完成集体要求的任务，同时实现个体职业发展。

至此，通过对研究中所有资料的分析和归纳，可以认为教练平台是在举国体制发展竞技体育的方式下，对教练职业生涯成长有重要影响的职业环境，它与这个项目的环境有关，还与这个地方的竞技体育环境有关，表示教练用于培养运动员的职业环境。通过上述的理论分析，最终选择“教练平台”为核心类别来统整全部研究分析结果形成的理论架构。围绕这个核心类别的故事线可以如下表述：本土高水平教练在举国体制大背景下，以教练平台为依靠，积极改善职业内环境，包括注重“关系”，整合资源，实现集体目标和个体发展。

核心类别及故事线的提炼，可通过进一步识别核心类别的性质、维度和位置来实现，以国家队某教练为例（表 4-3）。

表 4-3 核心类别的性质、维度和位置（以国家队某教练为例）

核心类别的性质	性质的维度	维度的位置
平台建立的时间	长—短	传统项目
平台的完善程度	好—差	好
平台的社会支持力度	强—弱	强
平台上的人事管理环境	好—差	好

由此，核心类别进一步提炼的结果说明教练平台所包括的一些因素，借用这些因素在个案中的不同状况（位置），具体解释每个教练所在单位职业环境的好坏。

4.4 结 论

本研究通过扎根理论的三级编码分析得出结论：高水平教练成长过程的核心类别教练平台，它描述教练所在单位职业环境，对教练员职业生涯成长发挥核心作用；围绕核心类别的故事线：本土高水平教练在举国体制大背景下，以教练平台为依靠，积极改善职业内环境，包括利用社会“关系”整合资源，在培养运动员过程中实现集体目标和个体成长。

4.5 基于质性研究提出研究总体构想

4.5.1 重要变量引出

本研究通过扎根理论方法充分兼顾社会情境和个体两方面因素，即本着“人境互动论”视角分析教练职业生涯成长。定量研究的总体构想是在质性研究的基础上提出的，同时考虑环境因素和个体因素，引出研究的关键变量及变量关系。

作为教练职业生涯成长的内外环境交互因素之一，教练平台是举国体制背景下对高水平教练职业生涯成长产生核心作用的因素，它描述教练职业环境，将是本研究的重点。要想深刻理解教练职业环境，首先要理解举国体制。举国体制是典型的“单位”体制，很多学者曾从社会学角度研究“单位”体制。所谓“单位”，我们对它再也熟悉不过了，它是中国特有的组织形式（刘建军，2000）。对于“单位”，最早 Walder（1987; 1996）在分析中国传统企业和行政组织工作场所（单位）中的权威关系，透视中国社会独特的社会结构，特别是政治关系时，谈到“单位”。近些年来，国内学者对“单位”亦进行了相当广泛而深入的研究，认为“单位”和单位组织主要是指一种德治性再分配体制内的制度化组织，其制度化的基础在于：国家成为组织所需资源的唯一或主要提供者，组织领导者完全取决于等级体制中上级的决定。单位组织则是大多数社会成员被组织到一个具体的“单位组织”中，由这种单位组织赋予他们社会行为的权利、身份和合法性，满足他们的各种需求，代表和维护他们的利益，控制他们的行为。单位可以被认为是一种资源稀缺状态的国家集权之下的分配体制与形式，是一种向上依赖、向下控制的体制。

这种体制使国家所掌握的资源有差别地分配到各种各样的单位组织中，然后由单位分配再分配至每一个单位成员（王沪宁，1995）。这些单位体制的特点可以从举国体制的开放式编码中得到印证，反映了教练的职业环境特点，正如某跳水队教练在总结自己重新选择单位时说：

你如果想有好的发展，没有一个好的平台真不行……如果竞技体育不解决这种问题，比如说，没有编制什么的，就很难留得住高水平教练，那么它就很难生存。

即教练必须依靠“单位组织”，由这种单位组织赋予他们社会行为的权利、身份和合法性。运动队是体育行政单位组织最基本的存在形式，由教练、运动员、管理者（或领导）、科研人员等其他类人员组成。在这种德治性再分配体制下，运动队管理者（或领导）决定着运动队很多方面，包括教练的人事管理、运动队的资源分配等，这就是教练平台所包含的因素（表 4-3）。从这个角度来看，运动队是否有领导的持续关注，领导是否对专项队的发展规律有比较深刻的认识，也是教练平台非常重要的因素。

虽然单位组织也按市场理性和组织化构建了章程，在一个分化和复杂性较高的官僚体制内靠“德治”维持，但很难长期稳定的，而且因极其模糊而容易形成“规则短缺”的状况，即“人治”状况。这种规则短缺在单位体制下具有重要意义，直接导致大量“幕后解决”的行动。社会学学者李猛等（1996）就指出，在单位组织中，人们对幕后活动空间的认识以及在其间追求自己利益的行动能力，就是权力。权力在单位中具有重要意义，它是一个关系概念，这种关系不仅包括正式关系，更重要的是还包括个体互动时彼此利益、情感、亲缘等各种复杂的非正式关系。所以，“单位”体制为“关系”发展提供了空间。在这些关系中，以教练与领导关系最为重要。这种关系对教练来说有非常大的象征意义。黄光国（1993）研究华人社会潜在的“权力游戏”规则，指出资源配置者会首先进行“关系判断”，并以此分别参考需求法则、人情法则和公平法则做出决策。正如邓晓芒（2007）所言，中国人是通过人与人之间的关系来实现人与物之间的关系，与西方恰恰相反。研究部分一中在对教练职业生涯成长的宏观水平条件进行扎根时，发现“关系”这个概念，在中国是个无处不在的本土社会心理学概念，英文中“Communication、

Relationship、Interaction”等词远不能表达“关系”一词在中国本土社会中的真实含义（焦若水，2004），所以国内外学者现在将“关系”的全拼“Guanxi”作为它的独有译名。目前，许多学者关注“关系”对组织中主管和个人的影响（如宝贡敏，赵卓嘉，2008，高日光，王碧英，凌文辁，2006；黄光国，1993；凌文辁，1991；刘建军，2000;刘军，宋继文，吴隆增，2008；翟学伟，1994；张宛丽，1996），而且他们的结论都显示“关系”对中国企业或不同组织类型的主管和员工都产生了影响。结合上述对中国文化和单位组织的分析，很多教练考虑到在单位组织里，领导权力很大，应与领导建立和维系良好的关系，以成为领导的“圈内人”。研究者在访谈国家队某项目总教练时，该教练这样解释：

如果能从领导那儿争取到更多的资源，能长期投入，给予运动队以较大的人力、物力和财力支持，那么教练就更能在良好的工作环境下带好运动员，创造出好的运动成绩……

因此，“关系”也应该是本研究需要重点关注的变量，由上面的分析可以看出，注重“关系”可能是教练自我职业生涯管理的策略之一，它的质量会对教练自我职业生涯管理的效果产生影响。

4.5.2 后续定量研究的构想

对于社会因素和个体因素相互影响，即“人境互动论”的认识，杨中芳（1992）认为社会环境与人的关系是全面的、无所不在的，是渗入个人思维架构之中，不知不觉在运作的一套整体的思维系统。所以，研究者必须全面系统地思考中国这个“社会/文化”环境要怎么来看？然后再试图寻求一个处理“社会/文化”与“个人”关系的立场，从而找出一个个体在日常生活中这种“社会/文化”环境运作的脉络。在这方面，杨鑫辉等人（杨鑫辉，杨中芳，杨国枢，1993）曾做过本土化研究，认为中国人受传统文化影响，处在“社会优先”的“社会/文化”环境下，其成员的自我得不到全面发挥，即相对于西方人，中国人更多地偏向社会取向（包括他人取向、家族取向、权威取向、关系取向）（杨国枢，2004）。研究部分一提炼出：教练平台作为教练职业生涯成长的核心因素，体现教练职业生涯发展的集体取向（他人取向的一种）特点；“关系”作为教练职业生涯成长的另一重要因素，体现教练职业生涯发展的关系取向特点。

研究部分一发现教练平台在教练职业生涯成长中扮演核心作用，并描绘出教练职业生涯成长的故事线：本土高水平教练在举国体制大背景下，以教练平台为依靠，积极改善职业内环境，包括利用社会“关系”整合资源，在培养运动员过程中实现集体目标和个体成长。其中教练平台描述教练职业环境，作为教练的本土概念，在后面的定量研究中，将教练平台统一规范为“教练职业环境”，它包含的具体因素已经通过对核心类别的进一步归纳识别出来（表 4-3）。从组织行为学角度来看，社会学视角下的教练职业生涯成长即个体意义上的教练职业生涯发展。相应地，对教练职业生涯成长发挥着核心作用的因素就变成对教练个体职业生涯发展有核心影响的因素。总之，社会学视角下高水平教练职业生涯成长的质性研究为从组织行为学角度探讨教练群体为促进自我职业生涯发展的管理提供了研究框架。概括起来有以下几个方面：

一是确定对教练职业生涯发展的核心影响因素教练职业环境，它与这个项目的环境有关，还与这个地方的竞技体育环境有关，表示教练用于培养运动员的职业环境，研究部分一对它的进一步归纳（表 4-3）说明它所包含的因素。

二是由交互因素社会关系编码分析可知，“关系”是教练职业生涯成长非常重要的影响因素，尤其是上下级关系被教练最多次提到，是教练职业发展的重要策略之一，可能有助丁提高教练白我职业生涯管理的效果。另外，教练职业生涯发展的内环境编码中，有两个重要类别对教练职业发展有相互影响，即执教探索与理念、专业探索这两个维度。前者说明教练的专业探索，后者说明教练的继续学习，它们都是教练用来促进教练职业生涯发展的自我管理行为，故属于教练自我职业生涯管理的因素，以此可以对教练自我职业生涯管理的结构内涵进行归纳。

三是从教练内环境因素—个性行为特征类别的编码分析（表 4-1、图 4-10）可知，在高水平教练这些特征中，高成就感被最多教练最多次提到，说明它是高水平教练最明显的心理特征。因此，成就动机可能是教练非常重要的心理变量，对教练促进职业生涯发展的管理影响较大。从人境互动论的视角出发，个体心理变量与环境变量产生的交互作用也是影响教练自我职业生涯管理的主要变量。

以上几个方面基本形成教练自我职业生涯管理的前因变量，并且根据质性研究归纳的类别关系，初步形成定量研究的假设。因此，定量研究的总体构想是在确定教练职业环境的结构和测量方法的基础上，明确教练职业环境和教练自我职业生涯管理对效果变量的影响；在此基础上，进一步明确以及个人因素（以成就动机作为个人心理变量，还包括人口学变量）、教练职业环境，以及个人心理变量与环境变量交互作用对教练自我职业生涯管理的影响等。另外，在教练自我职业生涯管理对效果变量之间，由上面的分析，注重"关系"可能是教练自我职业生涯管理的策略之一，尤其是领导与教练这种"上下级关系"，它的质量会对教练自我职业生涯管理的效果产生影响。其总的定量研究框架思路如图 4-13 所示。

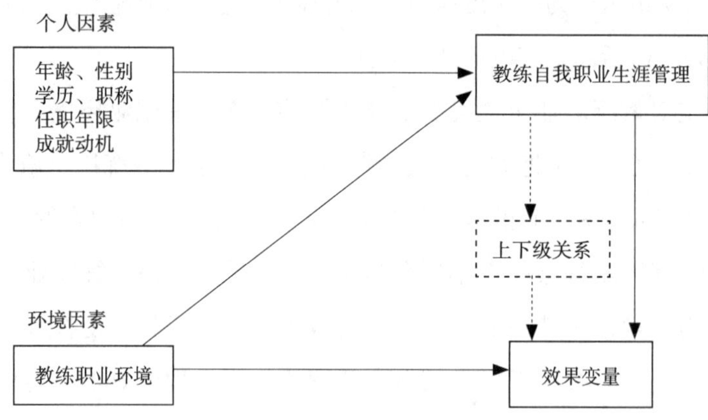

图 4-13　定量研究的总体构想图

5　研究部分二　教练职业环境问卷的编制与检验

5.1　研究目的

根据研究部分一，在举国体制背景下，对普通教练员成长为高水平教练员发挥核心影响作用的是教练平台。在举国体制的推动下，竞技体育表现成了各级行政管理部门政绩的评价指标之一。因此各级部门以竞技体育表现为目标，纷纷建立竞技体育的各项目体系，这种体系构成中国竞技体育各个项目的发展平台，也是教练充分展现自己职业能力的舞台。正如李富荣（2002）所言：一个好的教练员在一个好的项目平台上可以带好一批队员，一批好的教练员可以把整个项目平台带动起来。

因此可以说举国体制是教练职业环境的最大背景。北京、伦敦奥运会过后，国家确定“从体育大国向体育强国”的未来战略目标。竞技体育的改革将以进一步发展和完善“举国体制”为重点。很多专家学者都为完善中国的举国体制出谋划策，如李宗浩在《2010年我国竞技体育发展战略研究》中提到:“举国体制之下，我国教练员综合素质和队伍整体水平有待提高……”这一点切中时弊，举国体制的初衷就是集中资源以利于最大化“夺标”。这种发展方式给我们带来一些问题，如杨桦等学者（杨桦，孙淑惠，舒为平 等，2004；于文谦，常成，孔庆波，2011）曾统计，很多教练纷纷流失国外，或在国内发展不好，但一到国外就发展很好，这与我国现有的教练职业发展的土壤——职业环境有关（刘兵，2013）。中国许多项目在近几届奥运会及其他国际比赛上的突破，很大程度上归功于聘请了外籍教练。如北京奥运会上就在击剑项目、游泳项目（包括花样游泳项目）、赛艇、曲棍球等 17 个大项上共聘请 38 位外籍教练。从北京奥运会到里约奥运会，这种趋势仍在不断发展，对于某些俱乐部化程度越来越高的项目，如篮球、足球等项目，在全国性比赛中，各地方不惜花重金聘请外籍教练来担任主教练。说明在这些项目上，本土教练已经无法满足时代发展要求，落后于国际水平。多年来，国家体育总局也意识到这种问题的严重性，为了培养高水平教练，鼓励把一些教练送到国外去学习一段时间，但效果并不好。为什么会出现这种现象？从研究部分一的质性研究归纳结果可知：一个普通教练成长为高水平教练是一个长期、系统的过程，中国竞技体育形成了它特有的体系，成为教练职业发展的土壤。现在，为了实现体育强国的目标，国家针对近年来竞技体育领域的突出问题，正在进行大力改革，改革的方向将以进一步发展和完善“举国体制”为重点，必将包括完善教练职业发展的环境。本研究为体现研究的脉络契合性，将基于前期质性研究，对影响教练职业发展的核心作用因素——教练平台（本研究统称为“教练职业环境”）作进一步研究，探讨其在当前举国体制背景下的内涵和结构。同时，为了使完善教练职业环境具有可操作性，还编制了标准化测量工具，期望能为优化教练职业环境，为教练更好地实现职业发展提供参考。

5.2 研究背景

研究部分一通过开放式编码（图 4-8）得出举国体制是在一定的历史文化和社会政治经济条件下产生的（20 世纪 50 年代），是教练职业环境的最大背景。即在我们所具有的历史文化意识形态里，考虑现阶段国家的政治经济条件，采用举国战略发展竞技体育：

因为我们整个国家这个竞技，整个所谓全民这个意识，都没达到像外国比较发达国家的水平，是吧？（国家体操队某教练）

确实，中国在当时的政治经济条件和国际环境下，举国体制发展竞技体育是国家领导人的英明决策，可以举全国之力最大程度发挥竞技体育的影响力。

5.2.1 历史文化和社会经济条件

从历史文化的影响来看，中国人倾向生活在“熟人社会”中，组织理性为社会个体在“熟人社会”中所形成的关系所取代，从而在地方权力组织之外构筑一个关系运作场域（翟学伟，1993）。费孝通（1948）准确地区分中国传统社会和西方现代社会，提出了“差序格局”和“团体格局”概念。费孝通认为，西方社会组织中人与人之间关系就像一捆柴，而华人社会组织中的人与人之间的关系就像一块石头扔到水里所荡开的远近不同的波纹圈。所以，现代契约社会的组织理性受到传统历史文化中“差序对待”的限制。

同样，在编码表中，“面子”作为历史文化主类别中的一个重要次类别经常被教练和体育官员提到。“面子”在中国是非常重要的影响概念（翟学伟，1994），甚至有学者（汪凤炎，2005）提出“面子”是个人的社会性成就，它几乎成为中国精神的纲领。中国人向来爱面子，竞技体育从某种意义上逐渐演变成为国家和各省市的“面子”。各级行政为了 “面子”，在传统儒家“功名”意识的推动下，积极性非常高。20 世纪八九十年代，我国处于社会主义初级阶段，各行各业还没有发展起来，经济水平落后的情况下，动用各种资源为竞技体育服务，真正达到举全国之力，最终目的也是国家的荣誉。所以，“面子”在这里发挥着群体凝聚的功能（佐斌，1997）。

5.2.2 举国体制

作为质性研究中归纳出来的本土概念，理解教练平台，首先要理解举国体制。“举国体制”是指中华人民共和国成立以来，我国政府为发展竞技体育，提高我国运动员的运动技术水平和国际综合竞争实力，实现奥运战略目标，当前正在贯彻实施的发展竞技体育的一系列理论观点、方针、政策、措施和发展方式的总和。举国体制是典型的“单位”体制，很多学者曾从社会学角度研究“单位”体制。李元伟等（李元伟 等，2003）认为，竞技体育举国体制的含义应该是“以奥运会等国际赛事取得优异成绩为目标，以政府为主导，以体育系统为主体，以整合、优化体育资源配置为手段，动员、组织社会力量广泛参与，在国家层面上形成目标一致、结构合理、管理有序、效率优先、利益兼顾的竞技体育组织管理体制”。

从宏观层面来讲，举国体制即“全国体制”，指全国上下，由国家、省甚至乡、村构成的体制。体育管理体制是“在党中央国务院直接领导下的政府机构和社会体育组织相结合的”。体育管理体制，即初始意义上的举国体制，是属于政府—社会结合型的管理体制。袁伟民（2004）在全国体工会上指出，“举国体制就是要充分发挥社会主义制度的优越性，集中社会力量办大事”，“我国体育得益于举国体制，改革开放之后又受益于社会主义市场经济综合实力，到国际赛场为国争光”。由此可见，举国体制方便集中资源，为了提升中国在国际社会的地位，举国体制集全国之力用于发展竞技体育，最大化地提升了中国在奥运会上表现的战略决策。这种国家行政协调体制也体现了以爱国主义为核心的中华民族文化特征（彭雪涵，代刚，2007）。可以说，举国体制使中国竞技体育迅速跻身于体育大国行列。但这体现中国竞技体育原来最大的优势现在正在减弱甚至慢慢消失。体制内的强大资源配套使我们的体育运动队伍仍然保持着相应的发展规模，但与昔日无数家庭与孩子们为了更好的人生涌向竞技体育，同时也有大量退役运动员因可拥有一份工作愿意留下当教练员的情况相比，现在形势大大不如从前，尤其是体制已经无法面对运动员与教练员人力成本大幅上升的事实。当前竞技体育改革的目的之一，就是要完善我们的体制，能够找到解决对策，提高运作效率。

5.2.3 组织职业生涯管理或组织环境

教练职业环境与组织职业生涯管理同属于环境变量，但它们是不同组织体制和文化背景下的环境变量。组织职业生涯管理存在于以个人发展为导向的契约型组织中，以满足员工发展需要为目的，是个体实施自我职业生涯管理的企业组织环境；而教练职业环境表示教练单位组织构建用来实现竞技体育集体目标的行政组织环境。行政组织与企业组织在各方面表现明显不同（马骏，1996）：其一，行政组织是公共组织，是公共权力的行使者。在行使公共权力的同时，行政组织也承担着社会的公共目标，有责任运用公共权力和公共资源去保证这些公共目标的实现。企业组织作为一种营利性的经济组织，只关心经济利益极大化；其二，行政组织作为公共权力的握有者，其管理活动具有高度的垄断性。企业组织企图垄断市场，但不可能完全摆脱市场的约束，其垄断性不会超过行政组织。两种不同体系下的组织好像位于一个维度的两端，那么有没有位于中间存在状态的组织呢？龙立荣在研究国内企业员工组织职业生涯管理（2002）时，从时代发展的角度谈到我国人力资源管理的基本规章尚在建立之中，许多企业特别是国企或央企，人事任免权力在组织部门，远远没有市场化、规范化，作为组织人力资源管理的常规制度予以执行，这就是介于两者的中间状态。长期以来，这种中间状态表现为向现代企业发展的组织受到体制的限制。这种体制的限制在教练的单位组织内表现更加明显，从前面对单位体制的分析可知，旧体制里很难实行以个人发展为导向的现代人力资源管理制度。但是中国存在相当多的这种中间状态组织，也是我国探索发展中国特色社会主义经济过程中必然存在的问题。

总之，无论是从单位体制、组织类型还是历史文化的等角度来理解，在教练单位组织内还很难实行以个体发展为导向的组织职业生涯管理，虽然教练单位组织内正实行传统人事制度改革，向现代人力资源管理制度教练迈进，但是体制的限制使组织职业生涯管理仍然没有职业环境对教练职业生涯发展的影响大。教练职业环境比组织职业生涯管理内涵更加丰富，包含制度性因素，即单位体制下的运动队集体运作发展特征，它是研究部分一通过扎根理论方法归纳出来的核心因素，是符合本土文化特色的对教练职业生涯发展影响深远的核心变量，值得进一步明确其内涵结构。

5.3 研究假设

基于前期质性研究中的资料分析结果：在举国体制（单位体制）的推动下，各省、市、地区纷纷在这个体制之下建立各级体系，在地方上对体育单项进行设项，然后在人力和物质资源上进行整合，以形成“一条龙”的体系。根据表 4-2 的编码归纳，教练职业环境与所在地方的单项管理环境有关，还与教练地方竞技体育管理环境有关，包括项目发展状况、运动队支持环境、教练人事管理环境这些因素。因此，可以说在举国体制背景下，集体发展竞技体育的方式塑造了教练职业环境，教练所在单位的职业环境承载了竞技体育的宏大集体目标，成为影响教练职业发展的核心因素；并且这个核心因素与教练所在地方的竞技体育环境有关，包括教练执教项目发展的完善程度、有关社会支持（对运动队人力、物力和财力方面支持）力度、人事管理环境。可见，教练职业环境包含的内容比较广泛，如果以现实客观的指标来评价它，可能需要发展出一个非常庞杂的指标体系，工作量将非常大，把这些指标整合起来将非常复杂，对测量开展不利。本研究考虑到未来测量工具的可操作性，拟编制结构化的教练职业环境问卷。

基于前期质性研究中的资料分析结果，提出假设 5A：教练职业环境是个多因素的结构，主要包括项目发展状况、运动队支持环境、教练人事管理环境这些因素。

5.4 访 谈

5.4.1 访谈对象

在扎根理论研究中，开始资料收集的几位受访者采取开放性抽样，然后考虑研究关系而采取目的性抽样。随着抽样变得越来越明确，为了增加其密度和达到饱和，其他受访者的选择均是在前一次访谈结束后，经过反复聆听录音、对原始资料进行分析后，根据资料分析的结果确定研究需要再选择相应的抽样方法，包括关系及变异性抽样和区别性抽样。最终访谈对象共有 13 位专家教练（即从教练职业生涯成长的质性研究参与者中选取的 13 位专家教练继续回访），所有教练都是曾在国家队、省队承担主要责任，都是独立完成过重要任务的主教练。所有访谈对象都达到高水平教练标准（高级职称，亲自带出过世界冠军包括奥运会冠军，至少是省队主教练），并且与研究者有较长时间的工作联盟关系。访谈对象见表 5-1。

表 5-1 从质性分析软件 NVivo 8.0 导出的访谈对象基本情况

教练	教练职称	教育水平	执教成绩	职位（访谈时）	执教年龄
1	国家级	本科	世界锦标赛冠军	国家队主教练	≥ 25
2	国家级	研究生	世界锦标赛冠军	国家队总教练	20 ~ 25
3	国家级	大专	世界锦标赛冠军	国家队主教练	≥ 25
4	高级	本科	世界锦标赛冠军	国家队主教练	10 ~ 15
5	国家级	本科	世界锦标赛冠军	省队主教练	15 ~ 20

续表

教练	教练职称	教育水平	执教成绩	职位（访谈时）	执教年龄
6	国家级	大专	奥运会冠军	省队总教练	10 ~ 15
7	国家级	研究生	世界锦标赛冠军	国家队主教练	15 ~ 20
8	高级	本科	奥运会冠军	省队主教练	15 ~ 20
9	国家级	大专	奥运会冠军	省队总教练	20 ~ 25
10	国家级	本科	世界锦标赛冠军	国家队主教练	≥ 25
11	国家级	本科	世界锦标赛冠军	国家队主教练	15 ~ 20
12	高级	大专	世界杯冠军	省队主教练	15 ~ 20
13	国家级	研究生	世界锦标赛冠军	国家队总教练	20 ~ 25

5.4.2 访谈过程

资料收集主要采用深度访谈，每个访谈在事先征得访谈对象的同意后用MP3进行现场录音，所有访谈时间长度为100 ~ 180分钟。访谈者开始以较为开放式的访谈，以便充分抓获相关的资料。为了使资料收集过程不至于过于宽泛和局限，研究者在访谈前根据前面资料收集和分析的情况选择几个方面的访谈主题，访谈将随着资料分析的进行在具体内容上会采取理论性抽样而有所变化。如“您不同的发展阶段中，一定有许多问题，如管理、人事环境适应，你是怎样认识和应对这些困难的，并适应的？能谈谈令你印象深刻的事件经历吗？”

5.4.3 问卷维度构想及条目编写

本研究基于前期质性研究提炼的核心因素，选择质性研究中参与访谈中的13位专家教练继续进行回访，并对收集回来的访谈资料转录为文字，共20余万字全部输入质性分析软件NVivo 8.0，进行质性分析归纳，通过进一步识别核心因素（即教练职业环境）的性质、维度和位置来实现（表4-3）。

由表4.3可知，核心类别进一步提炼的结果说明教练职业环境所包括的因素，正是由于这些因素在每个个案中不同位置，具体解释每个教练所在单位职业环境的好坏。经研究对核心类别的归纳，得出教练职业环境与项目管理环境有关，还与教练地方竞技体育单位组织环境有关，包括项目发展状况、运动队支持环境、教练人事管理环境等因素。

访谈所有原始资料导入质性分析软件 NVivo 8.0 后，运用扎根理论，通过该软件进行资料分析：开放式编码、关联式编码和选择式编码，即把与教练职业环境的相关原始资料进行归纳，对文本进行编码，得到较为粗略的归类框架，然后送回 13 名专家教练对编码进行确认和补充，研究者在 13 名专家教练的归类基础上进行再次归纳和比较，得到最初的编码表，构成教练职业环境问卷的初始题项。随后，为了保证问卷题项的质量，请 4 名管理学方向和 6 名运动心理学方向，共 10 名硕士研究生对所编制的问卷项目逐一进行语义和概念的评估，再将评估后的问卷随机排列，然后给出维度的定义，最后让心理学专业的研究生根据定义进行分类，检验项目的构想和概念。经讨论修改后，形成最终预测问卷。

5.5 研究方法

5.5.1 研究被试

本研究中被试主要包含两部分，即预测被试和正式施测被试。

预测被试在上海、北京、山东、浙江、广西发放了 310 份问卷，回收 252 份，有效问卷 229 份，有效率为 90.8%。被试的平均年龄为 37.44（标准差为 8.867）岁；其中男性教练 171 人，女性教练 55 人，另有 3 人没有性别信息；中级教练 129 人，高级教练 68 人，国家级教练 32 人。

正式施测被试在上海、湖北、山东、江苏、广东、河北发放了 380 份问卷，回收 328 份，有效问卷 312 份，有效率为 94.5%。被试的平均年龄为 37.12（标准差为 8.473）岁；其中男性教练 229 人，女性教练 82 人，另有 1 人没有性别信息；中级教练 195 人，高级教练 92 人，国家级教练 25 人。

5.5.2 统计方法

本研究主要的统计方法有描述性统计分析、皮尔逊积差相关、探索性因素分析和验证性因素分析；统计软件为 SPSS11.5 和 Liserl 8.51。

5.6 结果与分析

5.6.1 问卷维度构想及条目编写

经研究部分一对核心类别的归纳，得出教练职业环境与所在地方的单项管理环境有关，还与教练地方竞技体育单位组织环境有关，包括项目发展状况、运动队支持环境、教练人事管理环境因素。为了得到这些维度下的条目，本研究把与教练职业环境的相关原始资料进行第二次归纳，对文本进行编码，得到较为粗略的归类框架。然后，由 3 名专家教练对编码进行确认和补充，研究者在 3 名专家教练的归类基础上进行再次归纳和比较，得到最初的编码表，构成教练职业环境问卷的初始题项（表 5-2）。

表 5-2 教练职业环境题项的编码

维　度	题　项
项目发展状况	本省（或市）的优势项目
	能向上一级（包括国家队）输送高水平人才
	在本省（或市）历史较长，经过许多失败经验积累已经发展得比较完善
	运动员经常有机会参加各种国际国内大赛
	在本省（或市）有较好的运动员选拔体系，形成了合理的人才梯队
	在本省（或市）一直受到重视，并在一个长期的综合规划下发展
队伍人力、物力等方面支持环境	在本省（或市）社会舆论上受关注度高，群体基础好，青少年后备人才较多
	有我执教的项目出身的主管领导持续关注我执教的项目，对项目状况很了解
	较好的经济支持
	有较为完善的训练器材等硬件训练条件
	项目的全职运动员在本省（或市）有较好的职业发展
	我们关注运动员退役后职业规划及发展，有相应的社会支持系统
	经常面临有挑战性的任务，我所执教的队伍刺激我要虚心学习，钻研业务
	有较强的教练队伍
	在科研和医务支持方面较强
	教练队伍配置较为合理
	所在的运动队组成人员很有上进心，管理人员、教练和科研人员对项目发展期望高
	队内气氛好，队伍凝聚力强
	同行之间相互学习交流，共同攻关训练和比赛难题

续表

维　度	题　项
教练人事管理环境	教练的培训与再教育机会
	队伍的教练岗位聘请能遵循能者居上的原则
	队伍的岗位与责任和相关待遇相匹配，有完善的政策激励机制
	教练有充分的自主权
	单位的教练岗位制度完善，编制、职称评定制度相对成熟

随后，为了保证问卷题项的质量，请管理心理学方向 4 名和运动心理学方向 6 名共 10 名硕士研究生对所编制的问卷项目逐一进行语义和概念的评估，再将评估后的问卷随机排列，然后给出维度的定义，最后让心理学专业的研究生根据定义进行分类，检验项目的构想和概念。经讨论修改后，形成预测问卷。为避免趋中反应，问卷采用 Likert 4 点计分，1 代表非常不符合，2 代表较不符合，3 代表较符合，4 代表非常符合（以下所有问卷都采用 Likert 4 点计分）。

5.6.2　项目筛选及预测问卷的生成

利用预测问卷，对预测被试进行施测，得到预测数据。运用所得数据，首先进行项目分析（表 5-3），包括项目得分的平均数、标准差、题总相关和极端组 T 值（项目鉴别度分析）。

每个项目分析得分结果见表 5.3。根据项目得分情况，所有项目的鉴别度较好；项目 A1 题总相关为 0.366，相关度较低，因此删除项目 A1；另外，A3 和 A5 题项平均数过大，表明该项目出现天花板效应，因此予以删除。

项目分析之后，将保留的 20 个项目进行探索性因素分析。在进行因素分析之前，首先要对数据是否适合进行因素分析进行检验。经检验，预测数据的 KMO 值为 0.917，Bartlett's 球形检验的 χ^2 值为 2 061.891（自由度为 190）达到显著水平（0.000）。这些结果表明所调查的数据适合进行探索性因素分析。

本研究中，采用主成分法抽取因子，并进行 VARIMAX 旋转，以特征根值 ≥ 1 为标准进行因素抽取，得到 4 个因子，同时参考 Cattell 的碎石检验，碎石图（图 5-1）在第 4 个因子处变平缓，由此因子数应该确定为 3 个。对 20 个项目

表 5-3 教练职业环境项目分析整理

项目内容	Mean	ST	题总相关	极端组 T 值
A1：我执教的队伍是国家队（或本省、市）的传统优势项目	2.943	0.865	0.366**	5.736***
A2：我执教的队伍受社会关注度高，群体基础好，青少年后备人才充足	2.3974	0.947	0.491**	9.105***
A3：我执教的队伍经常有挑战性任务	3.253	0.746	0.501**	8.142***
A4：我时常有参加专项培训与再教育的机会	3.096	0.818	0.483**	7.726***
A5：我执教的队伍能向上一级（包括国家队）输送高水平运动员	3.296	0.792	0.415**	6.776***
A6：我执教的队伍发展有主管项目领导持续地关注、关心，他们了解项目规律	3.035	0.778	0.657**	10.968***
A7：我所执教的队伍配备较强、合理的教练组	2.961	0.875	0.575**	10.092***
A8：我们项目的教练岗位能按照“能者上”的原则	2.930	0.819	0.643**	9.727***
A9：我执教的项目在国家队（或本省、市）发展历史较长，经过许多失败经验积累，发展得比较完善	2.939	0.761	0.518**	7.859***
A10：我执教的队伍能从项目管理部门或俱乐部那儿获得足够的经济支持	2.214	0.910	0.605**	10.739***
A11：我执教的队伍有较强的科研和医务辅助与保障	2.511	0.862	0.662**	10.890***
A12：我们教练的单位待遇与岗位和责任能匹配	2.437	0.879	0.647**	10.599***
A13：我带的队员有机会参加各种国内、国际大赛	2.904	0.838	0.563**	7.382***
A14：我所执教的队伍在国家队（或本省、市）有完善的训练器材等硬件设备	3.000	0.776	0.572**	8.780***
A15：队里给我充分的自主权从事教练职业	2.917	0.778	0.588**	8.184***
A16：单位重视运动员选拔，我执教的队伍形成合理的人才梯队	2.747	0.791	0.658**	10.693***
A17：我们的队员相对来说有较好的职业发展前景和未来空间	2.633	0.895	0.620**	10.979***
A18：单位关注运动员退役后职业规划及发展，有相应的社会支持系统	2.528	0.9015	0.597**	9.091***
A19：我所在的队伍管理人员和科医人员都很支持我	2.987	0.760	0.696**	12.018***
A20：我们单位在教练编制、职称评定方面比较成熟和公平	2.847	0.811	0.656**	11.092***
A21：我执教的队伍在单位一直受到重视，在一个长期的综合规划下发展	2.878	.800	0.724**	12.555***
A22：我所在的队伍气氛好，凝聚力强	3.031	0.796	0.759**	13.138***
A23：我们队经常组织同事和专家相互学习交流经验，支持我攻关训练比赛难题	2.878	0.844	0.686**	12.232***

注：（1）项目鉴别度分析是将被试按总分高低依次排序，分出人数相等的高分组和低分组（比率为 27%，求出极端组 T 值），然后比较两组在每个题项上的均数差异，将未达显著水平的题项删除。
（2）*** 表示在 0.001 水平上显著，** 表示在 0.01 水平上显著，* 表示在 0.05 水平上显著（以下表皆同）。

因素分析的结果见表 5-4，保留负荷大于 0.40 的项目，得到 4 个因素（解释量为 58.783%）。

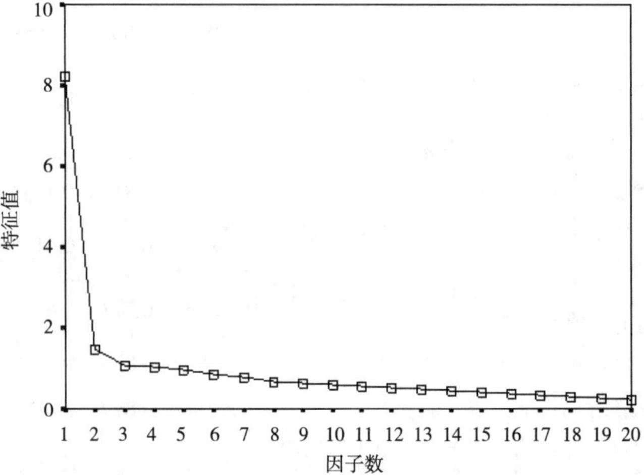

图 5-1　预测问卷探索性因素分析碎石图

表 5-4　预测问卷的探索性因素分析结果 1（20 个项目，*N*=229）

题　项	因　子			
	1	2	3	4
A22	0.778			
A23	0.775			
A19	0.685			
A21	0.675			
A20	0.620			
A11	0.574			
A12	0.540			0.530
A9		0.795		
A8		0.623		
A15		0.524	0.435	
A4		0.516		
A6		0.461		
A7		0.402		
A18			0.829	
A17			0.752	
A13			0.446	
A16			0.408	
A14				
A2				0.879
A10				0.555
解释变异量（共计 58.78%）	41.02	7.26	5.33	5.15

由预测数据探索性因素分析的结果可以看出，有 2 个项目有双重负荷现象，且在两个维度上的负荷值比较接近，因而予以删除。还有 1 个项目经旋转后在 1 个因素上负荷小 0.40，因而也予以删除。对剩下的 17 个项目重复前面的因素分析过程，获得 3 个因素，结果见表 5-5。

表 5-5 预测问卷的探索性因素分析结果 2（17 个项目，*N*=229）

题 项	因 子		
	1	2	3
A23	0.741		
A19	0.739		
A22	0.719		
A20	0.702		
A21	0.617		
A18	0.573		
A11	0.546		
A9		0.782	
A8		0.617	
A4		0.596	
A6		0.474	
A7		0.401	
A13			
A2			0.879
A10			0.620
A16			0.561
A17			0.500
解释变异量（共计 56.20%）	42.11	8.06	6.02

结合碎石检验和二次预测问卷的探索性因素分析结果(图 5-1、表 5-4、表 5-5)，抽取 3 个公因子进行因素分析后所得结果更加具有可解释性，且符合理论预想，因此最终确定抽取 3 个公因子。

本研究考虑到教练职业的特殊性，取得国家队、省队、直辖市级运动队的教练被试已属不易，如果问卷过长，会使他们在回答问卷时不太认真，使数据质量大打折扣。为了使问卷保持一定的简捷性，以便在做教练调查时更加快捷、准确，本研究取每个因素中负荷较高的、项目的含义最接近问卷的 4 个项目。运用预测数据，对最后获得的项目再次进行因素分析（表 5-6）。

表 5-6　教练职业环境各维度限定 4 个项目后的探索性因素分析结果（12 个项目，N=229）

题　项	因　子		
	1	2	3
A19	0.766		
A22	0.749		
A20	0.711		
A23	0.681		
A9		0.723	
A4		0.708	
A6		0.551	
A8		0.527	
A2			0.827
A10			0.663
A16			0.536
A17			0.517
解释变异量（共计 61.11%）	43.38	9.57	8.14

根据因素分析结果，将上述 3 个因子命名为：队伍支持环境、项目管理环境、运动员职业环境。其中队伍支持环境表示在教练员所在队伍中，以教练员为核心，围绕教练培养运动员所形成的其他类人员支持环境；项目管理环境则表示与一个项目建立时间长短，且发展是否较为完善有关，以致形成与项目发展有重要关系的项目领导、教练员团队和专项培训体系的完善程度；队员职业环境则表示对运动员物质上、选拔晋级和进入职业后的支持发展环境。

表 5-7 呈现了教练职业环境问卷各因子的描述性统计结果，三因子两两之间均存在显著的正相关关系，相关系数显示较高程度的相关。

表 5-7　教练职业环境三因素问卷的描述性统计结果（N=229）

因　子	M	SD	队伍支持	项目管理	运动员职业
队伍支持	11.573	2.607	1.000		
项目管理	11.879	2.316	0.661**	1.000	
运动员职业	9.914	2.509	0.577**	0.520**	1.000

5.6.3 正式施测问卷的信效度检验

1）信度检验

本研究中采用内部一致性系数作为问卷内部稳定性的指标。信度分析总量表内部一致性系数为 0.874 6，各维度的内部一致性为 0.726 9 ～ 0.838 0，对问卷进行项目分析，也表明项目质量较好，具体的项目及信度分析结果见表 5-8。

表 5-8 教练职业环境问卷的信度分析（N=312）

维度及项目	内部一致性	该项目与总分相关	删除该项目后的内部一致性
运动员职业环境	0.727		
A2		0.420	0.874
A10		0.492	0.869
A16		0.597	0.862
A17		0.542	0.866
项目管理环境	0.731		
A9		0.440	0.871
A8		0.599	0.862
A4		0.445	0.871
A6		0.661	0.859
队伍支持环境	0.838		
A23		0.657	0.858
A19		0.648	0.859
A22		0.725	0.855
A20		0.594	0.862

2）效度检验

利用 Lisrel 8.51 软件对正式调查数据进行验证性因素分析，以检验自编教练职业环境问卷的结构效度。本研究根据表 5-7 教练职业环境三因素之间的相关系数大小，对如下两个模型进行比较，单因素模型指所有的 12 个项目只负荷在一个整体的教练职业环境的因子上，三因素模型指 12 个项目分别负荷在队伍支持环境、项目管理环境、运动员职业环境三个因子上。

在衡量模型的指标中，GFI、IFI、CFI、NNFI 的变化区间为 0 到 1，越接近 1，拟合性越好，临界标准为 0.90 以上；SRMR 的变化区间也为 0 到 1，但越接近 0 越好，临界标准为 0.08 以下；另外 X^2/df 的值小于 3 时，说明模型拟合较好，小于 5 时，表明模型可以接受，但是因 X^2 值受样本量影响较大，在样本量与项目数差别较大时，可以不参考 X^2/df 值。

验证性因素分析的结果见表 5-9，模型检验和比较的结果表明，三因素模型的各项拟合指标显著优于单因素模型、二因素模型和四因素模型，且 SRMR、GFI、IFI、CFI、NNFI 指标的值都在临界值内，说明三因素模型拟合指标较为理想。

表 5-9　教练职业环境问卷的验证性因素分析结果（12 个项目，N=312）

	X^2	df	X^2/df	SRMR	GFI	IFI	CFI	NNFI
虚模型	1969.08	66						
二因素模型	294.66	53	5.56	0.062	0.86	0.89	0.90	0.89
三因素模型	178.41	51	3.49	0.049	0.91	0.93	0.93	0.91
四因素模型	224.38	48	4.67	0.063	0.89	0.92	0.92	0.91

另外，评价测量模型好坏的指标，还包括每个观测变量在潜变量上的负荷，以及误差变量的负荷。一般来说，观测变量在潜变量上的负荷较高，而在误差上的负荷较低，则表示模型质量好，观测变量与潜变量的关系可靠。图 5-2 显示了

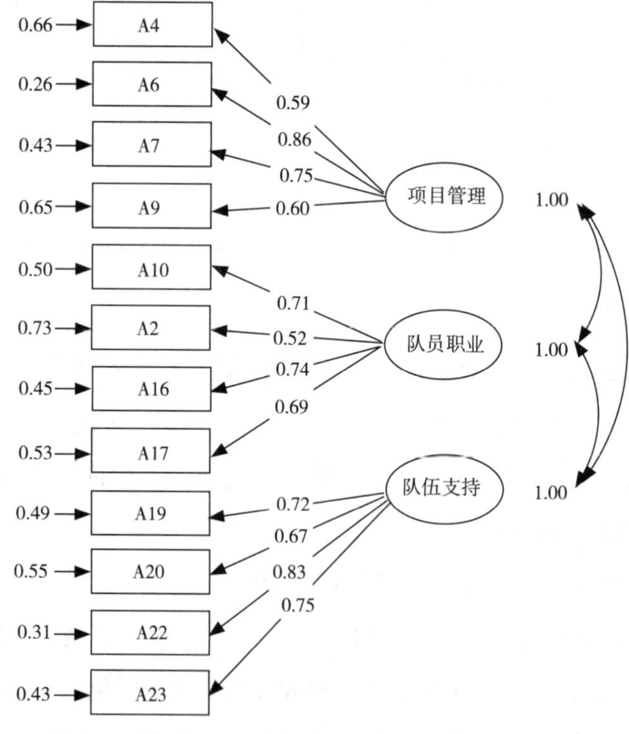

图 5-2　教练职业环境问卷的验证性因素分析负荷图

三因素模型每个项目的负荷和误差负荷，每个观测变量在相应潜变量上的负荷为0.52~0.86，负荷值大多超过0.52，说明每个观测变量对相应潜变量的解释率较大，而误差较小，测量模型较为理想。

5.7 讨 论

5.7.1 教练职业环境的结构内涵

根据研究部分一对教练职业环境维度的确定，教练职业环境主要包括项目发展状况、队伍人力物力等支持环境、教练人事管理环境三个方面的因素，与正式问卷验证性因素分析的结果基本相符。其中，项目发展状况和队伍人力、物力等支持环境中一个项目合并为一个维度，与运动员职业环境对应；队伍人力、物力等支持环境中的其他项目与项目管理环境相对应；教练人事管理环境与队伍支持环境相对应。

本研究开始初步分析了教练职业环境与组织职业生涯管理同属环境变量，但受组织体制和历史文化的影响，其内涵有所不同。教练职业环境表示教练单位组织构建用来实现竞技体育集体目标的综合环境；而组织职业生涯管理以满足员工发展需要为目的，是个体实施自我职业生涯管理的组织环境。本研究结论进一步说明两者在具体内涵上的不同：教练职业环境与组织职业生涯管理在因素结构上差异明显。教练职业环境是一个三因素结构：队伍支持环境、项目管理环境和运动员职业环境；而中国员工组织职业生涯管理是一个四因素结构（龙立荣，2002）：公平晋升、职业发展、注重培训和提供职业信息。从各自所包括的因素可以看出，其组织制度差异很明显体现出来，教练职业环境的三个因素表示以运动队集体为单位，充分体现出对教练所带的运动队和项目予以支持的环境，从其因素可知不突出教练个体；而组织职业生涯管理的因素都充分体现企业组织以员工个体发展为导向，向员工提供信息、培训和职业发展机会。并且教练职业环境的三个因素充分体现了教练群体的特色， 如项目管理环境和运动员职业环境表示教练必须在一个良好的职业环境中培养运动员，这个职业环境有单位管理的组织环境和单项协会的组织环境。教练职业环境所包含的因素是任何其他社会群体所没有的，这一结果与现实非常相符，充分反映社会学关注职业分层和职业变动背后的社会、文化因素，充分说明对不同社会群体职业生涯进行研究的必要。

在三个维度中，队伍支持环境的解释量最大，占整个问卷解释量的43.38%，而队伍支持环境表示以教练员为主体，围绕教练培养运动员所形成的集体支持环境。可见，它是教练很重要的职业环境，充分体现教练员在运动队中主导地位的重要性，其他人员都是围绕教练员培养运动员来参与运动队工作，这与运动队的实际管理模式是一致的（即目前运动队普遍提倡的“以教练为主导、科研人员和医务人员为先导、管理者为督导的训、科、医、管一体化运作模式”）。它是教练职业环境中最重要的部分，充分突现教练员在运动队中主导地位的重要性，其他人员都是围绕教练员培养运动员来参与运动队工作，这一点在相关研究述评中也被提到（王牟，2009）。问卷中的很多题项充分体现“举国体制”的特征，其中题项也暗含“以教练员为主体”，说明改善教练职业环境的主要方向—向教练员个人发展倾斜。即不应过于追求集体绩效——“夺标”，还应关注教练员个体，说明竞技体育应确立“夺标育人”平衡发展的理念。正如某些学者们提出：完善举国体制，今后的核心思路应当是“以人为本”。正如国际社会发展竞技体育的理念，以培养竞技体育的主体——教练员和运动员为主，进行职业化发展。《奥林匹克宪章》明确指出：“奥林匹克运动会是个人或团体竞赛项目中运动员之间的比赛，不仅仅是国家之间的比赛，也是个人间的对决。”教练员、运动员代表个人或团体参加奥运会，既能充分彰显个性，又能有效地构建和谐世界，为国争光（汪大昭，薛原，2012）。这意味着，举国体制集体单位形式的行政功能将逐渐淡化。最近，新任国家体育总局局长进行一系列改革，其中非常重要的步骤就是撤除部分具有行政功能的项目管理中心，由项目协会和社会组织管理运营，国家体育总局积极支持。如篮球协会由姚明担任协会主席；击剑协会由王海滨担任主席；自行车协会主席由香港地区教练担任，并与香港体育学院签订合作协议；国家游泳队由游泳协会和浙江省政府协作管理运营等这些事实，表现出体育改革要走出体制的“圈子”，突出向全社会“开放”。

5.7.2　教练职业环境的测量工具

本研究问卷的编制遵循了自下而上的思路，通过质性研究了解教练职业环境的本土内涵，通过对核心类别的进一步编码形成原始项目，经过和专家教练的讨论形成初始 23 个题项，进行项目分析后获得 20 个项目的预试问卷，最后运用预试调查进行因素分析，经简捷化后最终获得了 12 个项目的教练职业环境问卷。正式调查后进行信、效度分析，结果表明教练职业环境问卷以及各维度的信度系数为 0.726 9~0.838 0，达到心理测量学的要求。同时验证性因素分析的结果也证实了教练职业环境的三维结构，并且维度间处于中等程度的相关，说明教练职业环境的三个维度间既相互独立又有一定的联系。以上的结果表明教练职业环境问卷具有较好的结构效度，而问卷的编制过程也保证了问卷的内容效度。综合而言，本研究所编制的教练职业环境问卷信度和效度良好，可以作为进一步研究的工具。

5.8　结　论

（1）教练职业环境表示教练单位组织构建用来实现竞技体育集体目标的综合环境，包括三个维度的结构：队伍支持环境、项目管理环境、运动员职业环境。

（2）自编的教练职业环境问卷信度和效度良好，符合心理测量学的技术要求，可作为进一步研究的工具。

6 研究部分三　教练自我职业生涯管理与前因变量研究

6.1 教练自我职业生涯管理问卷的修订

6.1.1 研究目的

当前竞技体育的竞争已经完全演变成教练水平的竞争，各种新的科学训练信息、新的知识和技术正在不断革新着已往的训练体系。在这种情况下，如果教练不关注当前的最新信息，不更新自己已有的知识结构，就会很快在自己的舞台上失去竞争力。从研究背景介绍可知，教练是竞技体育发展水平的关键。当前竞技体育竞争空前激烈，中国一直把竞技体育作为重要的国际战略领域，而教练处于这个风口浪尖，其工作压力可想而知。在这种外部环境的压力下，教练的危机感普遍较强，如何提高执教有效性、职业竞争力？如何使职业不断得到自我完善，达到职业成功？诸如此类问题是教练职业生涯发展中最为关注的问题。

本章通过文献研究、深度访谈教练这个特殊职业群体，借鉴现有的自我职业生涯管理问卷（龙立荣，2002），确立教练自我职业生涯管理问卷的基本结构和条目，并在此基础上，修订教练自我职业生涯管理问卷。

6.1.2 文献综述

1）企业自我职业生涯管理的结构

对自我职业生涯管理结构和测量的研究很早就已经开始，但大多是针对企业员工。如 Stump 和 Noe（Stump，1983; Noe，1996）通过研究发现基本一致的自我职业生涯管理结构：职业探索、职业目标设置和策略。Pazy（1988）也运用因素分析的方法，发现三因素结构：职业生涯规划、职业生涯策略和主动性。Seibert 等（2013）通过研究得出四因素结构：内部职业目标、外部职业目标、职业规划和职业满意度。从整体上看，这些西方自我职业生涯管理研究都表现出个体追求职业发展的自主性、个体为个人的发展负责任的鲜明特点，充分体现了西方文化特色。中国学者龙立荣（2002）在前人文献研究的基础上，通过访谈、开放式量表等方法，确立了中国自我职业生涯管理的五因素结构：职业探索、职业目标和策略确立、继续学习、自我展示和注重关系。可见中国企业员工自我职业生涯管理与西方有共同点，也有差异，如“注重关系”维度就是对本土文化的重要思考。凌文辁等（2010）通过研究发现五因素结构：了解机会、生涯信念、生涯探索、自我认知、向上沟通，其中“向上沟通”充分体现了直线式管理环境的特点。

2）不同群体自我职业生涯管理的结构

除了普遍性的员工自我职业生涯管理，国内学者已经转入对社会分层后不同职业群体的自我职业生涯管理结构进行研究。如黄洁华和田甜（2007）研究大学教师群体自我职业生涯管理，发现六因素结构：教育育人、科研创新、明确目标、沟通协调、认识自我、了解组织；李维等（李维，侯光明，杨波，2008）研究软件销售人员自我职业生涯管理，发现三因素结构：目标和胜任、职业发展准备、跨组织流动；马跃如和程伟波发现高科技企业的经理人自我职业生涯管理四因素结构：职业探索、生涯规划、专注工作和延伸管理。从这些不同职业群体的自我职业生涯管理结构来看，有共同性和差异性。在共同性方面，它们的自我职业生涯管理结构中都有“目标”这一维度，而国外则不存在，反映出中国文化中实用主义的特点；在差异性方面，可能是不同职业的原因，如大学教师群体出现“教育育人、科研创新”这样的维度；也可能是不同组织制度方面的原因，如软件销售市场化程度高，其组织实施现代人力资源管理制度，软件销售人员出现“跨组织流动”这样的维度，与西方自我职业生涯中的“职业探索、主动性”比较接近。这些结果体现不同职业群体自我职业生涯管理结构的差异。所以，中国自古有“隔行如隔山”一说，这反映出对不同职业群体进行自我职业生涯管理研究的必要。与教练相近的职业体育教师，如郑旗和孙静静（2009）发现中小学体育老师自我职业生涯管理的结构包括职业目标、追求发展、社会交往和离职倾向四因素结构。符堪德（2011）发现高校青年体育教师自我职业生涯管理的结构包括：自我认识、了解组织、生涯探索、职业策略、教学与科研五个维度。从前文对自我职业生涯管理结构的综述分析可知，教练作为社会分层中的一种职业群体，应该与其他群体不一样，应针对其特殊性进行研究。

3）教练自我职业生涯管理的相关研究

相比于其他行业自我职业生涯管理研究，目前仍然没有直接针对教练群体进行自我职业生涯管理的研究。在教练职业发展的综述部分，有很多研究提到有关教练自我职业生涯管理的内容，如从教练职业发展目标和职业探索的角度出发，以专家级教练特征作为教练职业发展探索和目标的研究，还有教练教育、学习方面的研究等，这些研究都是作为教练自我职业生涯管理的重要内容与教练职业发展相联系。很多国外现有研究（Cushion，Armour，& Jones， 2003; Erickson，Côté & Fraser-Thomas，2007; Mielke，2008; Sloane，2008）与之相关，但都在探讨教练学习、教育，因为它是促进教练职业发展的重要途径。如 Stephenson 和 Jowett（2009）发现教练的专业训练、社会学习和内在反思学习是影响教练成功发展的重要因素。Gauthier 等人（2006）以独特的视角发现加拿大北原住民专家教练通过三种方式来学习适应：合作、积极建构和应对限制性条件。还有许多研究报告教练有效利用自己的从业经历（Cushion，Armour，& Jones，2003; Erickson，Côté & Fraser-Thomas，2007）对教练发展影响很大。这些为促进自我职业发展，教练不断学习、加强适应、利用专业经历等都属于教练自我职业生涯管理的重要内容，其目标是使自己处于有利的竞争地位。

第 4 章关注教练职业背后的社会、文化因素，是研究者对特殊社会群体——教练的自我职业生涯管理研究的开始，从社会学视角关注高水平教练员的职业生涯成长，归纳出教练职业生涯成长的内环境编码图（图 4-10），包括教练的个性行为特点、执教探索与理念、专业积累几个方面，它们直接影响教练职业发展，所以应该属于教练自我职业生涯管理的内容：其中执教探索与理念从创新、沟通、科学化、高效管理、因时而变、育人、中国式、培养自主性几个从属类别归纳出来，说明教练进入职业后对执教的探索。竞技体育教练是非常特殊的职业，专业化程度非常高，行内人士都知道一般从新手教练（Novice Level）成为一个胜任水平（Competent Level）的教练需要近十年时间，再加上运动员的经历，一个教练在一个单项上的坚持时间就更长。在这种情况下，教练专业化太强，使自己的知识经验和社会认识等方面发展过于狭窄，失去职业选择和进入其他行业的基础，转行的失败率很高。虽然现实中有极少数教练凭借自己积累雄厚的社会资本（如运动员时期优秀的运动成绩和社会支持等）在执教初期成功实现转行，从事商业、教育和行政管理，但毕竟屈指可数。所以，本土教练职业发展的目标是提高职业竞争力、执教有效性，或成为专家级教练等专业上的提升，其职业探索不存在普遍性。具体再从附录二中专业积累这个类别编码可知，教练专业积累有三大途径：同行学习、自我摸索和人生经历，描述教练自我职业生涯管理中的继续学习这个维度，它对教练职业发展有很大影响。虽然许多教练重视学习，但对于学习仅限于关注最新信息，即了解别人怎么做。在中国，教练参加培训班和专项交流研讨的目的主要是同行之间信息交流，以把握最新动向。但更为重要的是，教练经常借助这种机会，加强同行之间的情感交流，发展社会关系，以备今后获取重要信息之需。

以上这些方面的内容可能是构成教练自我职业生涯管理的因素，它与企业员工或其他群体自我职业生涯管理有较多的共同性，也有差异性。综合以上文献综述和研究部分一的内环境编码，结合龙立荣对自我职业生涯管理因素的研究，归纳出教练自我职业生涯管理的四因素：职业探索，表示积极地寻找或探索其他有利于自我实现的职业，并参加与职业理想有关的活动；确立职业目标和策略，即有近期和远期的职业发展目标，根据此目标和自己的实际，确定实现目标的具体计划以及实现职业目标和策略的手段与途径；继续学习，指从事与职业发展目标相关的学习活动，包括接受学历教育、自学有关的专业杂志和书籍、参加有关的职业培训等；自我展示，指向上级领导展示自己的才能，汇报自己的工作绩效及职业发展愿望；注重关系，即重视同事之间的关系。

6.1.3　研究假设

本土教练深受所在的单位环境影响，压抑“自我”，以集体目标为重，注重“关系”，通过自我职业生涯管理行为促进职业生涯成长和发展。从研究部分一的内环境编码分析可知，教练虽然不能充分追求“自我”的发挥，但个体职业的自我完善仍然重要。执教理念与探索、专业积累都充分说明教练职业的自我完善实践。其中执教探索与理念从创新、沟通、科学化、高效管理、因时而变、育人、中国式、培养自主性这几个从属类别归纳出来，说明教练进入职业后对执教的探索。由专业积累这个类别编码可知，教练专业积累有三大途径：同行学习、自我摸索和人生经历，描述教练自我职业生涯管理中的继续学习这个维度对教练职业发展有影响。所以，从教练个体角度出发，教练自我职业生涯管理即教练为了满足教练自身发展的需求，根据自己的实际，依托所在的环境，寻求职业自我完善，教练职业发展类别的开放式编码分析就充分体现了这一点，与龙立荣（2002）给出的自我职业生涯管理定义基本相符。所以，本研究结合教练职业生涯成长的内环境编码、教练的工作情境，对龙立荣开发的自我职业生涯管理问卷进行修订以作为教练自我职业生涯管理的测量工具。

因此，基于以上，提出假设6A：教练自我职业生涯管理是个多因素结构，主要有专业探索、职业目标和策略、注重关系、学习和自我展示等因素。

6.1.4　研究方法

1）研究被试

本研究中被试主要包含三部分，即半开放式调查被试、预测被试和正式施测被试。

半开放式调查被试：选择广东省体育局二沙基地20名教练，采用团体施测。所有教练全部为高级教练，其中男性教练15人，女性教练5人。

预测被试：在上海、北京、山东、浙江、广西发放了310份问卷，回收252份，有效问卷229份，有效率为90.8%。被试的平均年龄为37.44（标准差为8.867）岁；其中男性教练171人，女性教练55人，另有3人没有性别信息；中级教练129人，高级教练68人，国家级教练32人。

正式施测被试：在上海、湖北、山东、江苏、广东、河北发放了380份问卷，回收328份，有效问卷279份，有效率为85.1%。被试的平均年龄为35.52（标准差为8.568）岁；其中男性教练219人，女性教练60人，另有1人没有性别信息；中级教练170人，高级教练88人，国家级教练21人。

2）统计方法

统计方法为描述性统计分析、探索性因素分析和验证性因素分析，统计软件为SPSS 11.5、LISREL 8.51。

6.1.5　结果与分析

1）自我职业生涯管理结构和项目的确定

由以上分析可知，在中国教练群体中，职业探索不存在普遍性，普遍存在行业内的专业、理念的探索，因此删除这几个项目，代之以教练专业探索的几个项目。其他维度基本上比较符合教练群体的实际情境，因此根据访谈对语句进行修订，并在句中使用与教练职业情境相符的语句，以使调查符合本研究的目的。研究者根据以上分析，结合教练群体的实际情况对中国教练自我职业生涯管理进行了部分修订，对教练进行半开放式问卷调查，要求教练对所有项目进行评价，并对未完善的项目进行补充。调查结果见表6-1，提及次数大于10的项目有18条，其中继续学习、职业目标和策略、专业探索和自我展示的提及频次较高，表明这些项目是教练较为看重的，最能影响他们职业生涯发展的管理内容。

表6–1　教练角度的半开放式问卷调查结果（只限于次数大于10的项目）

项　目	次数	对应的维度
经常参加各种专项交流学习活动，以丰富职业经验和视野	15	继续学习
试图尝试一种新的训练思路，寻找创新的东西	12	专业探索
积极追求达到自己理想的职业状态	13	专业探索
对自己有一个职业发展规划	11	职业目标和策略
对以后几年的职业目标和策略很清楚	16	职业目标和策略
制订实现职业目标和策略	15	职业目标和策略

续表

项 目	次数	对应的维度
制订了近期的职业发展目标	12	职业目标和策略
平常会主动和同事交流，相互学习，并经常参阅相关专业资料	11	继续学习
经常参加各种与执教工作有关的培训	18	继续学习
设定目标并计划如何实现它	20	职业目标和策略
付出很大努力发展与职业目标和策略有关的能力	13	专业探索
为获得单位的各种信息，我建立了很多联系网来了解即时信息	14	注重关系
努力和在本单位中有重要影响的人交往	11	注重关系
让我的上级知道我的工作成就	12	自我展示
让我的上级意识到我想从事的工作	12	自我展示
让我的上级知道我的职业追求和职业目标与策略	14	自我展示
经常反思目前的训练方法和工作方法是否符合项目规律	18	专业探索
为了获得进一步提升，我能得到很多人的帮助	13	自我展示

注：从教练角度调查收集到的项目提及频率中，频率较少说明教练认为对职业发展影响不大，或者该项目明显与教练的职业生涯管理没有太大关系，因而予以删除。

2）预测结果

根据教练职业情境，在以上项目中使用与教练职业情境相符的语句，以使调查符合本研究的研究目的。最终的第一次预试题项见表 6-2。在进行因素分析之前，先对数据是否适合进行因素分析进行检验。结果预测问卷的 KMO 值为 0.933，Bartlett 球形检验的 X^2 值为 2 600.111（自由度为 153）达到显著水平（0.000）。这说明所调查的数据适合进行探索性因素分析。本研究中，采用主成分法抽取因子，并进行 Varimax 旋转，以特征根值≥ 1 为标准进行因素抽取，得到 3 个因子。

表 6-2 教练自我职业生涯管理探索性因素分析结果 1（N=229）

项 目	因 子		
	1	2	3
B4：我积极追求达到自己理想的职业状态	0.803		
B3：我经常反思目前的训练方法和工作方法是否符合项目规律	0.756		
B2：我试图尝试一种新的训练思路，寻找创新的东西	0.713		
B8：我制订了近期的职业发展目标	0.685	0.428	
B7：我制订实现职业目标和策略	0.679	0.424	
B5：我对自己有一个职业发展规划	0.678		

续表

项　目	因　子		
	1	2	3
B11：我设定目标并计划如何实现它	0.634		
B9：我平常会主动和同事交流，相互学习，并经常参阅相关专业资料	0.619		
B6：我对以后几年的职业目标和策略很清楚	0.598	0.415	
B12：我付出很大努力发展与职业目标和策略有关的能力	0.587		
B10：我经常参加各种与执教工作有关的培训		0.765	
B1：我经常参加各种专项交流学习活动，以丰富职业经验和视野		0.712	
B14：为获得单位的各种信息，我建立了很多联系网来了解即时信息		0.658	
B13：为了获得进一步提升，我能得到很多人的帮助		0.609	
B15：我努力和在本单位中有重要影响的人交往		0.605	0.556
B17：我让我的上级意识到我想从事的工作			0.869
B16：我让我的上级领导知道我的工作成就			0.730
B18：我让我的上级知道我的职业追求和职业目标和策略	0.441		0.668
解释变异量（共计 61.763%）	46.447%	9.048%	6.268%

由探索性因素分析的结果可以看出，有 1 个项目 B15 有双重负荷现象，并且在两个维度上的负荷值比较接近，因而予以删除。对剩下的 17 个项目重复前面的因素分析过程，获得 3 个因素，结果见表 6-3。

表 6-3　教练自我职业生涯管理探索性因素分析结果 2（N=229）

项　目	因　子		
	1	2	3
B3	0.822		
B4	0.780		
B2	0.696		
B8	0.649	0.459	
B5	0.625	0.415	
B11	0.622	0.445	
B7	0.609	0.480	
B9	0.601		
B6	0.573	0.423	
B12	0.559	0.425	

续表

项 目	因 子		
	1	2	3
B10		0.773	
B1		0.716	
B13		0.634	
B14		0.623	
B17			0.870
B16			0.733
B18			0.678
解释变异量（共计 62.131%）	47.304%	8.221%	6.606%

由表 6.3 探索性因素分析的结果可以看出，因子 1 有较多项目，并且 6 个项目出现显著的双重负荷，为了使问卷更简洁，予以删除。对剩下的 11 个项目重复前面的因素分析过程，获得 3 个因素，其中 1 个项目因负荷值小于 0.40，没有显示。最终呈现出 10 个项目的结果，见表 6-4。

表 6-4 教练自我职业生涯管理探索性因素分析结果 3（N=229）

项 目	因 子		
	1	2	3
B10	0.829		
B1	0.798		
B14	0.669		
B13	0.662		
B3		0.844	
B4		0.823	
B2		0.750	
B17			0.878
B16			0.755
B18			0.718
解释变异量（共计 68.570%）	43.427%	12.995%	12.148%

因此，最终确定抽取 3 个公因子。根据因素分析结果，可以将上述三个维度命名如下：关注信息、专业探索、自我展示。其中关注信息包括通过各种交流、

培训活动以及与他人建立关系和互助信息网来关注当前最新职业信息；专业探索表示通过反思、创新、增强认识等方式追求理想职业状态；自我展示即向上级领导展示自己的才能，汇报自己的工作成绩及职业发展愿望。

表 6-5 呈现了教练自我职业生涯管理问卷各因子的描述性统计结果，三因子两两之间均存在显著的正相关关系，相关系数显示中等程度的相关。

表 6-5　三因子问卷描述性统计及相关矩阵（N=229）

因子	Mean	Std. Deviation	1	2	3
关注信息	11.681	2.403	1.000		
专业探索	10.023	1.499	0.514**	1.000	
自我展示	8.925	1.794	0.533**	0.448**	1.000

3）正式施测结果

运用正式施测的数据进行信度分析结果表明总量表内部一致性系数为 0.860 7，对问卷进行项目分析，也表明项目质量较好。具体的项目及信度分析结果见表 6-6。

表 6-6　教练自我职业生涯管理问卷的信度分析（N=328）

维度及项目	内部一致性	该项目与总分相关	删除该项目后的内部一致性
关注信息	0.784		
B14		0.614	0.844
B13		0.576	0.847
B10		0.578	0.847
B1		0.565	0.849
专业探索	0.815		
B2		0.566	0.848
B3		0.483	0.854
B4		0.639	0.843
自我展示	0.781		
B16		0.568	0.848
B17		0.507	0.853
B18		0.632	0.842

利用 LISREL 8.51 软件对正式施测数据进行验证性因素分析，以检验修订教练自我职业生涯管理问卷的结构效度。本研究根据表 6-5 中三因素之间的相关系数，对如下两个模型进行比较：单因素模型指所有的 10 个项目只负荷在一个整体的教练自我职业生涯管理因子上，三因素模型指 10 个项目分别负荷在关注信息、专业探索、自我展示三个因子上（探索性因素分析的结果）。验证性因素分析的结果见表 6-7，模型检验和比较的结果表明，三因素模型的各项拟合指标显著优于单因素模型、三因素模型，且三因素模型 SRMR、GFI、IFI、CFI、NNFI 指标的值都在临界值内，拟合指数较为理想，表明：教练自我职业生涯管理是由并列的三因素构成，结构效度是理想的。

表 6-7 问卷验证性因素分析结果（10 个项目，N=328）

	X^2	df	X^2/df	SRMR	GFI	IFI	CFI	NNFI
虚模型	744.92	45						
单因素模型	473.97	35	13.54	0.12	0.66	0.65	0.64	0.54
三因素模型	83.37	32	2.60	0.060	0.91	0.93	0.93	0.90

另外，评价测量模型好坏的指标，还包括每个观测变量在潜变量上的负荷，以及误差变量的负荷。一般来说，观测变量在潜变量上的负荷较高，而在误差上的负荷较低，则表示模型质量好，观测变量与潜变量的关系可靠。图 6-1 显示了

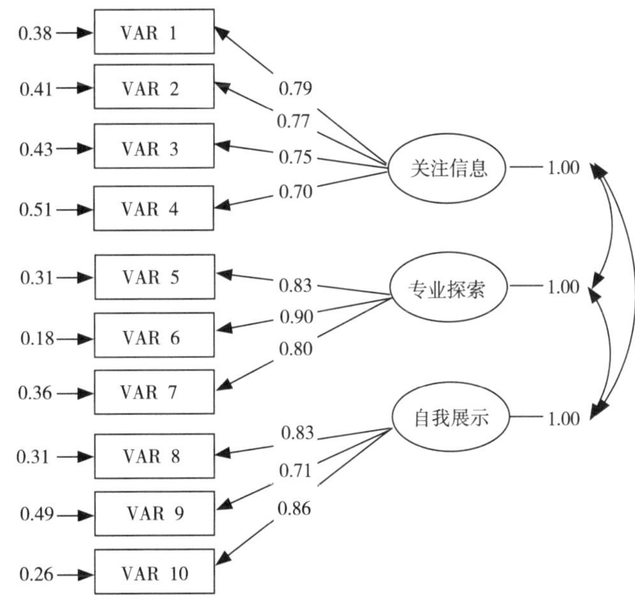

图 6-1 教练自我职业生涯管理问卷的验证性因素分析负荷图

三因素模型每个项目的负荷和误差负荷，每个观测变量在相应潜变量上的负荷为0.70~0.90，负荷值大多超过0.70，说明每个观测变量对相应潜变量的解释率较大，而误差较小，测量模型较为理想。

另外，笔者还通过与不同职称的教练交流发现，中级职称教练和高级职称教练（包括国家级教练）普遍在自我职业生涯管理上有些不一样。中级职称教练对于通过自我职业生涯管理的目标很明确，就是达到满足进一步评职称的条件，所以在关注信息等方面表现出比较强的动机和行为。因此，可以预期，不同职称的教练在自我职业生涯管理上存在差异，见表6-8。

表6-8　中级职称教练与高级职称教练自我职业生涯管理比较（$N=328$）

	职称	*N*	Mean	Std. Deviation	*T*
关注信息	中级	170	11.877	2.519	0.027*
	高级	109	11.167	2.204	
专业探索	中级	170	8.803	1.963	0.180
	高级	109	8.467	1.749	
自我展示	中级	170	9.143	1.773	0.007**
	高级	109	8.522	1.664	

从表6-8可知，除专业探索外，教练自我职业生涯管理的其余方面均是中级职称教练显著高于高级职称教练，符合上面对教练访谈结果的分析，即大多数教练为了达到评职称的条件，而在专业探索上表现更加积极。这一结果也表明，本研究修订的自我职业生涯管理问卷具有较好的区分效度。

6.1.6　讨　论

1）教练自我职业生涯管理的结构内涵

教练自我职业生涯管理包括关注信息、专业探索、自我展示三个因素。其中关注信息包括通过各种交流、培训活动、以及与他人建立关系和互助信息网来关注当前最新职业相关信息。它与龙立荣（2002）自我职业生涯管理的结构中继续学习、注重关系相对应；专业探索表示教练寻求创新、增强认识等对理想职业状态的追求；自我展示，即向上级领导展示自己的才能，汇报自己的工作成绩及职业发展愿望。在三个维度中关注信息的解释量最大，占整个问卷解释量的

43.43%，表明教练参与各种交流、培训活动，与他（她）人建立关系信息网的重要性；专业探索与研究部分一的执教探索与理念这一类别基本相同，是唯一在龙立荣自我职业生涯管理中找不到的维度，体现教练的专业性；这里的自我展示维度基本上与龙立荣的自我职业生涯管理结构中相应的维度含义相同。凌文辁等（2010）通过研究发现五因素结构：了解机会、生涯信念、生涯探索、自我认知、向上沟通，其中“向上沟通”与自我展示表示同一内涵，充分体现直线式管理环境的特点，即个体要通过建立与直接领导的关系，影响直接领导争取更多资源和条件用于培养运动员。

本研究证实教练自我职业生涯管理与中国企业员工自我职业生涯管理在结构上有共同性，也存在一定的差异性。共同性体现在都有自我展示、注重关系和信息这样的因素。在差异性方面，没有职业探索这样的维度。究其原因，除了前面所述教练职业的特殊性使教练很难实现转行以外，还与教练所属单位组织的传统人事管理制度落后有关，如缺乏人才流动性。加上教练职业的职业化程度非常高，所以使教练自我职业生涯管理面临职业和制度的双重限制，难以普遍存在职业探索这样的维度。而企业在中国社会转型时期最先实现改革，各项管理制度与市场经济接轨，尤其是逐步实行现代人力资源管理制度，鼓励人才流动，企业千方百计通过组织职业生涯管理留住人才。本土教练自我职业生涯管理与国外自我职业生涯管理结构研究的结论相比，其差异就更大。虽然国外的研究经常有三因素结构（Pazy，1988; Stump，1983; Noe 1996），但是从其所包括的具体因素，如文献综述中提到的国外自我职业生涯管理中的职业探索、主动性，充分反映西方组织环境下的个体选择组织和发展职业的自由，体现个体的自主性。而本土教练的自我职业生涯管理从其结构因素上可以明显看出其社会取向特点，如关注信息是为了建立关系信息网，自我展示是为了向上级表示自己的能力和愿望，这些都是国外自我职业生涯管理结构中所没有的，符合本土教练的职业发展实际。笔者从与教练交流和参与观察中了解到，我国竞技体育管理部门很少开展为促进教练职业生涯发展而进行咨询的活动，缺乏对教练职业生涯管理进行支持的意识，经常只有靠教练本人建立关系信息网了解重要信息，向领导汇报即时情况和想法，在获得领导的“提点”下进行职业生涯发展，故在“关系”上花费较多心思。

除了普遍性的企业员工自我职业生涯管理，与社会分层后不同职业群体的自我职业生涯管理结构进行研究进行比较，发现不同职业群体也存在共同性和差异性，某些行业群体差异尤其明显。这与职业群体所形成的组织制度有关系，如软件销售和高科技企业的经理人（李维，侯光明，杨波，2008；马跃如，程伟波，2017）市场化程度高，其组织实施现代人力资源管理制度，软件销售人员出现“跨组织流动”和“职业规划”这样的维度。教练群体因为流动性差，其职业规划一般由领导来制订，教练一般服从组织任命。与教练群体比较接近的是教师群体，也存在行业差异性，教师更注重“育人”，包括体育教师（符堪德，2011）；而教练带运动员虽然也有育人的意思，但整体上服从运动队集体“夺标”目标，这是目前竞技体育改革重点思考未来发展方向的原因。当然，共同性表现在这些不同组织制度下的所有不同行业都存在同一维度“职业探索”。

另外，虽然近期少有学者对自我职业生涯管理进行研究，但极少研究（Seibert，et al.，2013）显示，自我职业生涯管理的结构随着时代情境变化而相应变化，受社会经济条件和后现代主义思潮影响，个体对目标和职业满意度的追求更加明显，不再仅仅满足物质追求，越来越注重精神追求。

2）教练自我职业生涯管理的测量工具

教练自我职业生涯管理问卷的修订遵循了自下而上和自上而下的双向思路。通过质性研究和已有文献了解教练群体自我职业生涯管理的内涵，经过专家的讨论形成最初 18 个项目的预试问卷，对预试问卷调查数据进行因素分析，分析后最终获得了 10 个项目教练自我职业生涯管理的正式问卷。正式问卷调查后，对调查数据进行信、效度分析，结果表明教练自我职业生涯管理问卷以及各维度的信度系数为 0.780 7 ~ 0.814 8。同时验证性因素分析的结果也证实了教练自我职业生涯管理的三维结构，并且维度间处于中等程度的相关，说明教练自我职业生涯管理的三个维度间既相互独立又有一定的联系。不同职称的教练在各维度上的差异显著说明问卷的区分效度。以上的结果表明教练自我职业生涯管理问卷具有较好的结构效度、区分效度，而问卷的修订过程也保证了问卷的内容效度，达到心理测量学的要求。综合而言，本研究所修订的教练自我职业生涯管理问卷信度和效度良好，可以作为进一步研究的工具。

6.2　教练自我职业生涯管理的前因变量研究

6.2.1　研究目的

教练自我职业生涯管理的前因变量很多，综合以往研究可以分成两个方面：一方面来自环境变量，即教练职业环境；另一方面则是源于个体层面变量，这里包括人口学变量和个人心理变量。本研究尝试对影响自我职业生涯管理的因素进行分析，包括以往研究的个体因素和环境因素。另外，本研究在研究部分一的人—境互动论视角下增加个体和环境的交互因素影响分析。

在本研究中，除了教练职业环境问卷和教练自我职业生涯管理问卷是笔者编制与修订的之外，成就动机问卷是借用国内学者修订的问卷。首先，本研究对成就动机问卷进行了适合性检验和适当的修订。其次，本研究探讨教练职业环境对教练自我职业生涯管理的影响。为了可以减少总体项目的数量，通过验证性因素分析，验证教练职业环境或教练自我职业生涯管理的二阶模型，证实它们分别是一个二阶潜变量，这样可以将它们的分测验总分作为对二阶潜变量的估计值，可以通过各分测验的总分来估计（Bagozzi & Edwards，1998; Hall，Snell，& Foust，1999）。然后探讨个人因素包括人口学变量和心理变量对教练自我职业生涯管理的影响。最后探讨个人因素与环境因素的交互作用对教练自我职业生涯管理的影响。

6.2.2　文献综述

1）自我职业生涯管理的个人前因

个人因素包括性别、年龄、职位、身体状况等人口学变量（龙立荣，2003），以及与态度、动机、能力等有关的个人心理因素，如成就动机（龙立荣，2003）、一般自我效能（Crant，2000; 龙立荣，2003）等。近年来，有研究增加自我职业生涯管理的个人前因变量，如刘华芹等人（2013）认为职业态度、成就动机和自我效能对自我职业生涯管理产生影响，增加了职业态度变量。总之，教练的人口学变量主要是性别、年龄、学历、工作年龄、职称等，这些变量作为影响自我职业生涯管理的因素，可以考察其在人口学特征方面表现出的差异。成就动机是最多研究提到影响自我职业生涯管理的因素，在研究部分一的质性研究归纳中，也多次被提到高成就动机对教练职业生涯发展的重要影响，也是优秀教练的显著个性行为特点之一。

2）自我职业生涯管理的组织前因

组织环境因素主要指组织职业生涯管理，它和自我职业生涯管理共同组成对企业员工职业生涯发展的支持系统。这种组织环境表示组织注重员工的职业生涯发展对员工自我职业生涯管理有显著的积极影响（Noe，1996），最终目的是达到防止员工流失、提高员工职业承诺、职业满意度、职业生涯成功等效果。可见其组织因素的影响也表现出以个体职业生涯发展为重的倾向，这是西方研究和现代人力资源管理制度对组织职业生涯管理的认识。但是，中国学者的研究并没有明显地体现出这种特点，其原因在于社会文化的差异。对于竞技体育教练这个特殊群体，它所隶属的组织性质与企业员工组织有着较大的差异，因此本研究不能把组织职业生涯管理作为教练自我职业生涯管理的环境变量。在本研究部分一中，教练职业环境（教练平台）是从社会学视角通过扎根理论归纳出来的，对教练职业生涯成长有核心作用的因素。它属于本土概念，在教练看来：

平台就是为了创造成绩的，没有成绩，这个运动队难以生存，教练就没有存在的意义。（武术某国家级教练）

它是中国竞技体育走举国集体发展方式的体现。国家游泳队总教练曾评论：

一个教练发展的环境好不好，看看这个地方的平台怎么样，平台不好，教练能力再强，也很难达到很高的高度……

因此，从教练角度来理解，教练职业环境应该对教练自我职业生涯管理有至关重要的影响。对于教练职业环境这个关键变量，前面两个研究比较系统地介绍了关键变量的引出及关键变量测量工具的开发。关键变量的引出是为了验证关键变量对教练自我职业生涯管理到底有多大的影响。正如许多华人心理与行为研究都认为华人的心理与行为表现，确实可能受情境脉络的影响。然而过去的研究较少论及环境的影响。

3）自我职业生涯管理的交互前因

除以上环境因素、个人因素的影响以外，人与环境的交互作用影响也很重要。根据勒温用 B=P.E（Lewin，1935）提出的，情境与人的交互效果是影响行为的主要变项。在这方面，Endler 等人（1962）一项有关焦虑刺激与反应问卷的研究是开启人—境互动观研究的里程碑（Furnham & Jaspars，1983）。该研究发现人与情境的交互作用对回归方程的变异解释力较大，不容忽视。

在本研究部分一中，人与环境的交互，即行动 / 互动是质性研究扎根理论中编码分析框架的核心。高水平教练职业生涯成长就是内、外环境因素相互影响、相互作用的结果，是本研究体现用人—境互动论视角思考教练职业成长和发展的关键点。本研究通过对原始资料逐级扎根的过程，这种人与社会环境相互作用关系最后表现在社会支持和家庭、教练平台两个大类别上。即在这两个类别中，既包含组织因素作用，又包括个体因素作用。其中教练平台由“体育战略增加机会”“教练能力与平台获得”“教练组织平台搭建”三个次类别归纳，充分反映教练与环境的交互作用影响。布朗芬布伦纳认为，发展的个体处在从直接环境（像家庭）到间接环境（像宽泛的社会文化）的几个环境系统的中间或嵌套于其中。每一系统都与其他系统以及个体交互作用，影响着发展的许多重要方面。布朗芬布伦纳的理论改变了发展学家思考发展环境的方式。有了布朗芬布伦纳的理论，就可以思考许多可能影响个体发展的不同水平和类型的环境，包括环境变量和交互变量。在个体的发展进程中，环境不断地影响着人格和行为。但是个体对环境的影响并非被动地加以接受，而是能主动地作用于环境。个体与环境的动力交互作用随时随地在进行着。如人格的发展和表现是个体与环境不断交互作用的结果，教练职业生涯发展也是如此。并且交互作用有多种方式，包括：反应的交互作用（指面对同样的环境，不同的个体会以不同的方式感受、体验和解释来反映这一环境）、唤起的交互作用（指个体的特征和行为会引起周围的人对他的特异反应）、超前的交互作用（指个体主动选择和建构自己所喜爱的环境，而这些环境反过来又进一步影响个体）。从教练内环境因素个性行为特征类别的编码分析（表 4-1 和图 4-10）可知，在高水平教练这些特征中，高成就感被最多教练最多次提到，说明它是高水平教练明显的心理前因，从人—境互动论的视角出发，竞技体育是追求成就的，这种行业环境与个体成就感产生明显的交互作用，将对自我职业生涯产生显著的影响。

6.2.3 研究假设

正如文献综述，从总体上看，影响个体自我职业生涯管理的因素主要有个人因素、环境因素。人—境互动论是本研究部分一个非常重要的研究取向，即研究个体的心理行为，不仅关注个体本身心理行为特点，同时要关注环境对个体的影响，环境与个人的交互作用对个体心理行为的影响。在华人社会中，情境脉络、人与情境交互作用是众多学者（高旭繁，2008; 杨国枢，1993）认为影响华人心理与行为的主要变量。

根据研究部分一的质性归纳结果，教练职业环境对教练职业生涯管理有核心影响作用，所以提出假设 6B：教练职业环境对教练自我职业生涯管理有显著的积极影响。

影响教练自我职业生涯管理的个人因素包括人口学变量和心理变量。人口学变量根据调查选取学历、年龄、执教年限、职称等作为考察对象。在心理变量方面，研究部分一中开放式编码曾就个性行为特点由高成就感、事业心和责任心、专业敏感性等几个方面归纳，在这些个性行为特点中，高成就感在开放式编码中被最多教练最多次数提到，是高水平教练一个重要的心理特征，即他们都有很强的成就动机，这与国内教练胜任特征研究（刘鎏， 王斌，2007；尹军，于勇，蔡有志，2001）的结论比较一致。因此，成就动机可能是教练非常重要的心理变量，对教练促进职业生涯发展的管理影响较大。

假设 6C：人口学因素如学历、年龄、执教年龄等可能对教练自我职业生涯管理有显著的影响。

假设 6D：在控制人口学因素影响的前提下，成就动机可能对教练自我职业生涯管理有显著的积极影响。

除以上环境因素、个人因素的影响以外，人与环境的交互作用影响也很重要。本研究采用的人—境互动论视角，进一步探究社会与人心是如何并存与交互作用对人的心理行为的影响，应是深具本土化意义的研究议题（杨国枢，1993; Yang，2000）。对教练自我职业生涯管理产生影响的也应包括环境变量与个人心理变量的交互效应。本研究在个人因素的层级回归分析的基础上，加入交互作用进入回归方程进行分析，因此提出假设 6E：在控制人口学因素影响的前提下，成就动机调节教练职业环境变量对教练自我职业生涯管理的影响。

6.2.4 研究方法

1）研究被试

本研究在上海、湖北、山东、江苏、广东、河北发放了380份问卷，回收328份，有效问卷312份，有效率为94.5%。被试的平均年龄为37.12（标准差为8.473）岁；其中男性教练229人，女性教练82人，另有1人没有性别信息；中级教练195人，高级教练92人，国家级教练25人。

2）测量工具

成就动机问卷主要源于 Elliot（1997）的研究，国内学者张鼎昆（1998）在 Elliot 研究的基础上修订了此问卷，用于测量中国人的成就动机。该问卷包括超越动机、掌握动机和回避失败动机。所谓超越动机表示追求卓越表现和高成就，希望展示自己，超过他人；掌握动机则寻找挑战，强调活动本身的价值，注重自我的内在兴趣；回避失败动机是担心失败，不敢冒险。考虑到本研究的被试，从研究部分一可知，本土教练群体的超越动机和掌握动机表现比较明显，而在回避失败动机方面表现不明显。教练为了实现自己的理想，在工作–家庭冲突严重的情况下，仍然坚持自己的职业理想，几年之内几乎不休假，期望在日积月累之后，能培养出全国冠军或世界冠军，获得他们心中的成就。然而正如研究部分一中某教练所言：

培养一个世界冠军不是那么容易，尤其是某些项目，多少年都难以实现突破，但就是因为有许多孜孜不倦的教练热衷奉献于这项事业。他们从不言败，就希望看到五星红旗在别的国家升起。

所以，这里选择超越动机和掌握动机两维度的动机问卷。问卷采用4级 Likert 式，从1表示极不符合到4表示完全符合。

3）统计方法

本研究的统计方法为层级回归、验证性因素分析，统计分析软件为 SPSS

11.5、LISREL 8.51。其中，验证性因素分析包括一阶因子分析和二阶因子分析，它是介于测量模型和因果模型之间的一种方法。

6.2.5 结果与分析

1）成就动机问卷质量分析

将数据按奇偶分半，对奇半职业满意度问卷的数据进行探索性因素分析。先对数据进行探索性因素分析，绩效自评问卷的 KMO 值为 0.861，Bartlett 球形检验的 X^2 值为 1211.470 达到显著水平（0.000），这说明所调查的数据适合进行因素分析。用主成分法抽取因子，取特征根≥1 作为抽取因子的标准，进行 Varimax 正交旋转，保留因子负荷大于 0.40 的项目。结果得到了清晰的两因素结构（表 6-9）。

表 6-9　成就动机问卷的探索性因素分析结果（$N = 114$）

	1	2
C2	0.854	
C3	0.840	
C4	0.820	
C5	0.807	
C6	0.761	
C1	0.640	0.410
C11		0.812
C7		0.740
C10		0.739
C12		0.739
C8		0.728
C9		0.711
解释变异量（共 63.467%）	43.579%	19.887%
Cronbach's α	0.8922	0.8571

从表 6-9 的结果可知，该问卷的内部一致性信度较好。采用 LISREL 8.51 对正式施测的偶数半数据进行验证性因素分析。除了考察二因素模型之外还对可能的模型进行验证，如可能所有的项目归属于一个维度，从而使得问卷是一个单维

问卷，将两个模型的拟合指数进行比较，验证性因素分析结果见表 6-10。

表 6-10 成就动机问卷的验证性因素分析结果（$N=115$）

	X^2	df	X^2/df	SRMR	GFI	IFI	CFI	NNFI
虚模型	1036.86	66						
单因素模型	653.09	54	12.094	0.15	0.51	0.65	0.64	0.56
双因素模型	182.27	53	3.439	0.094	0.92	0.91	0.91	0.90

从表 6-10 可以发现，二因素模型对数据拟合较佳，SRMR、GFI、IFI、CFI、NNFI 指标的值都在临界值内，因而验证了成就动机问卷的二因素结构，表明测量具有较好的结构效度。

2）教练职业环境的二阶验证性因素分析

根据研究部分二和教练职业环境的三因素之间有中等程度相关，可能存在二阶潜变量，可以将它们的分测验总分作为对二阶潜变量的估计值，这样可以减少总体项目的数量。其主要目的是检验一阶测量模型能否进一步地概括成更高一层次，所以它可以被当成因果模型的一个特例，比测量模型多了一个层次。其验证性因素分析的思想也是一样的，模型的拟合好坏衡量指标与测量模型、因果模型相同。运用正式问卷调查的数据，进行二阶层级分析。为了检验二阶层级分析与一阶模型单因素模型的差异，在研究结果中还呈现了一阶单因素模型的拟合度。二阶层级分析负荷图如图 6-2 所示，分析的结果见表 6-11。

从表 6-11 可知：由于 X^2 受样本量影响较大，其显著性水平通常不作为判断模型拟合好坏的重要指标。SRMR、GFI、NFI、CFI、IFI 接各指标均接近临界值，根据其指标的各项拟合数据，说明教练职业环境的各维度有共同的内容，可做进一步的概括。但并不意味着教练职业环境是一个独立的单因素结构，从二阶与一阶模型比较时，二阶模型拟合好而一阶单因素模型拟合差可以证实这一点。因此，教练职业环境是一个可以整合的二阶潜变量，可以通过各分测验总分来估计。

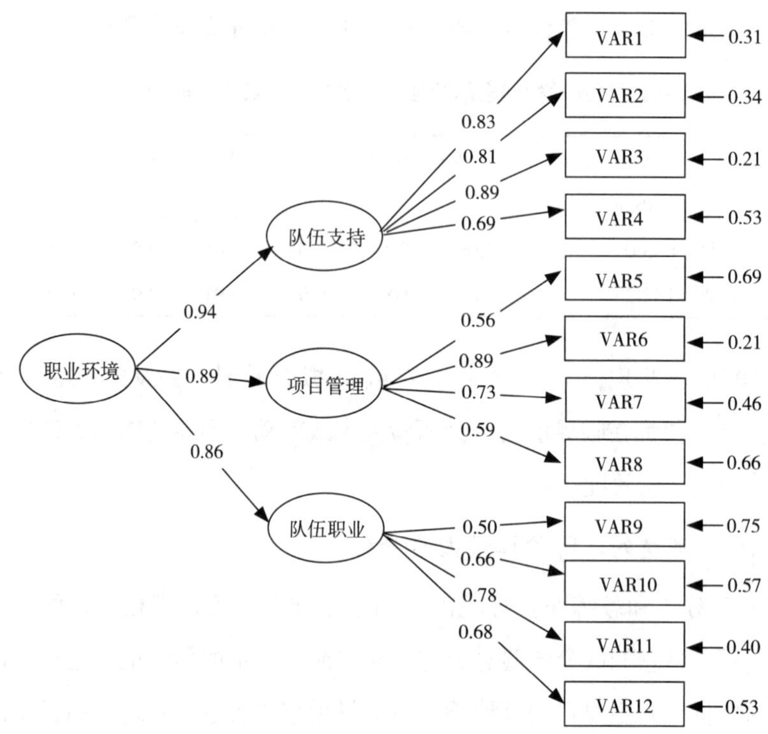

图 6-2　教练职业环境问卷二阶因子分析负荷图

表 6-11　教练职业环境问卷二阶因子模型按拟合指数结果

	X^2	*df*	X^2/df	SRMR	GFI	IFI	CFI	NNFI
虚模型	1 969.08	66						
一阶单因素模型	328.65	54	6.086	0.066	0.85	0.86	0.86	0.83
二阶模型	178.41	51	3.498	0.049	0.91	0.93	0.93	0.91

注：一阶单因素模型是将所有的问卷项目视为一个潜变量，即教练职业环境；二阶模型则是对教练职业环境的三个潜变量进行提炼，以考察这些潜变量的共同性。以下表同。

3）教练自我职业生涯管理的二阶验证性因素分析

根据本研究对教练自我职业生涯管理问卷的修订，其三因素之间有中等程度相关（表 6-5），可能存在二阶潜变量。故与教练职业环境的二阶层级分析一样，为了考察教练自我职业生涯管理二阶潜变量与一阶潜变量的差异，本研究也计算了这两种模型的拟合性指数，二阶层级分析负荷图如图 6-3 所示，分析的结果见表 6-12。

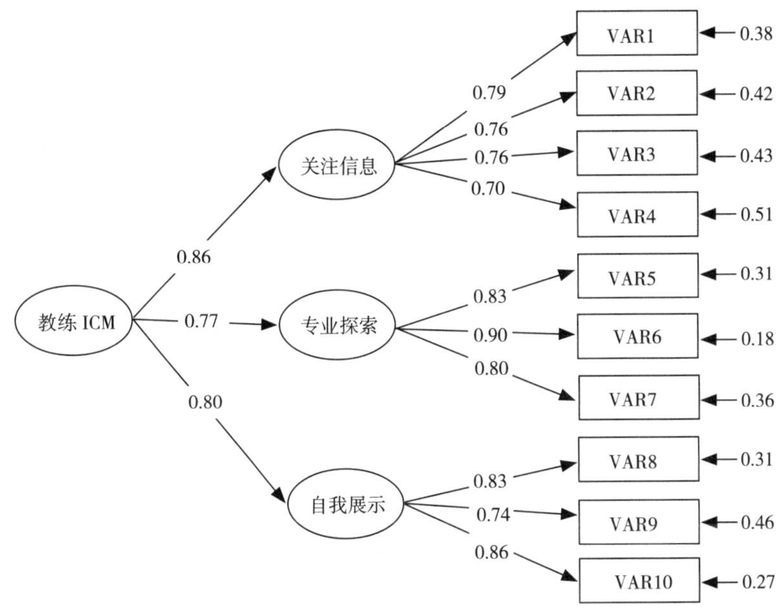

图 6-3 教练自我职业生涯管理的二阶因子分析负荷图

表 6-12 教练自我职业生涯管理的二阶因子模型拟合指数结果

	X^2	df	X^2/df	SRMR	GFI	IFI	CFI	NNFI
虚模型	1190.58	45						
一阶单因素模型	473.97	35	13.542	0.12	0.66	0.65	0.64	0.54
二阶模型	88.06	32	2.751	0.062	0.92	0.95	0.95	0.92

从表 6-12 可知：X^2/df、SRMR、GFI、NFI、CFI、IFI 各指标均接近临界值，根据其指标的各项数据，说明教练自我职业生涯管理的各维度有共同的内容，可做进一步的概括。但并不意味着教练职业环境是一个独立的单因素结构，从二阶与一阶模型比较时，二阶模型拟合好而一阶单因素模型拟合差可以证实这一点。因此，教练自我职业生涯管理也是一个可以整合的二阶潜变量，可以通过各分测验总分来估计。

4）教练职业环境对教练自我职业生涯管理影响的分析

因教练职业环境和教练自我职业生涯管理均是一个可以整合的二阶潜变量，可以通过正式问卷调查的数据对教练职业环境和教练自我职业生涯管理各分测验总分来估计，然后对教练职业环境与教练自我职业生涯管理的影响进行验证性因素分析。

根据研究部分一的相关结论，先运用正式施测数据对教练职业环境各维度与教练自我职业生涯管理各维度的相关性进行分析（表 6-13）。

表 6-13　教练职业环境与教练自我职业生涯管理的相关矩阵（$N=312$）

	队伍支持	项目管理	队员职业	关注信息	职业探索
队伍支持					
项目管理	0.662**				
队员职业	0.580**	0.528**			
关注信息	0.556**	0.586**	0.478**		
职业探索	0.355**	0.348**	0.263**	0.539**	
自我展示	0.304**	0.346**	0.283**	0.514**	0.434**

从表 6-13 中结果可知：教练职业环境各维度与教练自我职业生涯管理各维度有显著的相关，说明教练职业环境各维度可能对教练自我职业生涯管理维度有显著的积极影响。基于各变量的显著相关，进行验证性因素分析以验证变量关系。

验证性因素分析结果见图 6-4 和表 6-14，X^2/df、SRMR、GFI、NFI、CFI、IFI 各指标均接近临界值，根据其指标的各项数据，可见该模型拟合很好，且教练职业环境对教练自我职业生涯管理的预测系数为 0.77，达到显著性水平。可见教练职业环境与教练自我职业生涯管理之间有比较明确的因果关系，即作为教练自我职业生涯管理实施的环境，所形成的对教练培养运动员有帮助的队伍支持环境、项目管理环境和队员职业环境，的确促进了教练加强自我职业生涯管理。从另一个角度来看，教练自我职业生涯管理深受教练职业环境的影响，特别是目前竞技体育竞争激烈，教练要想最大程度追求职业的自我完善，发挥个体专业能力为国争光，必须依靠个体所在单位的职业环境。总之，本研究所获得的结果与假设 6B 是一致的。

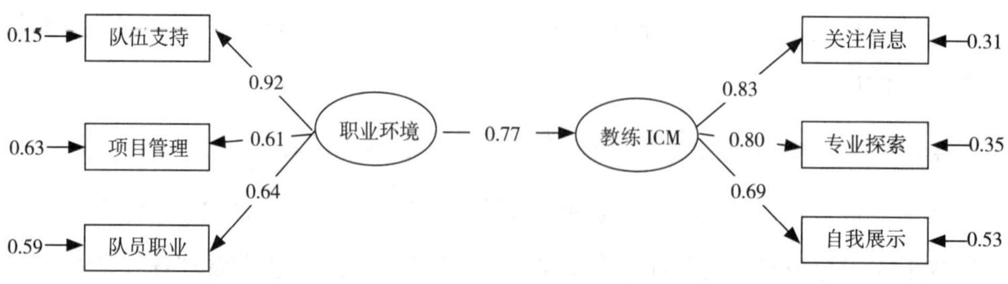

图 6-4　教练职业环境与对教练自我职业生涯管理的影响分析负荷图

表 6-14 教练职业环境问卷对教练自我职业生涯管理影响的关系模型拟合指数结果

	X^2	df	X^2/df	SRMR	GFI	IFI	CFI	NNFI
虚模型	799.74	15						
关系模型	14.30	8	1.788	0.028	0.99	0.99	0.99	0.99

5）人口学变量、成就动机的主效应及教练职业环境和成就动机交互效应的影响分析

对教练自我职业生涯管理可能有影响的人口学变量严格地说属于分类变量，如性别、职称、学历、职务等，在进行多元回归分析时，应对这些变量进行虚拟化处理，但如果虚拟变量太多，结果分析就会过于复杂。因此，本研究中只将性别、职称当成分类变量进行虚拟化，而学历、教龄则视为等级变量。性别男为1，女为0；职称分成3类，即中级教练、高级教练、国家级教练；学历为1（高中）、2（大专）、3（本科）、4（研究生）；教龄为1（表示1～5年）、2（表示6～15年）、3（表示16～25年）、4（表示25年以上），数字小表示年限少，数字大表示年限长。为了探讨人口学变量和成就动机对教练自我职业生涯管理的影响，分别以教练自我职业生涯管理的分维度为因变量。即先把人口学变量作为自变量进行回归分析，通过差异检验和多重共线性分析，表明一些人口学特征会对上述因变量有一定的影响，然后采用层级回归进行分析。

根据研究部分一的相关结论，先运用正式施测的数据计算成就动机二维度、教练职业环境各维度与教练自我职业生涯管理各维度的相关情况进行分析（表6-15）。

表 6-15 成就动机、教练职业环境与教练自我职业生涯管理相关矩阵（$N=312$）

	超越动机	掌握动机	队伍支持	项目管理	队员职业	关注信息	职业探索
超越动机							
掌握动机	0.474**						
队伍支持	0.276**	0.332**					
项目管理	0.248**	0.304**	0.662**				
队员职业	0.253**	0.220**	0.580**	0.528**			
关注信息	0.388**	0.387**	0.556**	0.586**	0.478**		
职业探索	0.504**	0.408**	0.355**	0.348**	0.263**	0.539**	
自我展示	0.377**	0.556**	0.304**	0.346**	0.283**	0.514**	0.434**

从表 6-15 中结果可知：成就动机二维度、教练职业环境各维度与教练自我职业生涯管理各维度有显著的相关。基于各变量的显著相关，进行层次回归分析以验证变量关系。

层级回归以教练自我职业生涯管理的三个维度分别为因变量，以成就动机的二个维度主效应、成就动机的二个维度与教练自我职业生涯管理的三个维度交互效应（包括超越动机 × 队伍支持、超越动机 × 项目管理、超越动机 × 队员职业、掌握动机 × 队伍支持、掌握动机 × 项目管理、掌握动机 × 队员职业六个交互作用）为自变量。具体分析步骤：将性别、教练职称、学历等人口学变量放入第一层（M1），其中性别中的女性为参照类，职称中的中级教练为参照类，其他的近似为等级变量对待。为了分析个人心理变量成就动机对因变量的影响，把人口学变量作为控制变量，以超越动机和掌握动机为自变量放入第二层（M2），第三层为二维交互效应（M3），具体层级回归分析结果见表 6-16。

表 6-16　成就动机、教练职业环境与教练自我职业生涯管理的回归分析（N=312）

变　量	关注信息			专业探索			自我展示		
	M1	M2	M3	M1	M2	M3	M1	M2	M3
控制变量									
性别	—	—	—	—	—	—	—	—	—
高级教练	−0.907**	−0.632*	−0.438*	−0.580**	−0.357*	−0.295*	−0.733**	−0.498**	−0.444**
国家级教练	—	—	—	—	—	—	—	—	—
学历	—	—	—	0.363*	0.263*	—	—	—	—
主效应									
超越动机		0.191**	—		0.090**	—		0.205**	0.085**
掌握动机		0.168**	—		0.177**	—		0.115**	0.064**
交互效应									
超越动机 × 队伍支持			0.015**			0.009*			0.012**
超越动机 × 项目管理			—			—			—
超越动机 × 队员职业			—			—			—
掌握动机 × 队伍支持			0.035**			0.009**			−0.007*

续表

变　量	关注信息			专业探索			自我展示		
	M1	M2	M3	M1	M2	M3	M1	M2	M3
掌握动机 × 项目管理			—			—			—
掌握动机 × 队员职业			—			—			—
方程的 R^2	0.037	0.201	.0453	0.048	0.282	0.365	0.044	0.299	0.373
方程的 ΔR^2	0.037**	0.165**	0.252**	0.048**	0.234**	0.082**	.044**	0.255**	0.074**

注：（1）控制变量通过全部纳入法（Enter）进行回归方程；
（2）自变量通过逐步回归法（Stepwise）进入回归方程；在统计时，对上述所有变量进行了多重共线性分析（Collinearity Statistics），通过变量的"Tolerance"和"VIF"数据发现，该方程中年龄和教龄与其他人口学变量存在多重共线性问题，说明该变量与其他变量相关性太高，且不能成为重要的预测变量，因而把年龄和教龄剔出回归方程。
（3）"—"表示该变量未进入回归方程。

由表 6-16 的模型 1 可以看出，在人口学变量中，只有教练职称、学历对教练自我职业生涯管理的三个维度有显著的影响。这里的虚拟变量设中级教练为参照类，因此，从回归分析结果判断，相对于中级教练，高级教练在自我职业生涯管理方面的积极性下降，而国家级教练与中级教练无显著性差异。而学历只对教练自我职业生涯管理中的专业探索维度有显著的影响。综合所有人口学变量对教练自我职业生涯管理的影响，其解释三个维度的变异量增量分别为 3.7%、4.8%、4.4%，p 均小于 0.01，假设 6C 得到验证。

多元回归分析表明，控制人口学变量（M1）后，加入成就动机二个维度的主效应（M2），对教练自我职业生涯管理解释均显著增加，ΔR^2 分别为 16.5%，23.4%，25.5%，p 值均小 0.01。分别考虑成就动机二个维度对教练自我职业生涯管理的影响，由表 6-16 的模型 2 结果表明，超越动机对关注信息、专业探索、自我展示均有显著的积极影响（B 分别为 0.191，$p<0.01$; 0.090，$p<0.01$；0.205，$p<0.01$）；掌握动机对关注信息、专业探索、自我展示均有显著的积极影响（B 分别为 0.168，$p<0.01$；0.177，$p<0.01$；0.115，$p<0.01$），假设 6D 得到验证。

由表 6-16 的模型 3，在控制人口学变量（M1），并加入成就动机二个维度的主效应（M2）后，将成就动机与教练职业环境三个维度的交互效应加入回归模型（M3），对关注信息、专业探索、自我展示均有显著的增加，ΔR^2 分别为

25.2%、8.2%、7.4%，p 值均小于 0.01，假设 6E 得到验证。说明在教练自我职业生涯管理上，成就动机与教练职业环境存在显著的交互效应。

在关注信息上，超越动机和队伍支持存在显著正交互效应（B = 0.015，$p<0.01$），即超越动机正向调节教练职业环境维度队伍支持对教练自我职业生涯管理维度关注信息的影响。将超越动机与队伍支持分别以正负一个标准差为标准区分为高 / 低超越动机与高 / 低队伍支持，交互效应如图 6-5 所示：在低队伍支持时，高超越动机和低超越动机引发的关注信息差异不大；但在高队伍支持时，高超越动机引发的关注信息比低超越动机高。

掌握动机和队伍支持存在显著正交互效应（B=0.035，$p<0.01$），说明掌握动机正向调节教练职业环境维度关注信息对教练自我职业生涯管理维度队伍支持的影响。将掌握动机与队伍支持分别以正负一个标准差为标准区分为高 / 低超越动机与高 / 低队伍支持，交互效应如图 6-6 所示：在低队伍支持时，高掌握动机和低掌握动机引发的关注信息差异不大；但在高队伍支持时，高掌握动机引发的关注信息比低掌握动机稍高。

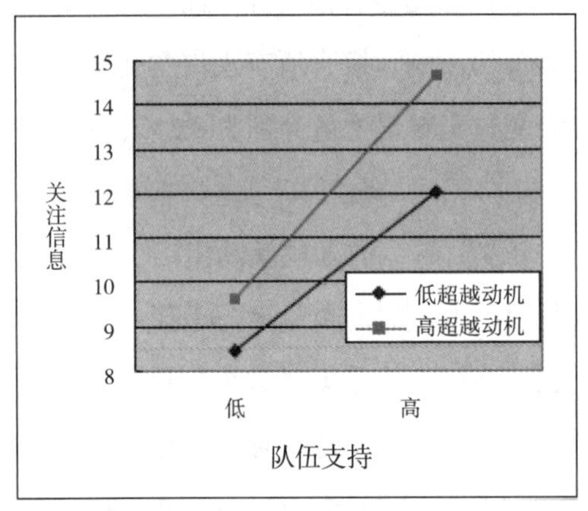

图 6-5　队伍支持、超越动机在关注信息上的交互效应

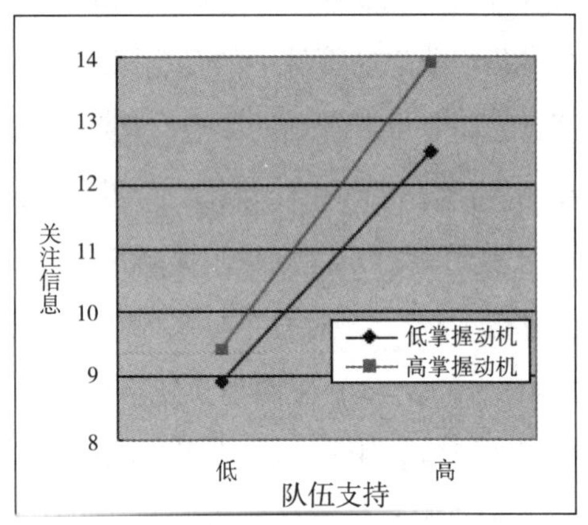

图 6-6　队伍支持、掌握动机在关注信息上的交互效应

在专业探索上，超越动机和队伍支持存在显著正交互效应（B=0.009，$p<0.01$），超越动机正向调节教练职业环境维度队伍支持对教练自我职业生涯管理维度专业探索的影响。将超越动机与队伍支持分别以正负一个标准差为标准区分为高 / 低超越动机与高 / 低队伍支持，交互效应如图 6-7 所示：在低队伍支持时，

高超越动机比低超越动机引发的专业探索高；但在高队伍支持时，高超越动机引发的专业探索与低超越动机差异不大。

掌握动机和队伍支持存在显著正交互效应（B=0.009，$p<0.01$），掌握动机正向调节教练职业环境维度队伍支持对教练自我职业生涯管理维度专业探索的影响。将超越动机与队伍支持分别以正负一个标准差为标准区分为高 / 低掌握动机与高 / 低队伍支持，交互效应如图 6-8 所示：在低队伍支持时，高掌握动机和低掌握动机引发的专业探索差异不大；但在高队伍支持时，高掌握动机引发的专业探索比低掌握动机高。

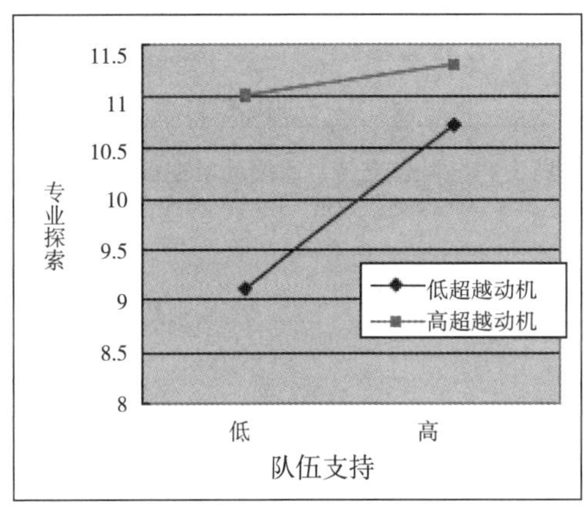

图 6-7 队伍支持、超越动机在专业探索上的交互效应

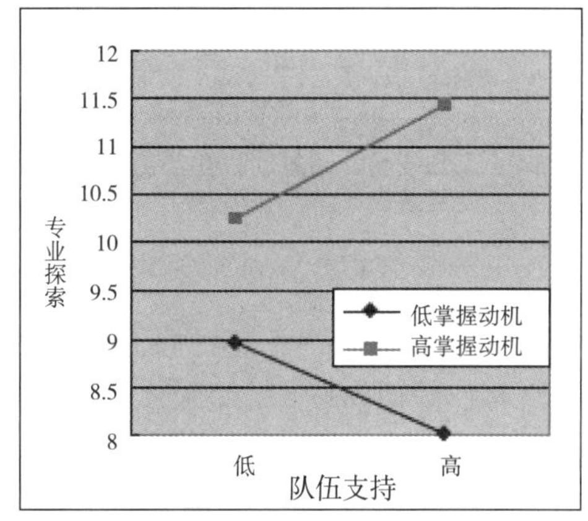

图 6-8 队伍支持、掌握动机在专业探索上的交互效应

在自我展示上，超越动机和队伍支持存在显著正交互效应（B = 0.012，$p<0.01$），即超越动机正向调节教练职业环境维度队伍支持对教练自我职业生涯管理维度自我展示的影响。将超越动机与队伍支持分别以正负一个标准差为标准区分为高 / 低超越动机与高 / 低队伍支持，交互效应如图 6-9 所示：在低队伍支持时，高超越动机比低超越动机引发的自我展示高；但在高队伍支持时，高超越动机引发的自我展示与低超越动机差异不大。

掌握动机和队伍支持存在显著负交互效应（B=-0.007，$p<0.01$），说明掌握动机负向调节教练职业环境维度对教练自我职业生涯管理维度的影响。将掌握动机与队伍支持分别以正负一个标准差为标准区分为高 / 低超越动机与高 / 低队伍支持，交互效应如图 6-10 所示：在低队伍支持时，高掌握动机和低掌握动机引

发的自我展示差异不大；但在高队伍支持时，高掌握动机引发的自我展示比低掌握动机高。

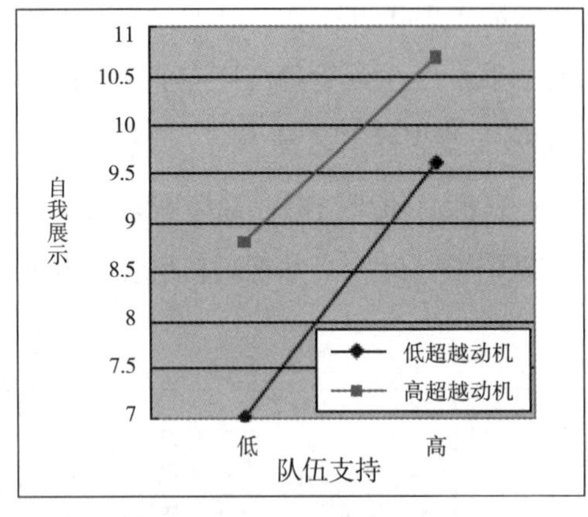

图 6-9 队伍支持、超越动机在自我展示上的交互效应

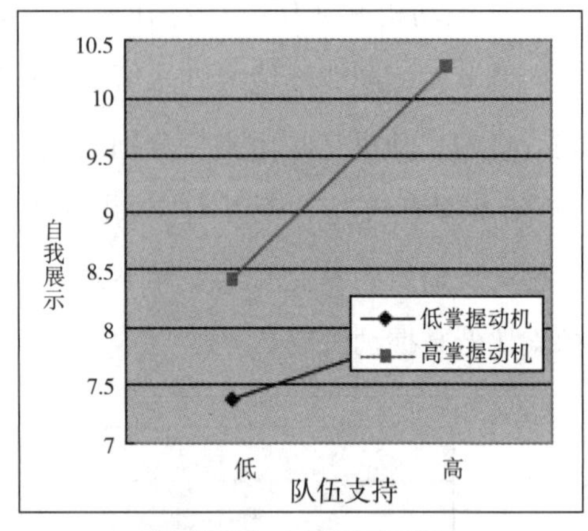

图 6-10 队伍支持、掌握动机在自我展示上的交互效应

6.2.6 讨 论

1）成就动机

选择成就动机作为教练自我职业生涯管理的重要个体心理变量，是因为从研究部分一归纳出来高成就动机是教练显著个性行为特点之一。由国内学者修订的成就动机问卷有较好的信度和效度，可以作为进一步研究的工具。具体地说，成就动机因素分析结果表明：该问卷有两个因素，一个因素表示超越动机，另一个因素表示掌握动机，它们各自的同质信度都较高。

2）教练职业环境对教练自我职业生涯管理的影响

由上结果分析可知，教练职业环境对教练自我职业生涯管理有显著的影响，其预测力（预测系统 0.77）较大。表明作为教练自我职业生涯管理实施的职业环境，其好坏程度对教练自我职业生涯管理有很大的影响，说明教练职业环境的核心关键作用，证实了假设 6B。从另一个角度也反映了在中国社会文化和举国体制背景之下，教练自我职业生涯发展深受教练所在职业环境的制约。所以杨鑫辉、杨中芳、杨国枢（1993）通过本土化研究，总结出：中国人受传统文化影响，处在“社会优先”的“社会 / 文化”环境下，其成员的自我得不到全面的发挥，即相对于西方人，中国人更多地偏向社会取向。在此框架下，理解教练自我职业生涯管理的环境非常重要，在此基础上确立以教练个体心理为研究焦点的前因变量、环境变量与教练自我职业生涯管理的关系，才算比较准确、完整地理解中国社会文化背景下本土教练自我职业生涯管理。可以认为，本土教练在这种以集体方式发展竞技体育的背景下，必须依赖所在的职业环境。教练职业环境是比组织职业生涯管理包容性更广的概念，它不仅仅包括组织支持（这里面的队伍支持），还包括项目领导技能、组织政治等带来的项目管理环境等，从某种程度上也证实了前人的相关研究结论：如领导技能、组织政治、组织支持等组织变量（金沫，2014；张丹，2006）对教练自我职业生涯管理有积极影响。理解教练职业环境所包含的结构内容，可知从西方组织心理学角度理解，对中国本土教练这个群体，教练自我职业生涯管理既受组织职业生涯管理的影响，也受组织性质、规模、领导支持度等的影响。本研究从教练角度出发，利用本土扎根理论分析出教练职业环境是对这些内容的综合，即组织职业生涯管理、组织性质、规模、组织政治、领导技能等，这些变量与队伍支持环境、运动员职业环境和项目管理环境密切相关，与教练组织职业环境非常契合。

3）个人因素对教练自我职业生涯管理的影响

由以上结果分析可知，针对人口学变量：教练职称中的高级教练相对于中级教练有显著的差异，当教练评上高级教练后，自我职业生涯管理的意识就相对淡薄；但是对于国家级教练，能评上国家级教练说明在能力和职业竞争力方面非常突出，这个职称层次的教练对自己的职称达到最高级仍然不自满。他们培养的运动员经常参加国际大赛，所以他们的视野是面对国际竞争，只有仍然保持中级教练那样自我职业生涯管理的激情，不断提高竞争力，才能使自己立于不败之地。对于成就动机较高的教练，即使已经获得高级职称，但对于高成就动机仍然很强，本研究从另一个角度证实这一点，国家级教练对职业自我完善的要求一直都较高。表 4-1 可充分说明，在教练这些特征中，高成就感被最多教练最多次提到，说明它是高水平教练最明显的心理特征：

做一个好的教练，这是我内心的想法，做一个能培养出世界最顶尖优秀运动员的教练。（广东省武术队某教练）

总体上看，人口学变量对自我职业生涯管理的各维度解释力都较低，不超过5%，说明人口学变量对教练自我职业生涯管理的影响不大。

在模型2中，控制人口学变量后，以教练自我职业生涯管理各维度为因变量，针对个体心理变量：教练成就动机的主效应作用明显，即超越动机和掌握动机对教练自我职业生涯管理有显著的积极影响。而在模型3中，控制人口学变量，并加入成就动机和教练职业环境的交互效应后，以教练自我职业生涯管理各维度为因变量，原来成就动机的主效应作用明显在关注信息、专业探索维度上变得不明显，只对教练自我职业生涯管理中的自我展示有显著的积极影响，这并不说明成就动机对关注信息和专业探索没有主效应了，而是被交互效应掩盖了。这个结论比较符合现实，尤其是超越动机强的人，希望自己职业表现更出色。而要使自己职业表现更出色，就必须选择采取适当的措施，向领导汇报自己的想法获得关注，这是非常重要的自我展示方式，可以说这种教练的心理特点能使教练在领导面前有较好的表现和印象。正如某位教练认为：

领导靠我们拿成绩，我们靠领导拿资源，等于是这样一个关系逻辑，这样去理解它，我觉得就应经常向领导汇报一下，不管是培养运动员，还是带队想法……什么事就会好办一点了，是吧？（国家蹦床队某教练）

对成就动机强的教练来说，只要能有助于个体达到目标，都可以去做。因此，成就动机对自我展示的预测充分表现为成就动机强的人非常希望展示自我的特点，与成就动机的定义相符。

4）成就动机调节教练职业环境对教练自我职业生涯管理的影响

就教练职业环境与成就动机的交互效应而言，由以上结果可知教练职业环境与成就动机存在着显著的、方向不同的交互效应，且对教练自我职业生涯管理的解释力较高（相对于人口学变量和个人心理变量），假设6E得到部分验证。具体来说，在教练自我职业生涯管理各维度上，超越动机和队伍支持环境存在显著的正交互效应，超越动机正向调节队伍支持环境对教练自我职业生涯管理各维度的影响。这说明超越动机强的教练在队伍以教练为中心的支持环境比较好时，其自我职业生涯管理得到加强。在教练自我职业生涯管理各维度上，掌握动机和队伍支持环境存在显著的交互效应，其中在关注信息和专业探索上，掌握动机和队伍支持环境存在显著的正交互效应，即掌握动机正向调节队伍支持环境对教练自我职业生涯管理维度关注信息和专业探索的影响，说明掌握动机越强，在较好的队伍支持环境下，教练员更加注重关注信息和专业探索。而在自我展示上，掌握动机和队伍支持环境存在显著的负交互效应，即掌握动机负向调节队伍支持环境对教练自我职业生涯管理维度自我展示的影响。这说明掌握动机强的教练挑战任务难度，掌握动机强在以教练为中心的支持比较好时倾向于加强教练学习和专业探索，注重内在探索，而对外在的自我展示、对获得领导的好感并不太注重，研究结论与现实相符。从教练职业环境与成就的交互效应也可见，队伍支持环境的重要性，成就动机强的教练必须给予较好的队伍支持环境才能有最大的积极性加强促进自我职业生涯发展的管理。总之，在教练自我职业生涯管理的各维度上，教练职业环境中只有队伍支持环境与成就动机存在显著的交互效应。因为队伍支持环境是对教练个体最直接的支持环境。具体来说，教练在必要时得到支持，其掌握动机能在自我职业生涯管理能很好地体现出来。

6.3 结　论

（1）修订的教练自我职业生涯管理是一个三维结构，由关注信息、专业探索、自我展示构成。修订的教练自我职业生涯管理问卷信度和效度良好，符合心理测量学的技术要求，可作为进一步研究的工具。

（2）人口学变量中教练职称对教练自我职业生涯管理的各维度有显著的积极影响；个体心理变量中成就动机对教练自我职业生涯管理有显著的积极影响。

（3）教练职业环境对教练自我职业生涯管理有显著的积极影响。

（4）在教练自我职业生涯管理的各维度上，教练职业环境中队伍支持环境与成就动机存在显著的交互效应，即超越动机正向调节队伍支持环境对教练自我职业生涯管理各维度的影响。掌握动机正向调节队伍支持环境对教练自我职业生涯管理维度关注信息和专业探索的影响，负向调节队伍支持环境对教练自我职业生涯管理维度自我展示的影响。

7 研究部分四 教练自我职业生涯管理和教练职业环境与效果变量研究

前面研究探讨了教练自我职业生涯管理的前因变量，本研究主要关注教练职业环境和教练自我职业生涯管理和效果变量的关系。在此基础上，进一步探讨教练自我职业生涯管理和效果变量之间的中介效应。考虑到正式问卷调查回收的有效问卷数量有限，而教练职业环境、教练自我职业生涯管理与效果性变量问卷项目数较多，以及验证性因素分析的项目数与被试数之比的条件（至少为1：10），因此，本研究继续采用研究部分三对变量测量题项的简化项目数量的策略（Bagozzi & Edwards，1998; Hall，Snell，& Foust，1999），即通过验证性因素分析，确立教练职业环境或教练自我职业生涯管理的二阶模型。因为研究部分三已经通过验证性因素分析，确立了教练职业环境和教练自我职业生涯管理的二阶模型，证实它们分别是一个二阶潜变量，可以将它们的分测验总分作为对二阶潜变量的估计值，即可以通过各分测验总分来估计教练职业环境和教练自我职业生涯管理。故可以通过组合效果变量的项目来简化，以验证假设。

7.1 自我职业生涯管理的效果变量研究

7.1.1 研究目的

与自我职业生涯管理效果相关的变量主要有职业承诺、职业满意度、工作绩效、职业竞争力等。在这些效果变量中，职业竞争力（或职业生涯成功）受到越来越多研究的关注。因为组织行为学从注重自我职业生涯管理对组织的积极影响转向同时注重对组织和个人的生涯成功的积极影响，这是社会发展的必然趋势。可以说，现代社会进入知识经济时代，使人们越来越注意职业生涯的成功，它不仅意味着实现了自身的价值，还意味着得到了别人的认可，更意味着自己薪酬的提高，尊严、社会地位和物质的满足等。考虑研究部分一对教练群体特性的研究和未来变化趋势，本研究探讨教练自我职业生涯管理与效果变量的关系。针对效果变量，本研究采用问卷法来测量。从理论上讲，最好运用在中国修订后的正式问卷作为本研究的相关变量测量工具，但考虑到目前国内相关研究进展和修订的工作量，本章所涉及的效果变量主要是翻译借用国外的问卷，其信效度如何，需要进一步检验。故本研究对这些效果性变量如工作绩效、职业满意度、职业竞争力等进行信度和效度检验，以保证推论的可靠性。

7.1.2 文献综述

对自我职业生涯管理的效果研究虽然存在着不同的结论，但也有些学者的观点比较一致。主要有几个方面的效果：职业成功或职业控制感、职业生涯有效性、承诺等，其测量方法一般都采用问卷法。

1）职业成功及其测量

职业成功被广泛认可的定义：一个人在职业发展过程中所累积的积极的心理上的或是与工作相关的成果或成就。这一定义涵盖了职业成功的主观和客观两个方面。2005 年 5 月美国《组织行为学》杂志集中发表了 5 位职业生涯理论研究专家的有关职业成功标准的论文，由此产生广泛的影响。职业成功主要表现在两个方面：主观成功和客观成功。主观成功指“自我认同、工作满意和精神满足”等；客观成功指由社会认可的“较高的薪金和职业”。这种仅从主观和客观两个角度评价职业成功的模式，容易误导人们过于追求客观的成功，而忽视主观的意愿、兴趣和社会使命。高客观、低主观的成功意味着个体在职业发展过程中忽视了人的差异化，外在的成功则是以否定人的自由、自觉的生命本质为代价。本研究侧重于主观性职业生涯成功或职业控制感，因为毕竟相较于教练群体，客观性职业生涯成功很难从数据上进行标准化的衡量。并且 Eby 强调，人对职业生涯成就如何感受比客观的生涯成功更重要，应用所感知的在组织内外部的竞争力代替单纯的客观生涯成功指标。Super（1994）认为自我职业生涯管理的效果应该与员工知觉到的控制感和积极的职业结果（Career Outcome）有关，并提到职业生涯成功能使个体产生对现在与未来的控制感，进而产生职业满意感（Career Satisfaction）。组织心理学家（Terry & Jimmieson，1999）在他们的综述研究中提到职业管理与职业的控制感（Controlibility）及员工的生理、心理健康有关。成功地进行职业管理，会减少工作与非工作角色的冲突，有利于建立对生活领域的控制感和提高心理健康水平。Eby 等人（Eby，Butts，& Lockwood，2003；Nikandrou & Galanaki，2016）提出自我职业生涯管理的效果——职业生涯成功（Career Success），根据职业生涯定义的两方面，衡量职业生涯成功也包括两个方面：主观上对职业生涯发展的满意度，客观上在职场上的竞争力，包括组织内竞争力和组织外竞争力（Arthur，Khapova，& Wilderrom，2005；Eby，Butts，& Lockwood，2003; Seibert，kraimer，& Linden，2001），并编制了职业竞争力问卷，目前国内对职业生涯成功的研究几乎都应用这个量表进行测量，尝试从主观角度来测量。其中“组织内竞争力”指的是员工知觉到的在其现工作的单位内部劳动力市场的竞争能力的大小；“组织外竞争力”指的是员工知觉到的在其现工作的单位外部劳动力市场的竞争能力的大小。这一效果变量的提出引起国内学者的兴趣，如龙立荣和毛忞歆（2007）探讨了自我职业生涯管理对职业生涯成功的影响，研究发现自我职业生涯管理和职业承诺均对职业满意度和职业竞争力有预测作用。目前，对职业生涯管理的研究中涉及效果变量职业生涯成功的越来越多（周文霞，2006；严圣阳，王忠军 等，2008；王立军，龙立荣，2008; 王牟，2009）。综合这些职业成功效果变量的研究可见：其一，组织心理学从注重自我职业生涯管理对组织的积极影响转向同时注重对组织和个人的积极影响，职业竞争力既是关系个人生存和组织竞争力的变量，也是必然趋势。其二，单一的职业成功评价标准向综合性的职业成功评价标准转变。可以说，现代社会进入知识经济时代，使人们越来越注意职业生涯的成功，它不仅意味着实现了自身的价值，还意味着得到了别人的认可等。职业生涯成功对个体来说，意味着知觉到的心理上成功，即职业满意。针对满意度效果变量，如 Super（1994）认为职业成功表明绩效、满意度等方面的提高。Terry 和 Jimmieson（1999）在他们的综述研究中提到职业管理与职业的控制感，自我职业生涯管理导致期望的职业结果，进而导致职业满意感（Profcssional Satisfaction）和一般生活满意感（Life Satisfaction）。

龙立荣（2003）研究发现自我职业生涯管理对职业满意度有影响。Greemjais（1990）编制的五项目职业满意度量表是目前使用最广泛的测量主观职业生涯成功的量表。所以，Eby 等（Eby，Butt，& Lockwood，2003）提出了衡量生涯成功的三个标准：个人职业满意、所感知的在组织内部的竞争力、所感知的在组织外部的竞争力。有些学者认为职业生涯成功标准不止包括这三个方面，如 Nicholson（2005）提出的职业生涯成功标准包括六个方面：对成就的自豪感、内心的工作满意感、自我价值感、对工作和组织的责任感、良好的关系、道德满意度。但是，此标准缺乏有效的测量工具，其有效性还有待证实。

2）职业生涯有效性及其测量

针对职业生涯有效性效果变量，Hall 和 Foster（1977）在研究自我职业生涯管理效果变量时提出职业生涯有效性可以分解为四个指标：主观绩效、职业态度（包括个人知觉和评价职业的方式，如满意度和工作卷入）（Loureiro，2013）、职业认同（能意识到自己的倾向、兴趣和能力）、适应性（适应职业变化）。以 Hall 等学者的职业生涯有效性指标为因变量，Gould（1979）发现职业目标、职业策略与职业生涯有效性有关。Pazy（1988）也使用了 Hall 等学者的职业生涯有效性指标，来研究职业生涯规划的效果，结果发现：确定目标和实施计划对绩效有影响；职业生涯规划、主动性对职业态度有积极影响；主动性对职业适应性有影响。可见，职业生涯有效性可用几个方面的指标来衡量，如绩效、职业晋升等。Tharenou（1997）通过实证研究发现自我职业生涯管理可以作为工资增加和晋升的预测源，实施自我职业生涯管理的员工表现出更好的工作效果，如比其他员工更快地得到职位提升和工资增长等。Noe（1996）在研究自我职业生涯管理状况对管理效果的影响时发现：职业探索、目标设置和职业策略与职业发展行为或绩效无关，职业探索对是否愿意参加职业发展活动有关，有学者（龙立荣，2002）解释职业发展时目标定向不同，参加职业发展的员工，绩效高的注重胜任能力提高，而绩效差的注重避免负面绩效评价。其中，绩效评价是职业生涯有效性的较有力指标。绩效评价在不同行业有其不同的侧重点，市场化企业与行政事业服务部门就有很大差异，几乎每一行都有自己的绩效评价体系，甚至同一企业的不同职能部门或岗位其绩效评价体系都不一样。作为高校教师，在高校绩效评价中，教学科研岗的绩效评价与行政管理岗的绩效评估有较大的差异，很难在统一性和准确性上达到完美的结合（丁振华，吴应宇，2014）。

3）职业承诺或组织承诺及其测量

针对承诺效果变量，包括组织承诺和职业承诺。Sturges 等人（Sturges，Guest，& Mackenzie，2000）的研究认为自我职业生涯管理对组织承诺有负向影响作用，员工的职业探索水平越高，员工的组织承诺越低。这和组织实施的职业生涯管理有利于组织承诺的结果正相反。Blau（1999）认为，组织的动荡和变革将会使个人对职业的承诺相应地加强，以保持自己的竞争力。龙立荣（2003）研究发现自我职业生涯管理对组织承诺有影响。石勇（2013）曾对高校体育老师组织承诺的量表进行修订，采用国际上广泛使用的 Meyer 和 Allen 的三维组织承诺理论框架：感情承诺、连续承诺、规范承诺。方丹逸（2012）通过开放式访谈，编制公务员职业承诺五维度：情感承诺、机会代价承诺、社会认同承诺、规范忠诚承诺和经济晋升承诺。刘鲁蓉等人（2009）曾对中医医生职业承诺进行研究，发现其四维结构：情感认同承诺、限制选择承诺、专业效能承诺和职业风险承诺。针对自我职业生涯管理的效果，组织心理学家 Schein（2006）认为，如果职业有高稳定性，员工就会对职业有高度的认同感和归属感。教练属于高稳定性职业，应该对职业有比较高的认同感和归属感。同时，教练专业性强，倾向于职业承诺，这从研究部分一的原始资料里可以得到印证：

我们教练都这样，培养一个优秀运动员需要花几年，甚至十年时间，就想看到自己的队员站在领奖台上，那时，自己的心里就是农民收获庄稼一样，很满足。（国家蹦床队某教练）

可见，对于所有教练来说，职业承诺和组织承诺等都比较高，对教练自我职业生涯管理的变化没有敏感性。故这里不考虑将职业承诺和组织承诺变量作为教练自我职业生涯管理的效果变量。

总之，自我职业生涯管理的重要性，对个体来说，关系个人的生存质量和发展机会；对组织来说，保持员工的竞争力，意味着增加组织在变化莫测的情景中生存和发展的空间。总结这些效果变量，其实都可以从职业生涯成功的角度来理解，即职业生涯成功的不同标准：对个人来说，做到心理上成功，即职业满意；对组织来说，个人做到在组织内部有职业竞争力，对雇主有价值；对社会来说，个人应做到在组织外部有职业竞争力，对外部劳动力市场其他雇主有价值。因此，在这些效果变量中，职业竞争力（或职业生涯成功）受到越来越多研究的关注。可以说，现代社会进入知识经济时代，使人们越来越注意职业生涯的成功，它不仅意味着实现了自身的价值，还意味着得到了别人的认可，更意味着自己的薪酬提高，尊严、社会地位和物质的满足等。

7.1.3 研究假设

结合研究部分一对教练职业发展的质性研究结论，从自我职业生涯管理效果的综述可知，职业生涯成功是现在自我职业生涯管理领域研究的主要效果变量，职业生涯成功有几个方面的标准：对个人来说，做到心理上成功，即职业满意；对家庭来说，个人做到工作——家庭平衡，对生活满意；对组织来说，个人做到有内部市场竞争力，对组织管理者有价值；对社会来说，个人应做到有外部市场竞争力，对外部劳动力市场其他组织管理者有价值。同样，对于本土教练而言，他们是对中国竞技体育和单位组织负有一定社会责任（为国争光、为地方争光）的特殊职业群体，得到管理者（或领导）的赏识和重用（组织内竞争力）是教练职业发展的重要目标；在单位组织外，获得教练同行们对其职业能力较高的评价（组织外竞争力）也是教练职业发展的重要目标。根据职业生涯成功的含义，结合教练职业的实际情况，职业竞争力可能为教练职业生涯管理的效果变量，包括对组织有意义的组织内竞争力和对社会有意义的组织外竞争力。另外，参照大多数自我职业生涯管理文献中的效果变量，进入 20 世纪 80 年代后，随着人们的职业生涯发展与环境的变化，学术界越来强调职业生涯成功的主观标准，如职业满意度，所以本研究还以工作绩效、职业满意度为自我职业生涯管理效果的指标。因此提出假设 7A：教练自我职业生涯管理对工作绩效、职业满意度、职业竞争力效果变量均有显著的积极影响。

7.1.4 研究方法

1）研究被试

本研究在上海、湖北、山东、江苏、广东、河北发放了380份问卷，回收328份，有效问卷312份，有效率为94.5%。被试的平均年龄为37.12（标准差为8.473）岁；其中男性教练229人，女性教练82人，另有1人没有性别信息；中级教练195人，高级教练92人，国家级教练25人。

2）测量工具

参考文献综述中提到的效果变量，结合研究部分一的编码，考虑教练群体是一个对社会和组织负有一定职责的群体，应该关注个人和组织意义上的职业生涯成功，即职业竞争力；另外，职业满意度这一个人意义上的职业生涯成功也与教练密切相关；职业生涯有效性选取工作绩效这一普遍性变量作为教练自我职业生涯管理的效果变量。考虑到教练职业几乎是终身制，教练的承诺水平都很高，没有区分度，故本研究中，需要选取的效果变量有职业竞争力、职业满意度、工作绩效，并进行问卷的检验。对于这些变量的测量，如对工作绩效的评估，用教练的管理者或者领导、同事的评价指标比较好，但对教练群体操作难度非常大；对职业竞争力的测量用教练物质成功（财富、收入能力等）、社会地位、声誉与影响力等相对客观性指标来测量比较好，但这样工作量会很大，操作起来相当困难，而且人为因素会大大影响收集到的数据质量。故研究部分一律采用问卷法，由教练进行主观评价。这里的所有问卷都采用4级Likert式，从1表示极不符合到4表示完全符合。

职业竞争力评估采用国际国内普遍采用的Eby（2003）开发的职业竞争力问卷（包括组织内和组织外竞争力），该问卷共有6个项目，3个项目测量组织内竞争力，3个项目测量组织外竞争力。国内学者（如严圣阳，王忠军，杜坤，邱红林，2008; 王牟，2009）曾对职业满意度和职业竞争力整合在一起的职业生涯成功问卷进行过质量检验，发现它具有较好的信度和效度。问卷原为5级Likert式，从1表示极不符合到5表示完全符合，分值越大，表示对职业成功越赞成。

职业满意度采用国际国内普遍采用的Greenhaus（1990）开发的职业满意度

量表，由 5 个项目组成。5 个项目分别反映对职业晋升、职业待遇、职业发展、职业进步等方面的满意度。

绩效评估采用国外 Gould（1979）和 Pazy（1988）曾使用过的自评绩效量表，由 4 个项目构成。4 个项目分别对应评价员工在组织评价中、上司评价中、与他人比较中的地位及所获得的成就水平。

3）统计方法

本研究统计方法采用描述性统计分析、探索性因素分析和验证性因素分析，统计软件为 SPSS 11.5、LISREL 8.51。

7.1.5 结果与分析

1）职业竞争力问卷质量分析

同样对数据进行奇偶分半，一半用于探索性因素分析，一半用于验证性因素分析。先对数据进行探索性因素分析，绩效自评问卷的 KMO 值为 0.749，Bartlett 球形检验的 X^2 值为 201.982 达到显著水平（0.000），这说明所调查的数据适合进行因素分析。用主成分法抽取因子，取特征根≥ 1 作为抽取因子的标准，进行 Varimax 正交旋转，保留因子负荷＞ 0.40 的项目。结果表明：职业竞争力的问卷是个双因素的结构，抽取了两个因素，见表 7-1 。

表 7-1 职业竞争力问卷探索性因素分析结果（N = 156）

	F1	F2
E1	0.874	
E3	0.802	
E5	0.795	
E7		0.896
E9		0.878
E11		0 .430
解释的变异量（共计 63.34%）	39.49%	23.85%
Cronbach's α	0.756	0.758

采用 LISREL 8.51 对正式施测的数据进行验证性因素分析，除了考察二因素

模型之外还对可能的模型进行验证，如可能将所有的项目归属于一个维度，从而使得问卷是一个单维问卷，将两个模型的拟合指数进行比较，验证性因素分析结果见表 7-2。

表 7-2 职业竞争力的验证性因素分析结果（$N = 156$）

X^2	*df*	X^2/df	SRMR	GFI	IFI	CFI	NFI	
虚模型	740.48	15						
单因素模型	308.50	9	34.28	0.359	0.72	0.66	0.66	0.65
双因素模型	28.67	8	3.584	0.058	0.96	0.97	0.97	0.96

从表 7.2 可以发现，双因素模型对数据拟合最佳，因而验证了职业竞争力问卷的双因素结构，表明测量具有较高的结构效度。

2）职业满意度问卷质量分析

将数据按奇偶分半，先对奇半职业满意度问卷的数据进行探索性因素分析。职业满意度问卷的 KMO 值为 0.759，Bartlett 球形检验的 X^2 值为 295.457 达到显著水平（0.000）。这说明所调查的数据适合进行因素分析。用主成分法抽取因子，取特征根值≥ 1 作为抽取因子的标准，进行 Varimax 正交旋转，保留因子负荷＞ 0.40 的项目。结果表明职业满意度是个单因素结构，只抽取了一个因素，结果见表 7-3。

表 7-3 职业满意度问卷探索性因素分析结果（$N = 156$）

	F1
E4	0.769
E8	0.724
E2	0.721
E10	0.698
E6	0.639
解释的变异量	50.637%
Cronbach's α	0.668

采用 LISREL 8.51 对正式施测的偶数半数据进行验证性因素分析，验证性因素分析结果见表 7-4。

表 7-4　职业满意度问卷验证性因素分析结果（$N=156$）

X^2	df	X^2/df	SRMR	GFI	IFI	CFI	NFI	
虚模型	463.47	10						
单因素模型	33.66	5	6.732	0.074	0.92	0.91	0.91	0.90

从表 7-4 可以看出，SRMR、GFI、NFI、CFI、IFI 接各指标均接近临界值，拟合指数较为理想，表明本问卷具有较好的结构效度。本研究因样本量与项目数差距较大，卡方与自由度的比值可以不作为参考指标。

3）绩效自评问卷质量分析

同样方法对数据同样进行奇偶分半，一半用于探索性因素分析，一半用于验证性因素分析。先对数据进行探索性因素分析，绩效自评问卷的 KMO 值为 0.803，Bartlett 球形检验的 X^2 值为 453.739 达到显著水平（0.000）。这说明所调查的数据适合进行因素分析。用主成分法抽取因子，取特征根值≥ 1 作为抽取因子的标准，进行 Varimax 正交旋转，保留因子负荷＞ 0.40 的项目。结果表明：绩效自评是个单因素的结构，只抽取了一个因素，与理论相符。其结果见表 7-5。

表 7-5　绩效自评问卷的探索性因素分析结果（$N=156$）

	F1
E12	0.846
E13	0.829
E14	0.822
E15	0.790
解释的变异量	67.58%
Cronbach's α	0.830

采用 LISREL 8.51 对正式施测的数据进行验证性因素分析，验证性因素分析结果见表 7-6。

表 7-6　绩效自评问卷的验证性因素分析结果（$N=156$）

	X^2	df	X^2/df	SRMR	GFI	IFI	CFI	NFI
虚模型	642.45	6						
单因素模型	17.23	2	8.615	0.029	0.97	0.98	0.98	0.97

从表 7.6 可以看出，SRMR、GFI、NFI、CFI、IFI 接各指标均接近临界值，拟合指数较为理想，表明本问卷具有较好的结构效度，因卡方与自由度的比值在样本量与项目数差距较大，可以不作为参考指标。

4）职业满意度、绩效自评及职业竞争力的题总相关及信度分析

综合以上数据分析，对职业竞争力、职业满意度、绩效自评问卷的项目与分测验总分求相关（题总相关），另外也呈现了交叉相关的结果，由此判断这些项目的区分能力（表 7-7）。结果发现，各问卷的项目与所属分测验总分有最高的显著相关，但这些项目大部分也与其他部分测验总分有显著的相关，只是相关系数没有所属的测验高。

表 7-7 职业满意度、绩效自评及职业竞争力的题总相关及信度（$N=312$）

	绩效自评	职业满意	竞争力	Cronbach a
竞争力项目 1	0.517**	0.497**	0.634**	0.719
竞争力项目 2	0.547**	0.522**	0.626**	
竞争力项目 3	0.449**	0.542**	0.677**	
竞争力项目 4	0.364**	0.376**	0.702**	
竞争力项目 5	0.387**	0.340**	0.707**	
竞争力项目 6	0.567**	0.358**	0.753**	
满意度项目 1	0.429**	0.681**	0.425**	0.767
满意度项目 2	0.443**	0.689**	0.458**	
满意度项目 3	0.281**	0.628**	0.378**	
满意度项目 4	0.384**	0.716**	0.399**	
满意度项目 5	0.507**	0.609**	0.477**	
绩效项目 1	0.796**	0.451**	0.576**	0.829
绩效项目 2	0.817**	0.522**	0.556**	
绩效项目 3	0.798**	0.435**	0.493**	
绩效项目 4	0.849**	0.546**	0.588**	

从表 7-8 的结果看，职业竞争力、工作绩效、职业满意度之间有显著的正相关关系，且相关度较高，初步说明这些问卷有一定的同时效度。

表 7-8　效果变量的描述统计结果（$N=312$）

问卷名称	项目数	M	SD	绩效自评	职业满意度	职业竞争力
绩效自评	4	11.255	2.096	1.000		
职业满意度	5	13.729	2.239	0.602**	1.000	
职业竞争力	6	16.064	2.981	0.681**	0.635**	1.000

5）教练自我职业管理与效果变量关系分析

根据研究部分一的相关结论，且教练自我职业生涯管理与效果性变量相关显著，运用正式施测的数据计算教练自我职业生涯管理与效果性变量相关（表7-9）。

表 7-9　修订的教练自我职业生涯管理与效果变量相关结果（$N=279$）

	工作绩效	满意度	竞争力
关注信息	0.446**	0.373**	0.451**
专业探索	0.318**	0.225**	0.310**
自我展示	0.171**	0.263**	0.232**

由表 7-9 中结果可知：教练自我职业生涯管理各维度大都与效果变量有显著的相关性，说明教练自我职业生涯管理可能对职业满意度、工作绩效、职业竞争力（组织内竞争力和组织外竞争力）有显著的积极影响。基于此，可以通过验证性因素分析对其变量关系进行验证。

验证性因素分析比较不同模型的拟合情况：先加入所有可能的被影响因素，然后逐步减少，以比较模型的优劣。在验证性因素分析时，同样运用教练自我职业生涯管理的二阶模型，可以将它们的分测验总分作为对二阶潜变量的估计值，并且可以和效果性变量的问卷项目进行一定的组合，以减少总体项目数量，使本研究的数据能满足验证性因素分析的条件，提高统计的可靠性（Bagozzi & Edwards，1998; Hall ，Snell，& Foust，1999）。

效果变量包括对职业满意度、工作绩效、组织内竞争力和组织外竞争力四个效果变量的称为模型 1；效果变量包括职业满意度、组织内竞争力和组织外竞争力三个效果变量的称为模型 2；效果变量包括职业满意度、工作绩效、组织内竞争力三个效果变量的称为模型 3；效果变量包括对工作绩效、组织内竞争力和组织外竞争力三个效果变量的称为模型 4；效果变量包括对组织内竞争力和组织外竞争力两个效果变量的称为模型 5。

教练自我职业生涯管理与效果变量的关系见表 7-10。

表 7-10 教练自我职业生涯管理对效果变量影响模型拟合指数结果

	X^2	df	X^2/df	SRMR	GFI	IFI	CFI	NNFI
模型 1	801.84	131	6.121	0.081	0.78	0.81	0.81	0.78
模型 2	492.05	74	6.649	0.087	0.82	0.83	0.83	0.79
模型 3	857.44	87	9.856	0.12	0.73	0.72	0.72	0.67
模型 4	439.94	62	7.096	0.090	0.82	0.83	0.83	0.78
模型 5	94.17	25	3.767	0.082	0.94	0.94	0.94	0.91

由表 7-10 可知，模型 5 的整体拟合指数最佳。图 7-1 呈现了教练自我职业生涯管理对组织内竞争力和组织外竞争力影响的验证性因素分析负荷图，且图中的系数均达到显著性水平。因此，提出假设 7A：教练自我职业生涯管理对效果性变量组织内竞争力和组织外竞争力均有显著的积极影响得到验证。

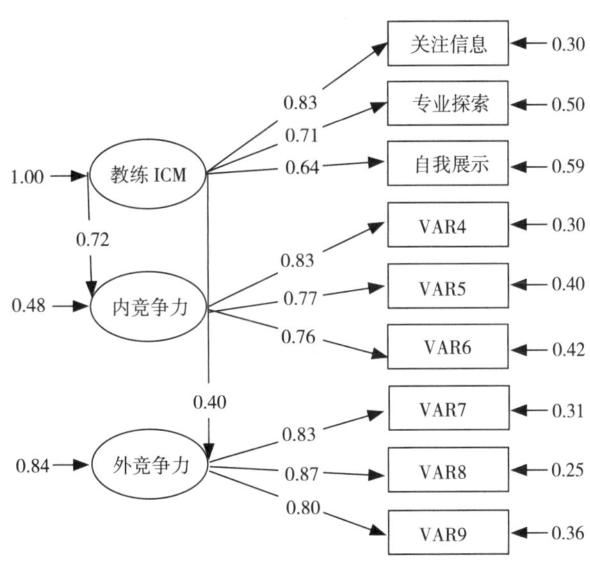

图 7-1 教练自我职业生涯管理对效果变量影响的验证性因素分析负荷图

7.1.6 讨 论

1）职业竞争力、职业满意度和绩效自评

针对本研究的效果变量，综合以往所有自我职业生涯管理的效果研究和研究部分一的相关结论，确定与教练自我职业生涯管理相关性强的效果变量。

对于这些变量的测量，如对工作绩效的评估，采用360度评估比较好，但对教练群体操作难度非常大；对职业竞争力的测量采用相对客观性指标工资、职称晋升等来测量比较好，但这样工作涉及被试隐私，难以采集到全年所有工资数据，操作起来也相当困难。所以，其测量方法采用普遍研究所采用的方法，即从主观上运用问卷法来测量。从理论上讲，最好运用在中国修订后的正式问卷作为本研究的相关变量问卷，但考虑到目前国内相关研究进展和修订的工作量，本研究所涉及的效果变量主要是翻译国外的问卷或按国外学者的研究思路编制，其效度如何，需要进一步检验。故本研究对这些效果性变量如工作绩效、职业满意度、职业竞争力等进行信度和效度检验，以保证问卷质量和推论的可靠性。

从整个效果变量测量工具的分析结果可知：这些问卷有较好的信度和效度，可以作为进一步研究的工具。具体地说，职业满意度因素分析结果表明：该问卷只有一个因素，而且同质信度较高；绩效自评因素分析结果表明：该问卷只有一个因素，而且同质信度较高；职业竞争力因素分析结果表明：该问卷有两个因素，一个因素表示组织内竞争力，另一个因素表示组织外竞争力，它们各自的同质信度都较高。而且，绩效自评、职业满意度和职业竞争力三者之间有较高的相关，说明问卷有较好的同时效度，这和前人对企业员工的研究（龙立荣，毛忞歆，2007; 王牟，2009）结论一致，而且企业员工与教练在三者之间对应的相关系数大小上相差无几，表现出较高相关性。虽然在有些情况下，文化差异会对问卷的信度和效度有较大的影响，如凌文栓（1991）的研究。但也并不是所有的问卷都有文化差异，或者说这种文化差异大到无法沟通的地步。本研究的结果说明，绩效自评、职业满意度和职业竞争力三个问题，无论在西方使用还是在中国使用，都有一定的适合性。绩效自评、职业满意度和职业竞争力的项目均与所述问卷总分有更高的相关性，说明其项目的区分度；而且从这些项目与非所述问卷的相关

来看，工作绩效、职业满意度和职业竞争力有较好的同时效度。总之，职业竞争力、工作绩效、职业满意度问卷都有较好的信度和效度，可以作为进一步研究的工具。

2）教练自我职业生涯管理与效果变量

本研究也运用验证性因素方法考察了自我职业生涯管理与多个效果变量的关系，从包括工作绩效、职业满意度、组织内竞争力和组织外竞争力四个因变量到逐步减少工作绩效、职业满意度和组织内（或外）竞争力三个变量后与包含这些变量模型的比较看，至少有职业满意度和工作绩效的模型与没有这些变量的模型的差异非常明显。包含了工作绩效、职业满意度的模型都不理想；而去掉它们后，模型的拟合指数有显著的改善。该结果与 Noe 等人的研究（Noe，1996；龙立荣，2002；2003）结果类似，即自我职业生涯管理对工作绩效的影响不显著。出现这种情况的可能原因如下：教练的工作绩效体现在培养运动员的表现上，然而培养一个精英运动员的周期很长，一般长达几年，甚至十年，因而导致教练的工作绩效在短时间之内相对稳定，然而一旦运动员成才，绩效又会迅速变化，可见工作绩效与教练自我职业生涯管理相关性不强，不宜作为教练自我职业生涯管理的效果变量。同样，对于职业满意度这一个人意义上的职业生涯成功变量，在集体发展方式的组织内，教练通过自我职业生涯管理很难比较明显地体现出对职业满意度的变化来。在与教练交流中，笔者感觉到教练对职业满意度的认识更应该解释为完成领导交代的任务和所赋予责任的程度，更有本土化意义，这可能是本研究将来发展本土化效果变量和测量工具的原因。因为教练普遍认为：

我们没有什么满不满意，这是我的职责所在，满不满意要看领导，领导满意，那么我们的责任也就完成了，领导不满意，我们就只有想办法……

所以，与某些国外相关研究结论比较，组织心理学家（Terry & Jimmieson，1999）认为自我职业生涯管理会导致个体期望的职业结果，而对于中国本土教练则不一定。从验证性因素分析结果可以看出，教练自我职业生涯管理对仅仅个人意义上的职业生涯成功变量职业满意度没有显著的积极影响；而对组织意义上和社会意义上的效果性变量组织内竞争力和组织外竞争力均有显著的积极影响，而且其预测系数较大（分别为 0.72 和 0.40），与国内学者（如游黎丽玲，1993）给出的自我职业生涯管理的定义相符，即本土教练自我职业生涯管理的主要效果是提高职业竞争力。这在某种程度上，与国内企业组织的相关研究（如周文霞，2006；严圣阳，王忠军 等，2008；王立军，龙立荣，2008；王牟，2009）结论一致。总之，自我职业生涯管理对效果变量的影响相对于教练职业环境可能更复杂。因为开展自我职业生涯管理的主体是教练个人，而个人的职业生涯管理可能受组织的支持，也可能完全是自发的行为。如果是由组织主动实施的，可能教练的表现和感受是积极的；如果是个人主动发起的，则个人的表现和感受可能比较复杂，既可能是积极的，也可能与教练所在的组织利益相违背。在这里，只有尽可能弄清影响教练自我职业生涯管理的因素，才能弄清教练自我职业生涯管理的影响力。

7.2　教练职业环境的效果变量研究

7.2.1　研究目的

教练职业环境是从社会学视角通过扎根理论归纳出来的，对教练职业生涯成长有核心作用的因素，即产生较多积极效果。本研究基于研究部分二对教练职业环境的测量工具开发，探讨教练职业环境与效果变量的关系。同样，运用教练职业环境的二阶模型，可以将它们的分测验总分作为对二阶潜变量的估计值，并且可以和效果性变量的问卷项目进行一定的组合，以减少总体项目数量，使本研究的数据能满足验证性因素分析的条件，提高统计的可靠性（Bagozzi & Edwards，1998; Hall，Snell，& Foust，1999）。

7.2.2　文献综述

考虑到教练职业环境未曾有前人研究，本研究参考同类变量组织职业生涯管理的研究成果。如龙立荣（2002）得出组织职业生涯管理对组织承诺、工作卷入度、职业满意度、工作绩效等产生积极影响。杨茜（2011）得出组织职业生涯管理对组织绩效和职业成功具有正向影响作用，具体地说对短期组织绩效、长期组织绩效、感知的内部竞争力、职业满意度都有一定程度的正向影响作用。组织职业生涯管理感知对工作绩效存在显著正向作用（钟鸣，2018），组织职业生涯管理对员工职业成长有积极影响（翁清雄，卞泽娟，2015）。

综合相关的研究，可以看出组织职业生涯管理与自我职业生涯管理的效果变量大致相同。研究部分一中质性研究结论：教练平台（即教练职业环境）是教练职业发展的内外环境交互点，凝结本土社会的竞技体育集体理想和教练个人抱负。教练个体作为运动队的主要责任人，在教练平台这一目标性很强的集体环境中，依靠教练平台获得资源和支持，完成集体要求的任务，同时实现个体职业发展。可见，教练职业环境作为集体环境变量直接影响集体效果和教练个体效果。

7.2.3 研究假设

根据研究部分一的结果：教练职业环境（教练平台）是影响教练职业发展的核心因素，其好坏体现其效果差异，即教练职业环境影响教练职业发展的效果，包括运动队集体和教练个人的效果，如对教练个人来说，做到心理上成功，即职业满意；对运动队集体来说，教练做到在运动队集体内部有竞争力，即对运动队集体有价值；对社会来说，教练应做到在运动队集体外部有竞争力。所以，本研究选取工作绩效、职业满意度和职业竞争力作为教练职业环境的效果变量，故提出假设 7B：教练职业环境对教练工作绩效、职业满意度、职业竞争力（包括组织内竞争力、组织外竞争力）均有显著的积极影响。

7.2.4 研究方法

1）研究被试

本研究在上海、湖北、山东、江苏、广东、河北发放了 380 份问卷，回收 328 份，有效问卷 312 份，有效率为 94.5%。被试的平均年龄为 37.12（标准差为 8.473）岁；其中男性教练 229 人，女性教练 82 人，另有 1 人没有性别信息；中级教练 195 人，高级教练 92 人，国家级教练 25 人。

2）测量工具

同 7.1.4 的 2）。

3）统计方法

统计方法采用描述性统计分析、探索性因素分析和验证性因素分析，验证性因素分析包括一阶因子分析和二阶因子分析；统计软件为 SPSS 11.5、LISREL 8.51。

7.2.5 结果与分析

研究部分一得出结论：教练职业环境被教练认为影响教练职业生涯成长的核心变量，这种集体发展方式的职业环境对教练的职业发展有关的效果变量可能有较大的影响，也正是因为如此，各竞技体育组织比较关注怎样更好地完善教练职业环境，聘请高水平教练，能使教练在良好的职业环境里为集体培养更多的精英运动员。根据研究部分一的结论和研究部分二对教练职业环境结构的探讨，且教练职业环境与效果变量相关显著（表 7-11），教练职业环境可能对职业满意度、工作绩效、职业竞争力（组织内竞争力和组织外竞争力）均有影响。

表 7-11　正式施测教练职业环境与效果性变量相关结果（N=312）

	工作绩效	满意度	竞争力
队伍支持	0.316**	0.373**	0.307**
项目管理	0.326**	0.338**	0.330**
运动员职业	0.283**	0.413**	0.322**

由表 7-11 中结果可知：教练自我职业生涯管理各维度都与效果性变量有显著的正相关，也进一步说明了教练职业环境问卷的有效性。

本研究在此比较不同的影响模型。先加入所有可能的被影响因素，然后逐步减少，以比较模型的优劣。效果变量包括对职业满意度、工作绩效、组织内竞争力和组织外竞争力四个效果变量的称为模型 1；效果变量包括职业满意度、组织内竞争力和组织外竞争力三个效果变量的称为模型 2；效果变量包括职业满意度、工作绩效、组织内竞争力三个效果变量的称为模型 3；效果变量包括对工作绩效、组织内竞争力和组织外竞争力三个效果变量的称为模型 4；效果变量包括对组织内竞争力和组织外竞争力两个效果变量的称为模型 5。教练职业环境与效果变量的关系见表 7-12。

表 7-12　教练职业环境对效果变量影响模型拟合指数结果

	X^2	df	X^2/df	SRMR	GFI	IFI	CFI	NNFI
模型 1	1050.21	131	8.017	0.10	0.73	0.79	0.79	0.75
模型 2	568.94	74	7.688	0.10	0.79	0.82	0.82	0.77
模型 3	1006.94	87	11.574	0.14	0.70	0.70	0.70	0.63
模型 4	490.55	62	7.912	0.11	0.80	0.82	0.82	0.77
模型 5	90.06	25	3.602	0.065	0.94	0.95	0.94	0.92

由表 7.12 可知，模型 5 的整体拟合指数量佳。图 7-2 呈现了教练职业环境对组织内竞争力和组织外竞争力影响的验证性因素分析负荷图。图中所标的各路径系数均达到显著性水平。因此，假设 7B 得到部分验证：教练职业环境对组织内竞争力和组织外竞争力均有显著的积极影响。

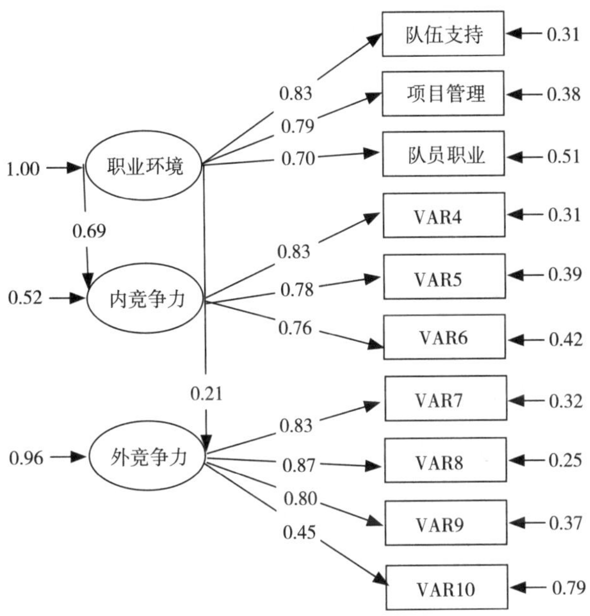

图 7-2 教练职业环境对组织内竞争力和组织外竞争力影响的验证性因素分析负荷图

7.2.6 讨 论

关于教练职业环境与效果性变量的关系，通过研究部分一的理论分析，认为教练职业环境作为一种集体发展方式的职业环境，这种环境的好坏应该体现为效果差异。本研究运用验证性因素方法考察教练职业环境与多个效果变量的关系，从包括工作绩效、职业满意度、组织内竞争力和组织外竞争力四个因变量到逐步减少工作绩效、职业满意度和组织内（或外）竞争力三个变量后，与包含这些变量的模型比较，至少有职业满意度和工作绩效的模型与没有这些变量的模型的差异非常明显，包含了工作绩效、职业满意度的模型都不理想，而去掉它们后，模型的拟合指数有显著改善。结果证实教练职业环境对组织内竞争力和组织外竞争力均有显著的积极影响，以数据驱动的方式部分验证了本研究的假设 7B。结果也显示，教练职业环境对绩效自评和职业满意度均没有显著的积极影响，这也证实教练职业环境是充分体现集体利益之所在，只对组织和社会意义上的职业生涯成功——组织内竞争力、组织外竞争力均有显著的积极影响，而对个体性的效果变量没有显著的积极影响。当然它还可能与其他集体性、组织的效果变量，如组织绩效、组织满意度，或集体效能等有较大的相关，这是本研究在效果变量方面的未尽之处，留待未来进一步研究。

教练职业环境的效果体现了组织为了迎接挑战，提高教练职业竞争力的要求。特别是当今竞技体育迅猛发展的势头使国内体育行政管理和运作上不得不作一些调整，各单位（省、市）以四年为一大周期，以全国运动会、亚运会、奥运会三大赛竞技表现为体育行政管理部门的重要考核内容。鉴于管理者（或领导）在单位体制内能全面影响教练职业环境，包括队伍支持环境、项目管理环境和运动员职业环境，体育行政管理部门在阶段性绩效考核不佳的情况下，对各运动队和项目管理中心的管理人员进行积极调整，甄选了解项目发展规律、有较强的领导素质的管理者来管理运动队，对各级项目发展进行统一规划，资源再分配。这种调整使运动队和地方单项的管理者改变了以往单位体制下人浮于事，在组织内搞特殊偏私关系，影响运动队和项目管理中心健康发展的状况；也使组织内雇用关系发生改变，从原来领导和教练的上下关系变成领导依靠教练、协助教练的关系。如果对运动队和项目管理中心的领导不做绩效考核，并相应调整，使我们集体发展竞技体育的环境难以形成以教练为主、以提高竞技表现为目标的积极氛围，一段时间后，官本位与以技术型员工为主体的导向发生冲突，在单位体制内，最终官本位一定会占据主导地位，在教练组织内形成本末倒置现象，就会表现出效果不好。这就是举国体制下各级竞技体育的管理体系，管理人员所直接管理的运动队和项目整体的竞技表现就是他（她）们的考核指标。体育行政管理人员只有积极整合资源，营造良好的队伍支持环境、项目管理环境和运动员职业环境以教练为主位，支持教练员在这种环境中培养更多有良好竞技表现的运动员，才有上升的可能。正是这种管理体系加上我们传统文化“面子”的凝聚功能，使举国体制最大程度发挥了它的优势，各级体育行政领导积极性非常高，想尽办法整合更多资源来为运动队教练所用，把中国竞技体育发展带到一个新的高度。事实证明，从悉尼奥运会到北京奥运会，我们不断加大投入，用很短的时间实现了体育大国的梦想，造就了北京奥运会的辉煌。

7.3 上下级关系对教练自我职业生涯管理与职业竞争力的中介效应研究

7.3.1 研究目的

在研究部分一中，原始资料的开放式编码中不止一次提到关系，充分说明竞技体育领域内讲求关系的特征。社会关系是介于国家—市场或者组织—市场之间的第三种资源配置方式，是“另一只看不见的手”，它在中国社会转型过程中依然发挥着非常重要的作用。人际关系网在中国的大量存在和制度化，使得社会个体在事件运行过程中，常常通过关系网而非组织本身，甚至地方政府与上一级政府的互动也是依靠关系而非组织规则来实现。中国社会的权力距离（Power Distance）很大，领导对下属在组织中的任务分派、薪酬、晋升等各方面起着决定性作用。尤其在教练所在的单位体制内，这种因素的作用更为突出。研究部分三中关于教练自我职业生涯管理中出现关注信息、自我展示这样的维度即证明了这一点。

关系的概念最早来源于费孝通（1948）的“差序格局”，基于这个概念，华人社会在关系网络中普遍适用“差序对待”。“差序对待”现象对组织行为的影响表现在多个方面（樊景立，1994；景立，郑伯埙，1999；郑伯埙，2006），甚至 Tsui 等人（Tsui，Farh，& Xin，2000）提出了一个华人组织中关系与效能的概念模式，认为不同关系类别、关系品质对组织中个体的职业生涯成功有显著影响。可见这种“注重关系—关系质量—差异性行为（效果）”的分析逻辑主导了近年来的关系研究。所以，本研究从关系视角出发，在明确自我职业生涯管理与职业竞争力的直接关系基础上，根据研究部分三可知教练自我职业生涯管理可能对关系有积极影响，拟探讨上下关系对教练自我职业生涯管理和职业竞争力关系中的中介作用。 这里同样运用教练自我职业生涯管理的二阶模型，可以将它们的分测验总分作为对二阶潜变量的估计值，并且可以和效果性变量的问卷项目进行一定的组合，以减少总体项目数量，使本研究的数据能满足验证性因素分析的条件，提高统计的可靠性（Bagozzi & Edwards，1998；Hall，Snell，& Foust，1999）。

7.3.2 文献综述

1）关系的内涵

“关系”是个典型的本土社会心理学概念，它在一定程度上决定了社会资源的配置，进而影响个体行为（Tsang，1998）。在关系取向的社会情境中，人与人之间互动关系的行为模式往往依据彼此的关系远近与亲疏（费孝通，1948）。近年来，围绕“关系”展开的研究文献频繁出现在国际主流学科的期刊中，如人类学、社会学、社会心理学、管理学等。但这些研究中研究得最多、最为透彻的主要还是新加坡、中国香港、中国台湾等以儒家文化为根基的国家和地区。有两种基本方法可以通向“关系”：其一是类别；其二是动力（Chen & Chen，2004）。类别方法主要指两人或多人之间的特殊连带关系（Tsui & Farh，1997），包括同属家族，或家庭成员，或者类家庭式关系三种，再具体点即学界通称的“九同”（ Farh et al.，1998），它们是建立或启动关系的基础。关系动力即关系质量（Wong，Tinsley，Law，& Mobley，2003）。依照郑伯埙（2006）的观点，组织的管理者通常会按照员工与自己关系的亲疏及其忠诚高低和才能大小，对他们进行归类，将其划分为自己人或外人，并给予差序对待。而且有关组织内部的关系研究大多着眼于主管—部属之间的垂直关系连带。

2）上下级关系与领导—部属交换关系

中国人的领导–员工关系已超出了西方单纯地依附于工作的领导—下属交往范畴与情感交流，而拓展到了工作之外更为密切的私人情谊中（Law et al.，2000）。它们关系模式不同，即关系基础和互动互惠规则不同（Fiske，1992；Chen et al.，2009）。对于这种关系，有两种重要的关系变量过去同样被重视：上下级关系与领导—部属交换关系（Leader-Member Exchange，LMX）。学界对之有过深入的研究。如领导—部属交换关系理论，它讲究平等公平匹配交换原则。对于上下级关系的测量研究，国外发展了 LMX 的四维（情感、忠诚、贡献、专业尊敬）结构说。这种上下级关系反映了在组织中领导与成员之间的互动，它往往以角色定位和心理契约为基础，在这种互动过程中进行涉及经济和社会性的交换（牟临杉，2005）。然而，中国传统社会中上下级关系（Supervisor-Subordinate Guanxi，SSG）和西方研究的领导—部属交换（LMX）还是有很大差别，表现为两个方面：其一，关系形态不同。西方领导理论“往往从上司与部属间地位平等的立场出发，再找出彼此间权利与义务的工作关系”，本质上是一种契约关系；而中国人一般“一开始就存在清楚的上下级关系（SSG）”，这种关系“与中国家庭中的权威—成员间的互动关系是十分类似的”，本质上属于一种身份关系。其二，互惠原则不同。LMX 在契约关系情境下，主张普遍主义原则，强调关系的理性因素，追求公平法则。而中国背景中关系的情感层面受到更多的重视，据黄光国（2004）研究，中国典型上下级关系（SSG）是介于情感性连带与工具性连带之间的熟人连带，其交换原则是人情法则。中国传统上下级关系（SSG）模式表现为“共享”（像一个家庭里的孩子与父母一样，下属被期望向领导显示毫无保留的忠诚和服从）。这种稳固的、强烈的义务性私忠的建立是基于彼此之间的特殊连带或情感连带。

因此，本质上的不同，其测量方法也有不同。对于传统上下级关系，Law 等人（2000）研究开发了单维上下级关系（SSG）质量的测量工具，共有 6 个题项，强调主管与下属之间工作以外情境的互动，但不能区别情感性和工具性关系，因为不能度量关系动力的复杂性。Bian （2006）基于前人研究进一步明确华人对上下级关系（SSG）的内涵：一种连带关系里潜在性且有助于交换的互惠的、特殊的、情感性纽带。在此基础上，Chen 等人（2009）研究开发了三维上下级关系（SSG）测量工具：情感依附（Affective Attachment）、个人生活相容（Personal-Life Inclusion）、对主管的顺从（Deference to Supervisor）。其中情感依附表示一种在任何情境下理解和愿意关照对方的情感联系；个人生活相容表示下属和领导彼此私人或家庭生活相容度；对主管的顺从表示下属对领导服从和贡献程度。对于领导—部属交换，较早期研究者假定它为单一维度，即认为领导—部属交换是一个从低质量（圈外交换：仅限于根据雇用合同所进行的交换）到高质量（圈内交换：超出正式说明书范畴以外的交换）的连续体，开发 5 题项量表（LMX-5）

和 7 题项量表（LMX-7）。Dienesch 和 Liden（1986）开发四维测量工具（LMX-MDM）：情感，指领导与部属双方建立起来的主要基于个人相互吸引而非工作或专业知识方面的彼此间的情感体验；忠诚，指领导与部属中的一方对另一方的目标和个人品质公开表示支持；贡献，指领导与部属关系中双方对彼此为共同目标所付出努力的数量、方向和质量这方面的知觉；专业尊敬，指领导与部分关系中双方对彼此在组织内或组织外所拥有的其所在工作领域中的声誉知觉的程度。看似 SSG 三维结构与 LMX 四维结构在具体维度上有较大的类似，但从指标的内涵本质来看，还是存在基于两者原则性差异的表现。

3）上下级关系的效果

在中国，非正式的人际关系往往比正式的从属关系更为重要，关系在华人的商业活动、企业管理及组织行为中扮演着不可言喻的重要角色（Jacobs，1980）。这与中国文化有着特殊的关系，恰恰与西方契约社会文化形成鲜明的对照，即两种文化发展出来的上下级关系不一样。表面上组织内的人际交往似乎是遵循正式身份与工作角色而来，然而实际上，与企业主管隐而不宣甚或幽闭未明的关系才是更重要的主导因素。任何组织成员都不能天真地以为合法的职权及组织内正式的身体，可以取代非正式的关系特征。因此，潜藏于华人企业主持人脑海中的关系格局是归类员工的重要判断之一。过去的研究者均已证实此项论点（如高承恕，陈介玄，1989；Walder，1983）。企业主管是个活生生的人，组织只是冷冰冰的象征。企业主持人与组织成员之间以人际连带为主的非正式组织要比正式的组织结构来得重要（彭怀真，1989）。华人组织内的忠诚格局反映的是一种私忠的本质，是上下级之间人性恩义的结合，上尊下卑，因此，组织成员对企业主持人毫不保留的奉献是主持人对组织成员的要求（Lawler，1985）。随着关系研究的不断深入，学者们发现关系质量会使个体遵循不同的行为准则，所以关系研究中出现了“关系质量（品质）”的概念。作为关系的效果变量，关系质量（品质）对组织行为的影响会在多个方面体现，包括情感依附、领导作风、组织结构、工作绩效等（Farh et al.，1998; 周丽芳，2006）；还有组织承诺、组织公正等（樊景立，1994; 樊景立，郑伯埙，1999; 郑伯埙，2006；Chen et al.，2009）。刘军等人（刘军，宋继文，吴隆增，2008）从政治与关系视角出发分析员工职业发展影响因素，结果发现 SSG 对员工职业发展影响很大。Tsui 等人（2000）提出了一个华人组织中关系与效能的概念模式，认为不同关系类别、关系品质对组织中个体的职业生涯成功有显著影响。在这个对偶关系中，主管基于“关系”区别对待他们的下属（Cheng et al.，2002），并提供更多的额外津贴和晋升机会给那些与他们私下关系好的下属；相应地下属们对他们的主管有更高的信任和更好的工作表现（Lin，2002）。

在追求自身利益的组织文化中，企业强调的是等级制度，领导者更多地以自身职权为导向。当组织目标和群体的利益不矛盾时，领导者和圈内成员之间的高质量交换关系可能会变成一个有利因素，有利于增强组织的稳定性，提高贯彻管理决策的效率。然而，当组织目标和群体利益发生矛盾时，领导者和圈内成员可能会利用这种交换关系，来保护他们自己的利益而不是组织的利益（Gouldner，1960）。在追求集体利益的组织文化中，领导者是以组织利益为导向，而以他为中心的高质量的交换圈子受到正确的引导，也会形成一个良好的工作态度，在自身利益与组织利益发生冲突的时候能够以组织利益为重。有关群体凝聚力的研究也显示，当一个群体拥有高质量的 LMX 交换关系时，这个群体倾向于共同协作来实现群体目标（Schriesheim et al.，1999）。正如前文所述，虽然都存在私人情谊，但在领导相关的决策上，西方权力距离较小，基本原则仍然是“公平”标准，而在中国这种权力距离大的社会组织中，下属愿意接受更多领导正式职权之外的影响。所以教练要想在自我职业生涯管理时产生更好的效果，必须与领导建立和维系良好的关系，成为领导的“自己人”。这种“自己人”关系是教练获取在工作和职业发展中所需要的重要资本，更加有利于教练整合资源，提高职业竞争力等效果。

上下级关系对职业发展有影响，尤其在政治氛围浓重的组织中，上下级关系受到下属政治技能的影响（刘军，宋继文，吴隆增，2008; Li-qun Wei，Jun Liu，Yuan-yi Chen，& Long-zeng Wu，2010）。社会“关系”介于国家—市场或者组织—市场之间的第三种资源配置方式，是“另一只看不见的手”，在中国社会转型过程中依然发挥着非常重要的作用。目前中国社会广泛存在“单位”及“关系”范畴的“权力泛化”“寻租”“圈子”的作用。关系网在中国的大量存在和制度化，使得社会个体在事件运行过程中，常常通过关系网而非组织本身，甚至地方政府与上一级政府的互动也是依靠关系而非组织规则来实现。人情关系所蕴含的行为规范和价值标准经过漫长的历史积淀和文化传承，已经完全内化于人们心中，成为理所当然的规则（Taken-for-granted Rules）。

7.3.3 研究假设

由研究部分一的编码归纳可知，在社会关系中作用最为明显的是教练与领导的关系。很多教练考虑到所在的单位属于行政组织，领导权力很大，便努力与领导发展良好的“关系”，以成为领导的“圈内人”，最终目的是利用其与领导的关系帮助自己整合资源，增加社会支持。所以注重“关系”应该是教练自我职业生涯管理的策略之一。在教练的社会“关系”中，由上文的分析可知，单位组织内的领导决定着教练的很多方面，教练注重“关系”的目的是发展和提高与领导“关系”的质量，它对教练自我职业生涯管理的效果产生积极影响。目前许多学者关注“关系”对组织中主管和个人的影响（宝贡敏，赵卓嘉，2008；高日光，王碧英，凌文辁，2006；黄光国，1993;凌文辁，1991;刘建军，2000;刘军，宋继文，吴隆增，2008；翟学伟，1994；张宛丽，1996），而且结论都显示“关系”对中国企业或不同组织类型的主管和员工都会产生影响。结合上文对“关系”的分析和现有管理心理学对中国环境中的“关系”研究（Law et al.，2000;刘军，宋继文，吴隆增，2008），可以认为教练发展这种“关系”应该是教练促进职业生涯发展的策略之一，即教练自我职业生涯管理影响上下级关系质量，而这种“关系”质量对教练自我职业生涯管理与效果变量之间可能存在中介影响作用。

因此，本研究提出假设7C：上下级关系对教练自我职业生涯管理及其效果变量有显著的中介效应。

7.3.4 研究方法

1）研究被试及施测方法

因为施测的内容为上下级关系，而中国人都将关系视作一种潜规则，不愿意真实表达对之的感受，在问卷表面效度较好的情况下，教练容易对问卷的填写进行掩饰，致使研究对上下级关系进行准确、客观的测量成为难题。故本研究考虑这一因素，问卷不能以代发问卷的方式进行大样本施测，所以都是研究者通过给教练讲课的机会，进行现场施测。在现场施测中，谨慎交代指导语，声明问卷测试纯粹出于研究目的，作为讲课老师的研究，请大家认真负责地填写。

在广东施测了220位参加培训课程的教练，回收220份，有效问卷208份，有效率为95.4%。被试的平均年龄为37.83（标准差为8.757）岁；其中男性教练163人，女性教练45人；中级教练139人，高级教练60人，国家级教练9人。

2）测量工具

同样反映领导和下属关系的问卷有两个：领导—部属交换问卷和上下级关系问卷。

领导—部属交换（LMX）的测量工具是Graen和Dansereau等人（1972）首次提出领导—部属交换理论，Liden和Maslyn（1998）在前人基础上提出LMX四维度结构：情感、忠诚、贡献、专业尊敬，国内学者（王辉，牛雄鹰，2004）曾进行本土化检验，发现能较好体现领导与下属互动过程中的关系特征，问卷共16个题项（详见附录一：领导—部属交换问卷）。

上下级关系的测量工具为上下级关系（SSG）量表（Law et al.，2000）。该问卷是在本土文化背景下开发出的包含6个题项的问卷（详见附录一：上下级关系问卷）。

教练自我职业生涯管理使用的测量工具为本研究部分三修订的教练自我职业生涯管理问卷，该问卷包括三个维度，共有19个题项，且达到心理测量学的标准，可以作为进一步研究工具。

3）统计方法

统计方法为描述性统计分析、探索性因素分析、验证性因素分析和结构方程模型，统计软件为SPSS 11.5、LISREL 8.51。

7.3.5　结果与分析

1）上下级关系问卷质量分析

将数据按奇偶分半，对奇数半上下级关系问卷的数据进行探索性因素分析，上下级关系问卷的 KMO 值为 0.783，Bartlett 球形检验的 X^2 值为 261.926 达到显著水平（0.000）。这说明所调查的数据适合进行因素分析。用主成分法抽取因子，取特征根≥ 1 作为抽取因子的标准，进行 Varimax 正交旋转，保留因子负荷＞ 0.40 的项目。上下级关系问卷是个单因素的结构，只抽取了一个因素，结果见表 7-13。

表 7-13　上下级关系的探索性因素分析结果（N = 104）

	Component
E18	0.839
E17	0.779
E16	0.744
E20	0.700
E21	0.612
E19	0.558
解释变异量	50.654
	0.804

采用 LISREL 8.51 对正式施测的偶数半数据进行验证性因素分析，验证性因素分析结果见表 7-14。

表 7-14　上下级关系的验证性因素分析结果（N = 104）

	X^2	df	X^2/df	SRMR	GFI	IFI	CFI	NNFI
虚模型	385.98	15						
单因素模型	48.94	9	5.348	0.072	0.90	0.92	0.92	0.90

从表 7-14 可以看出，SRMR、GFI、NFI、CFI、IFI 接各指标均接近临界值，说明模型拟合理想，表明问卷的单因素结构有较好的结构效度，卡方与自由度的比值在样本量与项目数上差距较大，可以不作为参考指标。

2）领导—部属交换关系问卷质量分析

将数据按奇偶分半，对奇数半领导—部属交换关系问卷的数据进行探索性因素分析，领导—部属交换关系问卷的 KMO 值为 0.863，Bartlett 球形检验的 X^2 值为 583.55 达到显著水平（0.000）。这说明所调查的数据适合进行因素分析。用主成分法抽取因子，取特征根≥ 1 作为抽取因子的标准，进行 Varimax 正交旋转，保留因子负荷＞ 0.40 的项目。领导—部属交换关系问卷是个四因素的结构，抽取出四个因素，结果见表 7-15。

表 7-15 领导—部属交换关系问卷的探索性因素分析结果（N = 204）

				Component
d15	0.820			
d16	0.791			
d14	0.785			
d13	0.733			
d11		0.833		
d12		0.802		
d10		0.781		
d9		0.617		
d4			0.760	
d3			0.736	
d2			0.697	
d1			0.679	
d8				0.821
d7				0.797
d6				0.714
d5				0.592
解释变异量（共 80.046%）	22.162	19.994	19.668	18.223
Cronbach's α	0.911	0.765	0.932	0.719

采用 LISREL 8.51 对正式施测的偶数半数据进行验证性因素分析，验证性因素分析结果见表 7-16。

表 7-16　领导—部属交换关系问卷的验证性因素分析结果（$N=104$）

	X^2	df	X^2/df	SRMR	GFI	IFI	CFI	NNFI
虚模型	583.55	98						
四因素模型	772.89	92	8.400	0.050	0.74	0.94	0.94	0.93

从表 7-16 可以看出，SRMR、NFI、CFI、IFI 接各指标均接近临界值，但 GFI=0.74、X^2/df=8.400 值显示拟合不理想，说明模型拟合不太理想，表明该问卷的四因素的结构效度在中国教练被试上不理想，卡方与自由度的比值在样本量与项目数上差距较大，可以不作为参考指标。

检验上下级关系与领导 - 部属交换关系各维度的相关情况（表 7-17）。

表 7-17　上下级关系与领导 – 部属交换关系各维度的相关分析结果（$N=104$）

情　感	忠　诚	贡　献	专业尊敬	
情感				
忠诚	0.739**			
贡献	0.707**	0.552**		
专业尊敬	0.764**	0.524**	0.652**	
上下级关系	0.508**	0.386**	0.390**	0.421**

从表 7-17 的结果来看，上下级关系与领导—部属交换关系各维度之间的相关关系呈显著正相关，呈中等程度相关，说明其概念内涵有共同性和区别性，同时也说明上下级关系量表的效标关联效度良好。总结以上上下级关系问卷与领导—部属交换关系问卷的信效度检验，发现上下级关系问卷有较好的信效度，领导—部属交换关系在中国教练被试上结构效度不理解，说明该问卷质量较差，不能用于测量中国教练被试与领导的关系。

3）上下级关系对教练自我职业生涯管理和职业竞争力的中介效应分析

华人社会对关系的很多研究已有结论：上下级关系是员工的重要社会资本，说明职业竞争力。首先检验效果变量职业竞争力与教练自我职业生涯管理、上下级之间关系的相关情况（表 7-18）。

表 7-18 教练自我职业生涯管理、职业竞争力和上下级关系的相关矩阵

	关注信息	专业探索	自我展示	组织内竞争力	组织外竞争力	上下级关系
关注信息	1.000					
专业探索	0.539**	1.000				
自我展示	0.562**	0.456**	1.000			
组织内竞争力	0.400**	0.219**	0.366**	1.000		
组织外竞争力	0.243**	0.269**	0.269**	0.310**	1.000	
上下级关系	0.218**	0.063**	0.270**	0.432**	0.277**	1.000

从表 7-18 的数据结果来看，职业竞争力的两个维度与教练自我职业生涯管理三个维度、上下级之间的相关关系呈显著正相关。从关系视角出发，可知上下级（教练）关系对教练知觉其在组织内竞争力、组织外竞争力可能有显著的积极影响，体现出中国文化特色。结合前面的理论分析，发现同样可以通过“注重关系—关系质量—差异性行为（效果）”的分析逻辑来分析上下级关系对教练自我职业生涯管理与职业竞争力的中介效应。

在做中介效应分析时，如果是单维度变量的话最好用层级回归，因为层级回归既可以做中介效应分析，也可以做调节变量分析。但是如果是多维度的带有潜变量的构念的话，用层级回归得出结果二者相关的话，犯了合成谬论的错误，并且存在着复合维度的统计效力要大于分个维度之间的相关性的可能，所以多维度的变量最好用结构方程模型做中介作用分析。因为本研究所涉及变量为多维度变量，所以运用结构方程模型的方法综合考虑教练自我职业生涯管理、上下级关系和职业竞争力之间的关系，确证上下级关系在教练自我职业生涯管理对职业竞争力影响过程中的中介作用。依照温忠麟等人（温忠麟 等，2004）提出的中介效应检验程序，为了使中介效应检验的第一类错误和第二类错误率都比较小，既可以检验部分中介效应，又可以检验完全中介效应，而且还比较容易实施，本研究遵循的检验程序如图 7-3 所示。

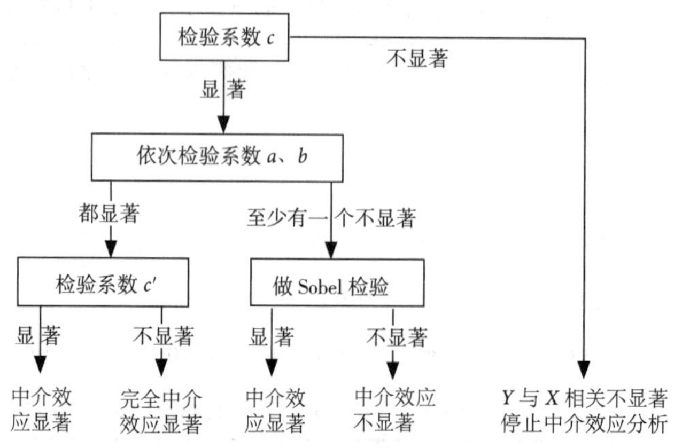

图 7-3　中介效应检验程序

通过前文的研究首先检验出回归系统 c 显著，然后运用结构方程模型依次检验系数 a，b 显著，然后通过与完全中介竞争模型的比较或检验系数 c'，得出 c' 显著，最终说明部分中介过程。从研究部分三中教练自我职业生涯管理结构的分析得出教练自我职业生涯管理是一个可以整合的二阶潜变量（图 6-2），可以通过各分测验总分来估计，所以，本研究以三个维度的题项总分相加作为教练自我职业生涯管理的测量模型。为了确认上下级关系对教练自我职业生涯管理与效果之间的中介作用，基于前面的对教练自我职业生涯管理，及其与效果变量的关系分析，最终建立如图 7-4 所示的结构方程模型。从表 7-19 中的结果可知，该模型的各种拟合指标理想。从图 7-4 可以看出，教练自我职业生涯管理对上下级关系有直接的影响，其预测系数为 0.34，上下级关系对组织内竞争力和组织外竞争力都有直接的影响，其预测系数分别为 0.48、0.31，教练自我职业生涯管理对组织内竞争力和组织外竞争力都有直接的影响，其预测系数为 0.41、0.28，与前面对教练自我职业生涯管理与效果变量关系的分析结果一致，所有路径均达到显著性水平。所以上下级关系在教练自我职业生涯管理和职业竞争力之间起到部分中介作用。

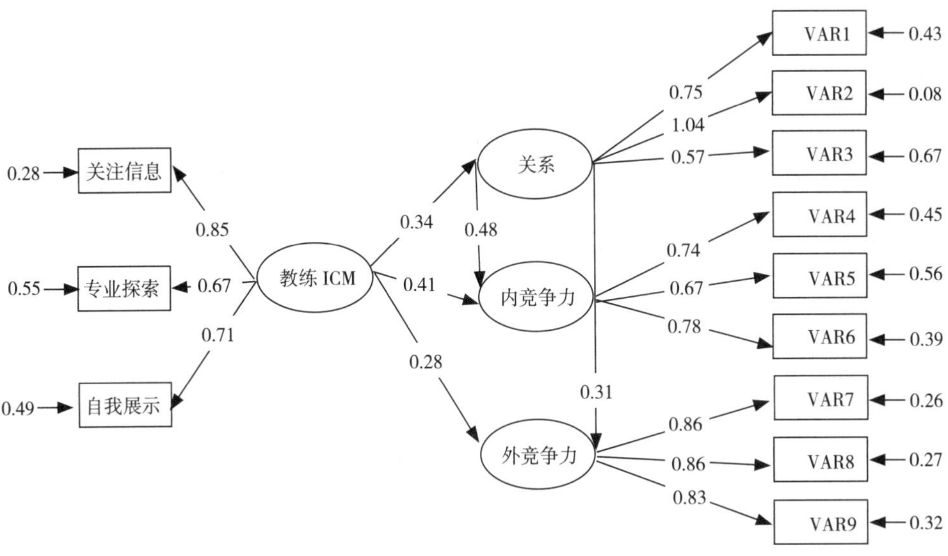

图 7-4 上下级关系对教练自我职业生涯管理与职业竞争力的中介作用的结构方程模型图

表 7-19 上下级关系的中介作用的结构方程模型拟合指数结果（$N=208$）

	X^2	df	X^2/df	SRMR	GFI	IFI	CFI	NNFI
虚模型	896.33	66						
因果模型	113.14	49	2.30	0.069	0.91	0.93	0.93	0.90

由图 7-4 和表 7-19 的结果可知，教练自我职业生涯管理对上下级关系的预测系数为 0.34，且达到显著性水平，说明教练自我职业生涯管理对上下级关系有显著的积极影响，再次证实了前面的理论分析；上下级关系对组织内竞争力和组织外竞争力的预测系数分别为 0.48、0.31，且均达到显著性水平，说明上下级关系对效果变量职业竞争力作用明显，与关系的效果研究结论相一致。总之，以上结果验证了假设 7c，说明上下级关系对教练自我职业生涯管理与职业竞争力之间的部分中介效应明显。根据相关计算公式，其中介效应分别达到：$0.163\,2/0.163\,2+0.41=0.281$；$0.105\,4/0.105\,4+0.28=0.273$，表明上下级关系对教练自我职业生涯管理与组织内竞争力之间的相对中介效应达到 28.1%，对教练自我职业生涯管理与组织内竞争力之间的相对中介效应达到 27.3%。

7.3.6 讨　论

1）上下级关系

由华人学者开发的上下级关系问卷有较好的信度和效度，与领导—部属交换关系各维度中等相关，可以作为进一步研究的工具。作为衡量关系质量的工具，该单维度问卷是最简易的工具。而领导—部属交换关系问卷虽然经过本土化检验，但在中国教练被试上的效度不理想，不能用于衡量教练与领导之间的上下级关系。从理论角度分析，由研究部分一的编码过程可知，大多数教练与领导形成有渊源的上下级关系，这种关系与西方理论中契约原则下的领导—部属交换关系有完全不一样的内涵。而且在举国体制背景下，教练所在权力距离大的社会组织中，教练愿意接受更多领导正式职权之外的影响。而且，中国领导的重要特征是存在人治主义和偏私主义的倾向，在工作分派、绩效评估或员工晋升等方面，领导往往因人而异，仅凭一己决定（Hwang，1987），所以教练要想在自我职业生涯管理时产生更好的效果，必须与领导建立和维系良好的关系，成为领导的“自己人”。正是这种由华人学者开发的传统上下级关系问卷很好地契合本土社会文化环境，能对这种教练和领导的私人关系进行良好的量化。

2）上下级关系对教练自我职业生涯管理和职业竞争力的中介效应

本研究证实了在教练群体中这种“注重关系－关系质量－差异性行为（效果）”分析逻辑的正确性，也得出对教练群体的关系研究与 Tsui 等人（Tsui，Farh & Xin，2000）对华人组织的关系研究相一致的结论。在教练自我职业生涯管理的结构中，关注信息有注重关系、建立关系信息网的含义；自我展示，向领导示好更是教练专门与领导拉关系的重要方式，从本研究的结果可以看出，这种含有私人情谊的关系，在单位组织制度之内发挥了作用，它实际上影响了教练在单位中的职业竞争力。现实中，很多教练通过私人关系获得机密信息和资源，这种私人关系是教练的社会资本积累。很多教练提到：

每逢过年过节，教练通过相互走动，向领导汇报一下自己的想法和进展……

通过这种长期的积累，就会形成领导与教练之间的社会情感偏私，这在中国具有深厚的文化土壤。表面上组织内的人际交往似乎是遵循正式身份与工作角色而来，然而实际上，与主管隐而不宣甚或幽闭未明的关系才是更重要的主导因素。上下级关系的发展可能在组织规定的上下级工作交往范畴之外，但这种含有私人情谊的关系却在组织制度之内发挥作用，它实际上影响了员工在组织中的职业发展效果。有学者认为，在儒家文化背景下，中国社会现行的经济模式不是完全的市场经济模式，而是基于网络的"关系经济"模式（Fan，2002）。华人组织管理者常常通过关系来处理组织之间的相互依赖，以减轻制度上的不确定性，弥补结构性缺陷，降低交易费用，获取可靠信息和政府的支持等（Fan，2002; Standifird & Marshall，2000），任何组织成员都不能天真地以为合法的职权及组织内正式的身体，可以取代非正式的关系特征。因此，潜藏于华人主管脑海中的关系格局是归类员工的重要判断之一。过去的研究者均已证实此项论点（如高承恕，陈介玄，1989；Walder，1983）。主管是个活生生的人，组织只是冷冰冰的象征。企业主持人与组织成员之间以人际连带为主的非正式组织要比正式的组织结构来得重要（彭怀真，1989）。华人组织内的忠诚格局反映的是一种私忠的本质，是上下级之间人性恩义的结合，上尊下卑，因此，组织成员对企业主持人毫不保留的奉献是主持人对组织成员的要求（Lawler，1985）。中国人在组织内对某些人能否竞争到某个职位有个习惯的预测方法，首先看能力，若能力上没什么差别，就比关系，看谁与领导关系好，这可是非常重要的条件，而这种预测通常不言而喻。上下级关系与组织内竞争力的相关系数就较大。对于教练，也不例外，上下级关系与关注信息和自我展示的相关程度就说明了这一点，与前面对教练自我职业生涯管理的理论分析相一致，即关注信息是为了发展关系信息网，自我展示意在向领导示好，意在与领导拉关系，因为关系质量能预测职业竞争力。

7.4 结 论

（1）教练自我职业生涯管理对效果性变量组织内竞争力和组织外竞争力都有显著的积极影响。

（2）教练职业环境对效果性变量组织内竞争力和组织外竞争力都有显著的积极影响。

（3）上下级关系在教练自我职业生涯管理与职业竞争力之间起着部分中介效应。

8 综合讨论与展望

不同社会文化背景下的教练成长和发展应该不一样，所以要从文化心理学角度来系统探讨教练自我职业生涯管理。组织心理学家 Schein（2006）认为，理解组织心理学的规律应该要放在社会背景中去。对于社会背景对个体的影响，发展心理学家 Bronfenbrenner（1979）就认为应当在自然环境和具体的社会背景下探讨个体发展问题，他提出："要了解个人的发展，我们必须了解个人所在的多重环境背景，即对发展所作的生态取向研究，强调研究'环境中的发展'或'发展的生态学'。"杨国枢（1981; 1993）认为"生态特征可以影响经济类型，经济类型又可影响社会结构，社会结构又可影响社会化方式，社会化方式又可影响人的心理结构和性格行为特征，而人的行为活动反过来又影响经济类型和社会结构"。因此理解个体发展必须把个体放在其社会背景下，以整合的思维（人境互动论）来看待教练的职业生涯发展，才更符合实际。本研究以人境互动论视角，在同一组文化性与生物性因素的影响下，研究者的研究活动及知识体系与被研究者的心理及行为之间形成一种契合状态，达到研究的本土契合性。

作为社会学、心理学、经济学、教育学等多个学科的研究对象，职业生涯一直被众多不同领域的学者关注。早期的职业生涯研究比较忽视社会经济结构和职业环境与职业生涯的关系，所以社会学后来关注职业分层和职业变动背后的社会、文化因素，着重对不同社会群体的职业生涯研究，管理学和组织行为学则主要关注个人进入职业领域后，为了进一步地适应个人和社会的变化，如何不断地加强对职业生涯发展的管理，更好地维持自我在劳动力市场中的竞争力。正是因为这些不同学科和角度的研究，使人们逐渐完善了对职业生涯的认识，尤其是对个体职业生涯环境与个体的交互影响。社会科学领域一直在寻找一个合适的"人境互动"框架来比较真实地反映现实，即同时考虑人与环境对行为的影响。正如

Lewin（1935）认为情境与人的交互效果是影响行为的主要变项。循着这个思路，要达到对中国竞技体育教练职业生涯的完整认识，则需要在中国社会文化背景之下，通过本土化研究，从较宽视野（社会学视角）开始，过渡到从管理学和组织行为学角度研究个人怎么改变自己和适应社会环境，以提升个人职业生涯。所以，本研究首先认识教练职业生涯成长的土壤，在一个适合的人境互动论认识下厘清教练与其赖以生存的环境之间的关系。结果证实了教练在人境互动中偏重于社会取向的特点。依据 Angyal 的理论，在生活圈中，处于两极的人与环境各具方向相反的趋势或拉力，从而使人与环境之间关系紧张，导致两者的动力趋势，即自主性趋势（Autonomous Trend）与融合趋势（Homonomous Trend）。两种趋势在强弱维度上进行结合，形成四种类别。本土教练的动力倾向属于强融合趋势和弱自主趋势，与西方人的弱融合趋势和强自主趋势形成鲜明对比。即在此倾向上，人更努力使自己配合或顺从其环境，并分享及参与较大事件或群体，而对自主独立要求较弱，即体现社会取向性。此种倾向使人与社会团体、自然或超自然建立了和谐的关系，从而失去了人的个别性（杨国枢，2004）。这与目前很多对华人行为特点的研究结论相一致。如 Conway 等人（Conway et al.，2001）就认为关于文化、情境或社会脉络，对华人社会或国家被试的影响远大于西方国家。华人浸淫其中的社会文化更是情境取向、重视脉络的（Wheeler，1988），许多研究（Chiu et al.，1997；Choi，Nisbett. & Norenzayan，1999；Knowles，Morris，Chiu，& Hong，2001）均发现，相对于西方样本，华人样本更容易受情境脉络的影响。因此，对华人而言，探讨影响个体行为或心理现象的情境内涵（环境）相当重要。所以杨鑫辉、杨中芳、杨国枢（1993）通过本土化研究，总结出：中国人受传统文化影响，处在“社会优先”的“社会 / 文化”环境下，其成员的自我得不到全面的发挥，即相对于西方人，中国人更多地偏向社会取向。在此框架下，理解教练自我职业生涯管理的环境非常重要，在此基础上确立以教练个体心理为研究焦点的前因变量、环境变量与教练自我职业生涯管理的关系，才算比较准确、完整地理解中国社会文化背景下本土教练自我职业生涯管理。

研究的目的之一是回答前言的问题：国家体育总局加大了教练培训力度培养高水平教练，甚至把很多教练送到国外去学习一段时间。但结果好像不是那么见效，为什么会出现这种现象？归根结底在于从一个普通教练成长为高水平教练是一个长期、系统的过程，仅仅学习，或接受西方式的教练教育和培训是不够的。本土教练的社会取向特征说明理解教练所在的环境非常重要，中国竞技体育有其特有的环境，它决定了教练职业生涯成长和发展的很多方面。可见，只有从社会生态学的角度来理解教练的职业生涯发展，理解教练职业生涯发展环境的重要性，在此基础上发展契合本土教练职业生涯发展的相关理论，才有可能提出符合实际的建议。

研究的目的之二是面临当前的形势，提出相应的发展对策。虽然竞技体育在中国发展历史上扮演过重要角色，但随着社会政治经济条件的变化，竞技体育的功能也将随之变化，它与群体体育的关系将不像以前那样完全隔裂开。纵观中国体育改革，可以发现有两个重要节点，其一是国家体育总局前局长伍绍祖进行的第一轮改革：项目中心管理制；其二是新任国家体育总局局长苟仲文进行的第二轮改革：项目协会管理制。在备战2008年奥运会过程中，在卢元镇看来，各项目中心的权力进一步增大，集行政、社团、企业、中介、事业单位于一身。行政力量最大化带来了北京奥运会的“无与伦比”，中国获得了史无前例的奖牌数。但是这种模式并不可持续，到里约奥运会，中国奖牌总数已从100跌至70，金牌数则从51跌到28。传统弱势的项目依然很弱，而优势项目如体操、射击、举重、羽毛球的优势也在近年的世锦赛中遭到严重威胁。卢元镇认为，“伦敦奥运会、里约奥运会的表现就是不改革所带来的后果”。当中国代表团在奥运奖牌榜上排名迅速攀升、在亚运奖牌榜上一骑绝尘的同时，旧有体制的积弊也逐渐暴露。竞技体育金牌含金量不足，影响力大的基础大项和职业项目积弱不振，反映出资源配置脱离市场和培养方式的局限性；体育产业发展滞后、结构失衡，一些民间社会体育组织与体育主管部门出现办赛纠纷等问题，反映出体育行政部门习惯于垄断资源、与市场争利。不仅如此，我国竞技体育内部暴露出越来越多的问题：打假球问题、裁判问题、体育官员腐败、运动员退役问题等不胜枚举。对此，苟仲文呼吁“当下我们没有别的路子可走，还是要走改革之路，把市场和计划平衡好。完全去掉举国体制肯定是不行的，不迈向市场更不行”“下一步要加大改革，希望各方面能够给些理解和支持”等。其中苟局长提得最多的就是“专业人干专业事”，正是在他的提议下，姚明顺利当上了篮协主席，这成为中国体育改革的一个标志性事件。他还提出“（管理）中心的人不能当协会主席，以后将“不是（管理）中心怎么改造协会，而是协会怎么改造（管理）中心”。这些改革举措表明中国竞技体育将向什么方向走，国家已经明确了改革方向，即改变竞技体育绝对垄断的行政组织性质，开始向社会开放，让全社会参与，缩短竞技体育与群体体育之间的距离。本研究基于这种现实情况，对教练职业生涯进行系统研究，并提出相应对策。

8.1　高水平教练职业生涯成长

作为本土化研究，先从社会学视角关注高水平教练职业生涯成长中个人与本土社会文化环境的互动，在归纳出本土社会文化背景下高水平教练职业生涯成长的实质性理论的基础上，探讨本土教练自我职业生涯管理的关键变量内涵及其与其他变量的关系，这对于系统研究本土教练自我职业生涯管理将是一次极有价值的探索和尝试。所采用的探索性序列设计，其第一部分从质性研究归纳出典范模型，以之为基础融入到教练自我职业生涯管理的定量研究总构想框架图（图 4-14）。

第一步从本土心理学角度出发，采用扎根理论方法质性研究范式。扎根理论关注的多是社会现实，旨在反映社会结构与行动间的联系，研究成果也回归社会现实，体现出强烈的应用倾向。具体来说，通过这种“实用主义下致力于填平理论研究与经验研究之间尴尬的鸿沟”的质性研究范式构建教练职业生涯成长的实质性理论，以此作为定量研究的基础，再进一步通过定量研究明确教练自我职业生涯管理与相关变量的关系，尝试在理论与实践之间搭建桥梁，最终建立教练自我职业生涯管理的中层理论。总之，以扎根理论研究作为定量研究提出假设的基础，并运用定量研究进行验证，这种由本土化方法发展出来的适于在特定情境中解释特定社会现象的中层理论，能最大程度地发挥理论的应用价值，具有较好的本土契合性。本研究在高水平教练的深刻认识下，透视教练职业生涯成长及社会互动，又因为他们与普通教练处于同一社会文化背景，他们的职业发展目标也是任何一个普通教练的职业发展目标，从已经从普通教练成长为高水平教练的角度归纳职业生涯成长模型对普通教练有最大的参考意义。

第二步，本土质性研究最终选择“教练平台”为核心类别来统整全部研究分析结果形成的理论架构。围绕这个核心类别的故事线可以如此表述：本土高水平教练在举国体制大背景下，以教练平台为依靠，积极改善职业内环境，包括注重“关系”，帮助整合资源，实现集体目标和个体发展。该质性研究结论的描述性基本上能归纳高水平教练职业生涯成长的社会学模型，基于此模型从理论驱动出发，进一步对教练自我职业生涯管理进行系统研究是本土化的关键，它是探索性序列设计融入到定量研究的第一步骤。

第三步，基于质性研究的融入，从定量数据到定量数据分析，以教练自我职业生涯管理为焦点，所进行的系统研究仍然是验证基于第一步质性研究归纳的典范模型所得出的定量研究总构想图。最终第三步通过数据分析所验证的假设进行推论，通过这些推论验证的最终定量研究总构想图（图 9-1），回到教练职业生涯成长的典范模型图（图 4-13），即与质性研究的归纳结论相印证。

所以，教练职业生涯成长的质性研究既是起点，也是探索式序列设计的终点，形成一个闭环，作为本研究对教练自我职业生涯管理的理论驱动导向，而所有的定量研究都是以教练自我职业生涯管理为焦点所做的数据驱动导向。理论驱动导向和数据驱动导向在教练职业生涯发展的主题上一致，说明本研究运用研究范式的三角检验。

8.2 教练职业环境

从前面的分析可知，研究教练自我职业生涯管理，首先要充分理解教练职业发展环境，这不但能体现研究的本土脉络契合性，更说明研究是在一个合适的人—境互动论框架下。本研究从社会学视角，运用扎根理论方法分析归纳出教练职业生涯成长的核心类别——教练平台（即教练职业环境）及类别关系，并通过定量研究证实这个教练职业环境对教练自我职业生涯管理、职业竞争力均有显著的积极影响，教练职业环境中队伍支持环境与成就动机交互作用对教练自我职业生涯管理有显著的积极影响，相对于个人变量（教练职称和成就动机），它对教练自我职业生涯管理的预测作用非常大。这是本土化研究的结论，与西方相关研究的结论有较大的差异。

从教练职业环境所包括的因素结构：队伍支持环境、项目管理环境和运动员职业环境，与组织职业生涯管理的因素结构相比，其组织制度、结构方面的差异也很明显地体现出来。现实中，本土教练既属于某一单项的教练，由全国单项协会管理；也属于某一单位组织的成员，由地方体育行政组织直线管理。从各自职能来看，地方体育行政管理对教练职业环境中的队伍支持环境、项目管理环境和运动员职业环境都产生直接影响，其组织结构和制度体现出由上到下的高度集权；而单项协会管理对教练职业环境的项目管理环境有较直接的影响，其名义上虽属于民间组织，但是仍然隶属于全国体育协会这个具有行政特征的组织。教练职业环境三因素充分体现竞技体育在传统的人事管理模式之下集体发展的特征。而组织职业生涯管理被认为是一种先进的人力资源管理模式，充分体现以员工个体为导向的发展特征，它与教练职业环境在理念上存在着很大不同。从环境对个体职业生涯管理的影响来比较，本研究证实教练职业环境对教练自我职业生涯管理有较大的影响（预测系数达 0.77）；而龙立荣（2002）在探讨中国员工组织职业生涯管理对自我职业生涯管理的影响时，其预测系数为 0.61，前者比后者对自我职业生涯管理的影响更大，这是不同组织制度下环境对自我职业生涯管理影响的不同结果，说明教练职业环境在集体发展竞技体育的环境下对教练职业生涯发展的核心作用，而组织职业生涯管理只是从组织上支持员工职业发展，为员工发展创造有利条件。

研究还证实，教练职业环境和教练自我职业生涯管理都对效果变量职业竞争力有较大的影响，足以说明研究部分一结论的正确：教练在依靠教练职业环境，通过自我职业生涯管理，同时达到对组织和个人都有意义的效果。结合研究部分一中教练职业生涯成长的典范模型，职业生涯管理效果的改善反过来影响教练职业环境，教练职业环境又提供教练改善内环境的良好条件，可见这两个变量的互动促进了积极效果的产生，形成良性循环作用，使教练职业生涯不断得到提升，成为更有竞争力的教练。由此可知，教练的职业环境和教练自我职业生涯管理都直接影响到教练能否成为优秀教练，尤其是教练职业环境。至此，研究可以基本回答前言部分的问题，即要想促进教练发展成为优秀教练，优化教练职业环境是关键，本研究开发的教练职业环境测量工具为优化教练职业环境提供实践依据。从教练职业环境的内涵来看，以教练为主体，围绕教练培养运动员所形成的其他类人员支持环境最重要，即教练是教练职业环境的关键指标。在教练职业环境中，只有队伍支持环境与成就动机交互作用对教练自我职业生涯管理有显著的积极影响，说明队伍支持环境重要，成就动机强的教练在队伍支持环境良好的情境下，会大大促进对自我职业生涯发展的管理。袁伟民（1988）指出一个运动项目水平的提高，关键是教练，看来一个单项的发展与这一单项是否拥有一批优秀教练关系甚大。以运动队为单元，教练职业环境好坏的重要指标是运动队中的教练水平，而且教练职业环境直接影响教练职业发展，而教练职业发展的结果就是教练竞争力，有竞争力的教练带来运动队整体成绩的上升，它又反过来影响教练职业环境。依此推理，优化教练职业环境旨在促进教练发展成为有职业竞争力的教练，职业竞争力不仅是个人意义上的成功，也是运动队集体意义上的成功。如果这个单项的各级（包括国家队、省、市，甚至少体校）运动队拥有优秀教练队伍，则这个单项往往有好的发展，所以要促成这个良性循环的形成。

就说中国乒乓球队，这个项目之所以长盛不衰，与教练管理部门为教练创造良好职业环境，培养了一批优秀教练员这一事实密不可分（朱佩兰，钟秉枢，左琼，2002）。多年担任国家体育总局乒羽中心主任的刘凤岩在《加强教练员队伍的建设是保持优势项目可持续发展的关键》（内部资料）一文中，就中国乒乓球项目多年来保持优势的情况，指出：“乒乓球项目之所以能够长期在世界上保持领先地位，很重要的一条就是有一支稳定的优秀教练员队伍。”这句话充分说明教练在运动队中的重要性，本研究也证实了这一点，即研究部分二得出教练职业环境的三个维度，其中队伍支持环境的解释量最大，占整个问卷解释量的43.38%，即以教练为中心，优化队伍支持环境是首选，充分说明应在运动队中突出教练员的主体地位，其他人员都是围绕教练员培养运动员来参与运动队工作（即目前运动队普遍提倡的“以教练为主导、科医人员为先导、管理者为督导的训、科、医、管一体化运作模式”）。刘凤岩还进一步肯定教练队伍的稳定和发展，保证了我国乒乓球、羽毛球三级训练体制的正常运作，为我们国家源源不断地输送优秀的后备人才，确保我们在世界上的领先地位起到了至关重要的作用。说明教练队伍的稳定性与运动员的职业环境相关性很大，这也可以从教练职业环境的三因素相关（见表 5.6 相关系数：0.520 ~ 0.661）中得到证实。

本研究把教练职业环境的因素与现实进行对接，充分说明教练在运动队中的重要性。要保证有一批有职业竞争力的教练员，一个单项才能有较强的竞争力。我国的举国体制为教练职业环境创造了良好的条件，为教练员队伍的稳定提供了保障。在举国体制之下，这些专职教练员都是国家的正式工作人员，有编制、工资、劳保、职称等方面的保证。在单项管理上，也是全国“一条龙”制度，教练员凭借自己的能力与成绩，享有三种等级（初级、中级、高级）的专业技术职称。这些事实说明举国体制在中国运行成熟，支撑着教练职业发展环境。理解这一点，就可以看到当今高校竞技体育发展受限的原因了。在研究部分一中，有一访谈对象（清华跳水队某教练）谈到目前高校竞技体育发展的瓶颈问题说：

清华大学解决不了我的编制问题，从清华跳水队曾经走出伏明霞、郭晶晶、劳力诗等这么多奥运会冠军，但是它只解决一个人的编制，即聘主教练为清华大学教授，而我们这些助理教练无名无分，我只能选择离开，还有运动员出逃，其他优秀教练纷纷离开。

然而，同样是“举国体制”的背景之下，那些相对落后的项目中，为什么就不能拥有这样一支优秀教练员队伍呢？显然，还有一系列其他原因在起作用。中国足球最近风波不断，从频繁换教练开始，到足球打假、赌球、足球官员贪污等，综合这些因素，较大程度说明教练的职业环境受到破坏，导致缺乏一支类似于乒乓球这样的优秀教练员队伍，使落后项目多少年来一直水平不高，这是实事求是的一个判断。没有良好的教练职业环境，难以培养与建设一支优秀教练员队伍，再好的项目也会群龙无首，不能在组织与技术方面为运动员提供管理、训练与教学的保障。可见，教练职业环境，作为从教练角度出发提出的核心变量，对于运动队集体发展和教练个体职业发展都有很大的启发意义。用现代人力资源管理的理念来说，在优化教练的职业环境中，首先要优化以教练为中心的队伍支持环境，即肯定教练作为运动队的核心人力资源（按照“20/80 原则”，企业 20%的员工完成80%的业务，创造80%的利润，承担80%的责任。这20%的员工即我们所说的核心人力资源），保证其在运动队中的“主导”地位非常重要。从管理角度来看，中国乒乓球的教练队伍之所以生机勃勃，发挥着龙头作用，与管理部门“大胆选拔、着力培养领军人物”有直接关系。主教练负责制，是中国体育人事制度的一项重大改革，是借鉴现代人才思想的重要产物。为全面贯彻这一新的管理制度，为使总教练或主教练充分发挥自己的“领军人物”作用，德才兼备的能人走上领军岗位便成了必然。中国乒乓球队从一开始就暗合着这一思想主张，容国团、徐寅生、李富荣、张燮林、许绍发、蔡振华和刘国梁等都是英年出任主教练。其中容国团出任中国女队主教练时只有28岁。中国乒乓球队的成功足以证实：让年轻有为、成就动机强的教练在良好的队伍支持环境中，其促进职业生涯发展的管理意识是最强的，说明人与环境的交互作用对个体心理行为的重要影响。

其次，参考项目管理环境维度中的题项：“我执教的队伍有主管领导持续地关注、关心”“我所执教的项目有较强、合理的教练队伍组合，且相互关系良好”，从这些题项可以看出上下级关系、教练之间的关系都体现出教练非常重要的职业环境。说到项目管理环境这个维度，不得不提到体育改革的一段历史：1988年中国奥运代表团兵败汉城，出身行伍的伍绍祖于1988年底临危受命，空降国家体委出任主任。他除了圆满完成1990年北京亚运会的举办任务外，还顺应国务院在20世纪90年代初的行政改革思路，在1993年5月推出了《国家体委关于深化体育改革的意见》，系统地提出了国家体委改革的实现目标和进程措施。其中，在其任内得到实施的就是管办分离的第一步，将各个竞技项目的管理权从国家体育总局直属的各个行政司手中拿走，转而按照运动项目设立事业单位性质的体育运动管理中心，由各个管理中心直接管理各自所属的项目，初步弱化了体育竞技项目管理部门的行政属性（因为事业单位无法发文指导各个省地市级的体育主管部门）。伍绍祖把全部运动项目从体育总局机关分离出来，组建运动项目管理中心，在1998年彻底完成了所有运动项目的中心管理制，国家体委也正式改组为国家体育总局。从国家体委各司直接统管所有运动项目，到设立事业单位属性的运动管理中心来分类管理各个项目，这只是伍绍祖当年改革的第一步。其长远目标是希望体育协会实现实体化，即成为有独立办公地点、有独立人员编制、有独立经费的实体机构，然后再彻底去行政化，最终让大多数体育项目成为完全意义上的民间社团组织，由协会取代管理中心来管理运动项目。毫不夸张地说，时至今日，这个《意见》中提及的很多体制改革思路仍然没有实现。而苟仲文空降之时，高层即对其赋予了两大使命，即办好2022年冬奥会和推进体育总局体制改革。从长远来看，推进体育总局体制改革无疑影响更为深远。项目管理环境维度的题项突出教练员所在项目的“圈子”环境对教练职业生涯产生非常重要的影响，这也造成了部分教练长期在“圈子”里混，形成封闭保守氛围，以致项目管理环境越来越差。所以，2017年，体育改革突出“开放”：走出圈子，走向社会。苟仲文局长就表示：“推出这些改革措施的主要目的，就是要由体育部门办体育，转变为全社会共同参与办体育，加快推进体育强国建设，满足人民对美好生活的需要。”“开放”就是要把体育内部的一些工作交由社会来完成。国家队要向地方、向企业、向社会开放，项目选材也不能局限在体制内的单位，而要面向全社会开放选材。“我们要走出自己的体育圈子，走向社会，破除藩篱，最大限度地激发社会的动力和活力，把体育这篇大文章交由社会来书写。”

可以说，中国落后项目的瓶颈问题仍在教练员，而解决这个问题的关键在于优化教练职业环境。中国竞技体育的发展离不开如何培养一批高级教练员队伍，通过优化队伍支持环境、单项管理环境和队员职业环境使教练在一个良性循环中不断提升教练职业竞争力，逐渐发展成为优秀教练员。中国竞技体育的格局至今仍是等级直线式管理，在举国体制“一条龙”体系下，市、区县级教练培养优秀运动员，向省、直辖市运动队输送人才，省、直辖市级教练培养优秀运动员，向国家队输送人才。从战略意义上讲，省、市这一级承上启下，这一级教练员水平很关键，没有省市一级教练的支撑，各项目在短期内要想达到世界先进水平是非常困难的。再进一步说，应该重点关注省、市一级教练职业环境，只有这一级教练员人数和质量有保证，中国竞技体育的某些项目才不会出现无源之水和无本之末的局面。

纵观当前举国体制下教练职业环境，竞技体育表现成了各级行政管理部门政绩的重要评价指标，使各级部门纷纷建立竞技体育的各项目体系，构成教练平台，即教练充分展现自己职业能力的舞台，带运动员拿成绩。教练员管理者（或领导）在单位体制内有资源调配权，塑造教练职业环境。可见，体育行政管理对教练职业环境有重要影响，能全面影响教练职业环境。本研究得出教练职业环境与教练组织内竞争力和组织外竞争力，即与职业生涯成功有直接关系，这与市场经济环境下的企业组织职业生涯管理与效果的关系同理：教练员组织管理部门对教练职业发展成功有非常重要的影响。在竞技体育迅猛发展的当今，国内体育行政管理和运作上需要做一些调整，不应以“夺标”表现为体育行政管理部门的唯一考核内容，可以综合参考管理者所在层级、项目的成绩和教练职业环境。运动队集体的功能是在拿成绩的同时，承担培养教练员、运动员的任务。众所周知，唯金牌论已经影响运动队、项目管理中心、运动员和教练员等多方面的健康发展，尤其是教练职业发展，使我国难以培养高水平教练，失去国际竞争力。一篇刊登在最高检察院内刊《方圆》杂志上题为《中国体坛高层触目惊心的腐败》的文章，2017 年 12 月初在网络上大量转载，浏览者众，社会反响大。文章历数 2009 年到 2017 年被查处的大大小小官员，分析体育界腐败的各种“恶疾”和弊端，痛陈其根本原因在于“四不像”体制、权力集中，以及“金牌至上”的错误政绩观等。里约奥运会上，使中国女排重回世界之巅的不仅是女排精神，更是专业主义。这种专业主义也体现在管理上，国家排球管理中心改变管理理念使国家队完善教练职业环境，迎来了郎平执教，最终让女排重获冠军（章友德，2017）。所以苟仲文局长提出要让专业的人干专业的事。本研究教练职业环境的三个维度分别从不同角度表明对教练培养运动员效果有密切相关的几个方面，也是管理者运动队集体管理效果的重要体现。

8.3 教练自我职业生涯管理

从前面的研究结论和分析可知，本土教练职业生涯管理受职业环境的影响非常大，在这种环境下，教练的自主性较低，更换单位组织、寻找理想职业状态、探索新的训练理念等专业探索行为受到诸多的限制，这是受本土社会文化因素影响。但并不是说这样教练就没有自由发挥的空间了，从研究证实教练自我职业生涯管理对效果变量的直接影响，可见教练职业自我完善的意义明显，教练个体的作用也非常明显，同时也说明在运动队中充分确立“主教练负责制”的必要，使教练有较大的空间和支持来充分发挥能力。

为了突出研究的本土焦点契合性，本研究从教练个体出发，发现教练自我职业生涯管理的三因素结构：关注信息、专业探索、自我展示，它与中国企业员工的自我职业生涯管理有共同性，但差异性也很明显，充分体现出教练群体的特殊性。其中，差异体现在教练自我职业生涯管理结构中没有职业探索、继续学习这样的维度。这是因为教练在传统的单位组织内，其人事管理制度相对落后，如缺乏人才流动性，行政干预比较明显，导致教练职业探索方面受到限制；还可能与教练职业的职业化程度、稳定性非常高有关。研究者在与教练交流中了解到，如果一个教练在执教一段时间后想转行，第一个困难是单位不放档案。如果去对等的体育单位组织，会直接影响到两个单位之间的交流友好，产生领导干预问题，这是管理层不鼓励人才流动所造成的困难；第二个困难是适应问题，教练在这个封闭性行业里待了十年、二十年，已经不适应其他行业的发展。年轻一点的还可以先锻炼几年再求在其他行业的发展，年纪大一点就不可能了，许多教练虽然有想法，但大多知难而退，这是教练职业探索的代价造成的。另外，在教练自我职业生涯管理结构中，继续学习表现也不明显，这和单位组织普遍存在“大锅饭”现象有关，集体发展竞技体育的方式没有较好的激励机制，使外在环境对教练的学习动机没有促进作用。

本土教练自我职业生涯管理与国外自我职业生涯管理在结构上相比，其差异性就更明显。在国外研究自我职业生涯管理的结构中（Pazy，1988; Stump，1983; Noe，1996），经常出现职业探索、主动性这样的因素，都是充分体现西方组织环境下的个体选择组织和发展职业的自由，体现个体的自主性。而我们本土教练自我职业生涯管理从其结构上可以明显看出其社会取向的倾向性。其中，关注信息就是为了建立关系信息网，自我展示是为了向上级表示自己的能力和愿望，这两个维度充分说明本土教练的关系取向。总之，教练与中国员工因为在组织制度上的差异使其自我职业生涯管理结构上存在一定的差异，与国外因为社会文化和组织制度等方面不同而体现出更大的差异。从这些情况的分析可以看出本土化研究的必要，尤其是对教练群体的研究，参照目前国内对其他社会群体的职业生涯管理研究，发现不同社会群体自我职业生涯管理的差异明显。如对大学教师群体（黄洁华，田甜，2007）职业生涯管理的研究，研究发现大学教师自我职业生涯管理的六因素结构：教育育人、科研创新、明确目标、沟通协调、认识自我、了解组织；还有对软件销售人员的职业生涯管理研究（李维，侯光明，杨波，2008），研究发现软件销售人员自我职业生涯管理三因素结构：目标和胜任、职业发展准备、跨组织流动。从这些社会群体的自我职业生涯管理结构来看，都有共同性和差异性，如在共同性方面，中国几乎所有群体自我职业生涯管理结构中都有“目标”这一维度，而国外则不存在，反映出中国文化中实用主义的特点，对领导和组织负责（他人取向）的特点；在差异性方面，可能是不同行业的原因，如大学教师群体出现“教育育人、科研创新”这样的维度。中国自古有“隔行如隔山”一说，可能是不同组织制度方面的原因，也可能是特殊行业组织亚文化的原因。如对于软件销售人员，行业要求市场反应一定要快，其所属的组织市场化程度高，行业内竞争激烈，所以会出现“职业发展准备、跨组织流动”这样的维度，与西方自我职业生涯中的“职业探索、主动性”维度比较接近。

由研究部分四的结果可知，相对于环境因素，教练个人因素对教练自我职业生涯管理的影响相对小得多。其中，在教练人口学变量中，高级教练相对于中级教练有显著的差异，当教练评上高级职称后，其自我职业生涯管理的意识就相对淡薄。但是对于国家级教练而言，能评上国家级教练说明在能力和职业竞争力方面非常突出，这个层次的教练对自己的职称达到最高级仍然不自满，他们培养的运动员经常参加国际大赛，所以他们（她们）的视野是面对国际竞争，只有仍然保持中级教练那样的自我职业生涯管理激情，才能不断提高职业竞争力，使自己立于不败之地。结合成就动机和队伍支持环境的交互作用对教练自我职业生涯管理影响的分析，成就动机对教练自我职业生涯管理都有一定的预测力，成就动机和队伍支持环境的交互作用对教练自我职业生涯各维度的预测力更大。因此，从个人心理因素和个人心理因素与职业环境的交互作用分析可以说明为什么国家级教练的自我职业生涯管理意识比较强，因为能达到国家级教练这个层次的教练，绝大多数都是成就动机非常强，他们在比较好的队伍支持环境中，绝不满足于职称上的提高，他们职业自我完善的目的是不断超越别人，进一步提高成就，良好的队伍支持环境能促进成就动机高的教练实现愿望。一些成就动机不高的教练，在为促进自我职业生涯发展的管理时，其关注信息的目的可能就是评职称，一旦评上高级职称，便知足自满，再也不思进取。这与现实情况非常接近，在运动队中，因为其传统的人事管理制度，受计划经济体制下形成的组织文化和员工心态影响，很多教练的内部成就动机本来就不强，加上单位组织在奖勤罚懒方面体现不明显，更使很多教练懒于充分发挥个人能力，只要在职称评定上达到一定层次，能满足个人生活需求足矣。这对体育行政管理部门有一定的参照意义，教练管理者可以参照选拔那些业务精、成就动机强的教练。考虑到教练的职业稳定性强，在单位组织内又不能充分实施人力资源管理政策，不能对教练人才“进口”和“出口”进行灵活调整，所以更应慎重把关教练甄选这一环节，如对教练的成就动机进行测量，以甄选成就动机比较强、专业能力强的教练。

竞技体育的飞速发展对未来教练的基本能力提出了更高的要求，更强调问题解决能力、环境适应能力以及知识创新能力等。如何培养更有职业竞争力的教练，教练如何更好地提升自我职业生涯管理，这些已经成为世界各国探索的课题。结合对教练自我职业生涯管理的职业环境因素、个人人口学因素和个人心理因素与职业环境因素的交互作用分析，培养优秀教练需要各级体育行政单位的努力。职业环境因素作用非常大，尤其是以教练为主导的队伍支持环境。对于目前各级体育行政单位组织，很多体育单位组织仍然没有完全改革传统人事管理制度的弊端，不仅很难维持教练员队伍的稳定，还造成人力资源的严重浪费现象，甚至有些成就动机强的教练因为不适应这种工作氛围和组织文化而离开。尤其是单位领导岗位“官本位”和以此为基础的福利待遇固化，使得以教练这种专业技术人才为主体的运动队陷入本末倒置的现象，管理者成为运动队的绝对主导，这种职业环境有可能导致教练个体“职业无价值病”或“职业价值观的崩溃”。我们看到很多优秀教练已经放弃对原有执教的职业承诺，从执教岗位走上行政岗位，这是人力资源的巨大浪费；而职业承诺比较强的教练则选择更好的职业发展环境。这些都是体育行政组织文化过于“官本位”的危险信号，官本位与以专业技术为本位相互冲突，在一个应以教练为核心员工的运动队，这种长期的冲突将会影响运动队的生存。所以，体育行政部门管理层也在思考这个问题，某些省、直辖市在某些方面做出改革，把现代人力资源管理理念应用到体育行政单位的人事管理中来，如允许教练人才在全国范围内流动、实施竞聘上岗等。对于教练职业发展，也离不开各单项协会对项目管理上的努力，正如在教练单项管理环境中，从其包含的题项可知教练应该经常有该单项协会组织的专项培训和再教育的机会，有了解该单项发展规律的项目主管领导（像蔡振华这样），即各级单项管理有一个良好的整体氛围。就像中国乒乓球队一样，各级运动队都维护教练员的主导地位，以国家乒乓球队前总教练蔡振华为榜样，他深谙乒乓球的发展规律，以教练员为中心，不断改善队伍支持环境、单项管理环境和运动员职业环境。竞技体育的不同项目间存在很大的差别，各单项教练员培训和交流研讨都在各单项协会内开展，但是目前因为各单项协会与地方体育行政部门的职能分开，使专项培训、教育与教练职称评定在一定程度上分开，各单项的教练职称先由所在单位行政组织评定，然后才递交单项协会进行审核，因此产生了很多问题。很多单项内能力不强的教练很容易被单位行政领导评上高级教练职称，而真正能力强的教练因为不了解项目特征的主管领导阻拦和僵硬化的一条线划定（如在广东省体育局不分个人性项目和集体性项目，只有所带队员能连续三年取得全国性比赛前三名的中级职称教练才有机会报评副高职称），评审材料很难送到国家体育总局各单项管理协会，最终使大部分专业技能突出的教练几乎不可能正常评上高级职称，影响了很多教练工作的积极性。笔者在日常与教练交流中，经常遇到这种问题，在国家队执教总教练多年，成绩卓著，不能评上国家级教练；而在省队执教，受省级运动队管理者支持较容易评上高级职称。对此，Mallett 等学者（2009）面对教练专业化发展趋势，通过研究提出教练学习、教练资格认证和教练发展有必然的联系，必须把这些结合起来，才能更好地促进教练职业发展。所以，应该用系统论的观点来看，只有在管理上有机地整合教练教育、学习和教练资格认证等体系，才能更好地促进教练职业生涯发展。在这方面，我们是否可以向西方学习，把教练培训、教育、教练职称放到单项协会，由教练专项委员会组织管理，真正改善各级单项管理环境，实现行业自律。

从教练个体出发，为了促进教练职业发展，选择好的职业发展环境是首选，目前在单位组织中执行起来比较困难，但已经有很多教练在这方面做出努力，并取得一定的成效。其次是加强自我职业生涯管理，多关注最新信息，从专业上积极探索专项训练和发展规律，积极获得项目和运动队主管领导的支持，这些都很重要，尤其要适合本土社会文化环境，尝试建立关系信息网，向领导展示自我，提高自身收集信息和整合资源的能力。

8.4 关系在教练职业生涯发展中的意义

近二三十年来，许多国内外学者对中国人社会日常人际交往的关系与人情进行深入探讨，认为“关系”是了解中国人社会行为与组织行为的核心概念之一。“人在江湖、身不由己”是所有社会人对“关系”既爱又恨的复杂表达，谁也逃脱不了“关系”。“关系”在中国人社会里内涵丰富，它是一种复杂的关系网络，包含共同的责任义务（Obligations）、了解（Understanding）、确认（Assurances），以及一种克服竞争与策略不足的策略机制（Xin & Pearce，1996）。很早的时候，西方学者就发现中国人社会“关系”的表现方式及行为结果与西方的人际关系（Interpersonal Relationship）有很大的差异。“关系”在中国人的商业活动、组织管理及组织行为中，扮演着不可言喻的重要角色。有很多学者通过研究总结到，在中国制度转型时期，正式规则和法律体系尚不健全，政策环境缺乏稳定性（Park & Luo，2001; Xin & Pearce，1996），非正式制度在很大程度上代替正式制度发挥作用。非正式制度其执行机制则依赖于现行的社会关系（Nee & Ingram，1998; Peng，2004），而传统文化的人情关系是其主要表现形式，充斥在社会经济生活的各个领域及层面，自发控制和协调个人和组织间的互动。所以，教练和直接领导形成的上下级关系对教练各方面形成重要影响，教练通过自我职业生涯管理与领导搞好上下级关系是非常适应性的行为，有利于教练职业成功。龙立荣（2002，2003）曾提到：在当今社会，我国在人力资源管理方面，由于受体制的制约和文化的影响，很多企业管理者在组织层面上经常更愿意或不得已屈服于关系，所以在研究教练自我职业生涯管理时发展多一个维度——注重关系。但是这种单方面只从员工角度探讨还不够彻底，从本质上看，同为中国人的组织主管和员工都有“关系”意识，更愿意屈服于关系，表现为组织主管对员工从情感上偏私、员工对组织主管忠诚等；不得已屈服于关系表示组织主管对员工不得不偏私，否则就不近人情了。

正如研究部分一对社会关系的归纳，教练所在的单位体制为“关系”提供了发展空间，“关系”是一个全面影响教练职业生涯发展的概念。这与许多学者研究“关系”，尤其是与组织中主管和个人关系（如宝贡敏，赵卓嘉，2008；高日光，王碧英，凌文辁，2006；黄光国，1993;凌文辁，1991；刘建军，2000；刘军，宋继文，吴隆增，2008；翟学伟，1994；张宛丽，1996 等）的研究结论一致。在本研究中，对于教练职业环境的测量，从属于队伍支持环境维度的题项“我所在的队伍队内气氛好，队伍凝聚力强”、从属于项目管理环境维度的题项“我执教的队伍有主管领导持续地关注、关心”“我所执教的项目有较强、合理的教练队伍组合，且相互关系良好”，从这些题项可以看出上下级关系、教练之间的关系都体现出教练非常重要的职业环境。同样，在自我职业生涯管理结构中，关注信息表示与他人建立关系和互助信息网来关注当前关键信息，因为关系是获得重要他人帮助和信息来源的重要途径；自我展示表示向上级领导展示自己的才能，汇报自己的工作成绩及职业发展愿望,因为它是教练职业生涯发展的一种有效策略，向上级领导汇报、示好，目的在于和领导“拉关系”，以求领导对教练提供更多的支持。研究部分四对上下级关系的中介作用研究更是充分说明这种私人关系对教练自我职业生涯管理的效果作用较大。对于教练所属的单位组织，在资源由上而下配置的过程中，关系是从掌权人那里求得稀缺资源的常用方法。所以，本研究发现，注重“关系”是教练自我职业生涯管理的重要策略之一，很多教练通过与领导的私人关系获得资源，提升职业竞争力。正如 Su 和 Littlefield（2001）的研究结论：关系带有明显的工具性色彩，个体轮流扮演资源配置者和请托者的角色，从而实现互利互惠（Hwang，1987）。而且，这种关系具有时间上的“累积效应”，它的性质类似于保险，是基于未来某个时点的需要而进行的持续投入。每逢过年过节，教练通过相互走动、向领导自我展示，长期积累以至形成社会情感偏私，这在中国具有深厚的文化土壤。平常多注重培养关系，关键时候才能用得上。即便是在制度很完善的中国人组织内，这种非工作关系也较盛行。如在中国香港、中国台湾已经实行另一种社会制度达半个多世纪的地方，前面所述的许多“关系”研究证实，在这些不同社会制度下中国人组织内“关系”的存在。中国人组织管理者常常通过“关系”来处理组织之间的相互依赖，以减轻制度上的不确定性，弥补组织结构性缺陷，降低交易费用，获取可靠信息和政府的支持等（Fan，2002; Standifird & Marshall，2000）。“关系”是中国几千年来农业文明的进化产物，有它存在的积极意义。

当然，“关系”也有负面影响或黑暗面（Dark-side）。“关系”大大增加了人们对环境的不确定性感知，人们只有依赖高层管理者或相关权责主管的人脉关系或社会资本，来作为应对紧急突发事变的“保命符”也就成为自然而然了。正如前面对教练自我职业生涯管理的影响因素分析，教练在这样的单位组织里，为了不至于在“关系”上吃亏，需要浪费大量的精力在“关系”上。教练虽然是运动队的核心人才，但普遍缺乏个人成就感，所以经常有高水平教练从技术岗位进入管理岗位。在本研究受访谈的 17 位高水平教练中，截至目前，已经有 5 位教练进入行政管理岗位，不再从事教练这个他们精专的职业，不能不说是一种遗憾。除此之外，还有一部分高水平教练则选择离职，可见“关系”的危害性也很大，容易导致教练职业巅峰期的中断和运动队人才的断档。现实的“行政化”一旦与传统的“官本位”思想合流，必然会越来越强化行政对于社会资源的支配和控制，这无疑会增加教练对权力的依赖性，主导地位会被削弱，“关系”价值观就会大行其道，成为个体在组织内竞争力的重要指标，其危害可想而知，也是摆在我们面前的现实。本研究“上下级关系”的部分中介效应已经说明，关系在某种程度上意味着竞争力。

总之，“关系”是我们每个教练都回避不了的，“关系”是中国凝聚集体，发展竞技体育（竞技体育就是一个大家庭）的自然纽带。面临国际化竞技体育竞争，这种“关系”绝不是越好，教练的职业竞争力越强。从结构方程模型可知，上下级关系对职业竞争力的中介效应的比重与教练自我职业生涯管理的直接效果是一个此消彼长的关系，如果“关系”的中介效应比重大了，势必教练自我职业生涯管理的直接效果就小，致使教练寄生于这种“关系”，那么“关系”的危害就更大了。近年来，中国体育界曝出太多的潜规则和弊端，无不是“关系”大行其道，弱化公平、公正、公开的竞技体育理念，大大损伤了广大教练 / 运动员的竞技热情和状态，甚至导致很多优秀教练出走，走出国门为其他国家培养运动员，在某些传统优势项目上形成强烈的竞争。最终从根本上损害了“发展体育，增强体质”的初衷，严重阻碍了中国“从体育大国到体育强国”的发展道路。而这些与体制和文化有着深厚关系，当前体制改革不彻底，监督不健全，法律不完善，体育界腐败不根除，没有一个公平竞争、健康发展的平台，难以留住体育优秀人才。结合现有的研究成果，许多行内人士通过在组织管理上加强制度化的管理，减少组织内成员对组织知觉的不确定性，尽量减少“关系”的运作空间。在组织内建构以专业技术为主流价值观的组织文化，抑制“关系”的负面影响。在教练所在的组织单元——运动队时，一方面要充分发挥教练专业技术能力，突出“以教练为主导”，另一方面，在竞技体育单位组织里，领导与教练是上下级关系，这是摆在我们面前的矛盾。加上传统“关系”的沉重包袱，使我们更难解决这个矛盾。何去何从，考验着中国竞技体育的未来走向。

8.5 研究局限性与未来研究展望

8.5.1 研究局限性

本研究主要采用自下而上的思路，从本土情况出发，但并没有忽略西方在方法上的严谨、深入，所以运用质性研究和定量研究范式相结合的方法。即在内容上，本研究并非建议后续研究走向那种狭隘的本土化方法，或偏执地全盘否定西方的理论与方法。

在具体研究过程中，以质性研究作为本土化研究的开始。这里一个值得深思的问题是，质性研究收集资料本身无法做到绝对客观，分析资料的结论也不具有推论所需要的代表性。质性资料的获得多少都会涉入笔者的工具性影响。因为资料自己不会讲话，笔者从开始选择访谈对象，到对转录的文本进行诠释分析，已深深地意识到其局限性。这正是质性研究的研究态度，通过这种参与式方式，对举国体制下本土教练自我职业生涯管理进行探索性研究，这种探索性研究考验研究者在研究方法和理论分析方面的功底。因此，笔者自省在具体资料分析时渗入了十年来对运动队实践的认识，其中有失偏颇的地方。此为本研究的不足或限制之一。针对此研究的不足，要想提高质性研究水平，只能积累笔者自己在质性研究方面的经验，从将来做质性研究的过程中学习、反思研究过程的每个细节，提升笔者对研究问题的敏感性。虽然基于多年来参与式工作和质性研究活动，但仍然可在质性研究和社会文化认识方面继续努力，以提高理论思考和提出假设的水平。

此外，本研究采用的样本全部都是省级、直辖市和国家队教练，所以出现在教练职业环境题项得分上普遍高于平均水平，这样的样本虽然已经代表本土教练的中坚力量，所得结论可以被中高层次教练和体育行政组织应用，但可能难以推论到更低层次（如市、区县级）教练。作为中国竞技体育最低层教练，他们（她们）承担着天才运动员启蒙的作用，这部分教练是否存在同样的自我职业生涯管理结构和关系，这是本研究未尽之处。此为本研究的不足或限制之二。所以将来研究应收集市、区县级教练的资料，以补充本研究的资料完整性，使研究结果的类推性更高；并可进一步比较不同层次的教练样本在教练自我职业生涯管理方面有何不同。

最后，本研究对效果变量的测量是参照国内相关研究，引用了西方研究编制的问卷。虽然经过信效度检验，但从这个过程来看，本研究只能属于本土化心理学（Indigenized Psychology）研究，不能算真正意义的上本土心理学（Indigenous Psychology）研究。这是本研究的遗憾之处，应该开发具有高度本土契合性效果变量的测量工具。比如，本研究归纳出教练职业环境是运动队所属单位组织所维系的，体现组织绩效的所在，那么教练职业环境应该在组织或集体性效果上有更好的体现，如可以选择运用运动队集体效能感这一敏感性好的指标。但是，参照目前组织心理学的集体效能感的研究，李锐和凌文辁（2006）发现集体效能仍没有统一的定义，测量方法有多种（自我效能感总和法、个体评估平均法和团体讨论法等）且饱受质疑，难以操作。本研究考虑实际工作量和操作性而没有做这样的选择，可望在未来的研究中予以完善。

另外，本研究考虑到共同方法偏差，为了尽量避免因为同样的数据来源或评分者、同样的测量环境、项目语境以及项目本身特征所造成的预测变量与效标变量之间人为的共变，主要采用程序控制法，对测量在时间上、空间上和方法的分离，保护填问卷的匿名性、减小对测量上的猜度、平衡项目的顺序效应等，但无法采用不同来源测量，如教练身边的领导、运动员。也是因为条件所限，对运动员进行施测会受运动员个体情况影响较大，而一个教练经常带很多不同的运动员，因此对运动员的施测数据参考价值不大。而对于领导施测，其操作性就更困难。本研究如此大量地针对全国九个省、直辖市竞技体育教练进行调查已实属不易，想再从教练的领导那儿获取数据就更是给研究带来巨大的成本和数据质量问题，可以考虑在未来的研究中，在保证数据质量的情况下，通过一些方式进行不同来源的测量，以减少共同方法偏差。

心理学大师勒温说过："没有一个理论比实用更好"，这样的观点也渗入到本研究中。笔者实地进入实践工作者的日常工作场所，移情地捕捉其实际心理行为及发展过程，呈现种种行为背后的逻辑，并由此归纳出一些简单而精致的概念或关系，改变以往的研究大多偏重于厘清其中一两个概念，较少人整合相关的概念，更少人将有用的中层理论与实践相结合这样的现象，帮助现实的教练对自我职业生涯管理有一个系统性的思考途径，有助于教练促进职业生涯发展和体育行政组织提高教练职业竞争力。从这个研究高度来看，本研究应该是个值得我们持续关注的研究方向。

8.5.2 未来研究展望

本研究只能说是本土化心理学研究，不能算真正意义上的本土心理学研究。这是本研究的遗憾之处，未来应该开发具有高度本土契合性效果变量的测量工具。如中国人有着不同于西方对成功的定义，不能照搬西方的职业生涯成功概念和量表，应开发出符合中国文化的职业生涯成功的概念体系和测量工具。本研究归纳出教练职业环境是运动队所属单位组织所维系的，体现组织绩效的所在，那么教练职业环境应该在组织或集体性效果上有更好的体现，如可以选择运用运动队集体效能感、组织绩效这些指标。目前组织心理学的集体效能感的研究没有统一的定义，测量方法有多种且饱受质疑，难以实际操作。组织绩效的定义和测量也没有形成统一，对于教练所带运动队集体，其组织绩效的衡量难度也非常大。但在后期研究时，应侧重开发适合我国运动队的效果测量，包括集体绩效（或组织绩效）和教练个体绩效的操作化测量工具。对于教练个体，未来应开发针对性更强的指标，如将执教有效性作为教练职业生涯管理的个体性效果。

本研究为了尽量避免因为同样的数据来源或评分者、同样的测量环境、项目语境以及项目本身特征所造成的预测变量与效标变量之间人为的共变，主要采用程序控制法，对测量在时间上、空间上和方法的分离，保护填问卷的匿名性、减小对测量上的猜度、平衡项目的顺序效应等，但无法采用不同来源测量，如教练身边的领导、运动员。可以考虑在未来的研究中，在保证数据质量的情况下，通过一些方式进行不同数据来源的收集来避免数据同源方法偏差；对测量进行时间上、空间上、心理上、方法上的分离，保护反应者的匿名性，减少项目的猜度，平衡顺序效应等多种程序控制方法来减少共同方法偏差。

本研究开发的几个测量工具虽通过心理测量学的标准，但应用到实践，目前可能用于个体进行纵向评估，未来还需要进一步与运动队集体结合，进行测量工具的大数据收集，获取常模等参考数据，这样就更加方便运动队集体或个体直接使用进行横向评估。并且所开发的测量工具都是简版，虽然节约了评价成本，但也削弱了测量工具的准确性，未来需要针对测量工具的具体题项进一步细化和应用操作化。

针对改革方向，即苟仲文呼吁“还是要走改革之路，把市场和计划平衡好”。“继续完善举国体制，向市场开放”是未来中国竞技体育的发展方向，必将带来教练职业环境的改变。本研究立足于当前情境，可能若干年后，改革发展带来的改变需要重新调查，对教练职业环境进行修订。比如教练职业环境中项目管理维度是基于伍绍祖局长的项目中心管理制而编制，而目前国家体育总局已经大范围改革，将逐渐形成项目协会管理制，所以未来教练职业环境维度：项目管理环境势必相应有一些改变。尤其是苟局长提的“专业人干专业事”职业化发展方向，正是在他的提议下，姚明顺利当上了篮协主席，这成为中国体育改革的一个标志性事件。这一大趋势必将带来教练职业生涯发展更注重教练个体的主动性发展，与市场化组织中的职业生涯发展慢慢趋于一致。与时俱进，在环境微调情境下，基于人—境互动论视角，未来教练自我职业生涯管理的修订可能会有较大调整。

9 结　论

本研究运用混合研究方法，具体采用探索序列式研究设计（Zoellner & Harris，2017），以开放式调查、本土化方法收集教练职业生涯成长的社会生态学原始资料，通过扎根理论方法建构教练职业生涯成长的理论模型，归纳出影响教练自我职业生涯管理的前因变量和效果变量，基于此提出假设，然后通过大样本的定量研究验证假设。即质性研究和定量研究的结合，通过这种定性和定量研究的结果互证（研究范式的三角检验），提升研究结论的可信度，并将研究数据和研究结论进行整合，增加研究的解释度。研究分为四大部分：教练职业生涯成长的质性研究、质性研究的核心类别研究、教练自我职业生涯管理的前因变量研究和效果变量研究，综合本研究成果，基本验证研究的总体框架思路（见图 9-1），其具体结论如下：

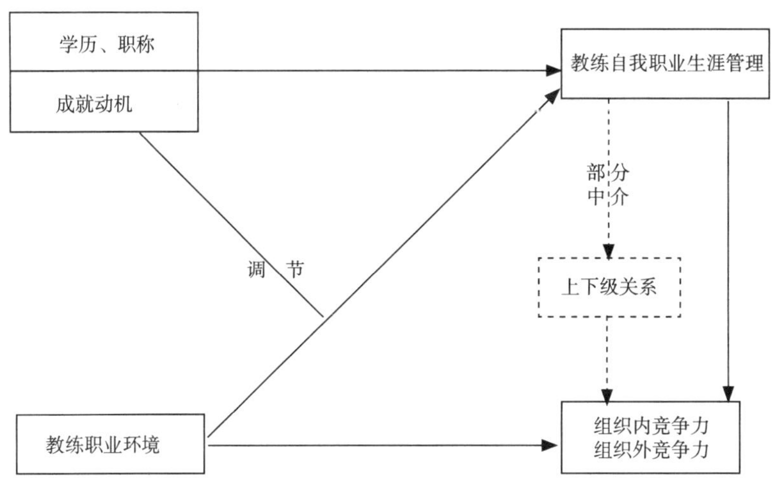

图 9-1　本研究的总体框架思路图

（1）从文化主位出发，归纳得出：对本土教练职业生涯成长有核心影响的因素是教练职业环境。教练职业生涯成长充分表现出社会取向特征，即教练必须依赖其职业环境，通过积极改善职业内环境，包括注重“关系”，实现集体目标和个体发展。

（2）教练职业环境由三个方面构成：运动队支持环境、项目管理环境、运动员职业环境。其中运动队支持环境指的是围绕教练培养运动员所形成的其他类人员支持环境，是教练最重要的职业环境，体现出在运动队中突出教练主导地位的重要性。自编教练职业环境问卷具有良好的信效度，符合心理测量学的技术要求，可以作为进一步研究的工具。

（3）经过修订，本土教练自我职业生涯管理由关注信息、专业探索、自我展示三个维度构成。其中，最为教练看重的是关注信息，即通过各种交流、培训活动以及与他人建立关系和互助信息网来关注当前最新职业信息。所修订的教练自我职业生涯管理问卷具有良好的信效度，符合心理测量学的技术要求，可以作为进一步研究的工具。

（4）影响教练自我职业生涯管理的因素包括人口学变量、个人心理变量、环境变量、个人心理变量与教练职业环境变量交互作用变量。对于人口学变量，教练职称对教练自我职业生涯管理有显著的积极影响；在控制人口学变量的情况下，成就动机对教练自我职业生涯管理有显著的积极影响；对于环境变量，教练职业环境对教练自我职业生涯管理有显著的积极影响；对于成就动机与教练职业环境的交互变量，在关注信息、专业探索、自我展示上，超越动机与队伍支持环境均有显著正交互效应；在关注信息、专业探索上，掌握动机与队伍支持环境均有显著正交互效应；在自我展示上，掌握动机与队伍支持环境存在显著的负交互效应。

（5）教练职业环境对组织内竞争力和组织外竞争力均有显著的积极影响，教练自我职业生涯管理对组织内竞争力和组织外竞争力均有显著的积极影响，上下级关系对教练自我职业生涯管理与组织内竞争力和组织外竞争力均有显著的部分中介效应。

附录一　知情同意书

课题题目：中国高水平教练员职业生涯成长的研究

---

1. 我知道该课题的需求，并且可以询问任何与课题有关的问题。

2. 我已经得到了一切我所需要的信息。

3. 我知道参与此项课题我可能承担的风险和得到的益处。

4. 我知道我有权不参加该课题，并且可以在任何时候退出该研究或者收回我所提供的信息，而且这不会对我本人有任何不良后果。

5. 我知道所有在访谈过程中我所提供的数据和信息都只能用于课题研究，而不会透露给任何其他与本课题无关的人。

6. 我知道我的个人信息不会在研究结果的发表中泄露出去。

7. 我知道如果我对该课题有何疑问，可以在任何时间与总负责人________联系，电话是_______。

8. 我知道如果我对研究过程有任何投诉可以______联系，电话是_______。

我____

因此，同意参加由__________________________（课题总负责人）承担的这一研究课题。

签名：

（受试者）：__________________　日期：________________

签名：

（课题总负责人 / 课题组成员 / 研究助手）：___________　日期：_________

中国高水平教练员职业生涯成长的访谈提纲

1. 首先是基本个人资料调查（年龄、教练职位、职称、执教年龄、执教最好成绩等），然后请您回顾你做运动员的专项经历、非专项经历、实习教练员、助理教练员经历，谈谈自己的经历，如运动员到教练员的角色转换等，在这一过程中，你是怎样探索和积累经验的？在这一过程中，你又是怎样积累知识的？包括教育和培训和非正式的自学、同行交流等。

2. 回顾您不同的发展阶段中，一定有许多问题，如管理、人事环境适应，重新认识，应对条件限制等问题和困境，您是怎样认识和应对这些困难并适应的？能谈谈令您印象深刻的事件、经历吗？

3. 作为举国体制下的教练员，大环境对训练、比赛和组织管理都有非常重要的影响，包括中国式思维和行为方面、行政管理上的，您是怎样认识和适应这种环境的？对于某些情况，您是怎样感觉的？如您说的领导层层负责、训练自由度等，它或多或少有积极和消极的意义，您是怎样应对的？如在每届全运会或奥运会周期里运用必要的社会支持回避一些阻碍等，在这些方面，您有过寻求权威人士、朋友或者心理学工作者的压力应对等相关方面支持吗？

4. 正如您所言，在中国，社会关系很重要，包括个人与领导层、管理层、裁判、相关权威人物等是我们教练员必须面对的重要课题，请您谈谈你在这些方面的情况及认识，它对您的发展有多大影响，您是否有意识培养自己这方面的能力？

5. 您喜欢目前从事的职业吗？为什么选择在这里发展？您觉得自己的发展在组织上受到支持的程度怎样？比如说工资、福利和职称方面，您带队的投入程度、负责心怎样？动力在哪里？

6. 您是一个怎样的人，请用简单的话描述一下自己，自己是什么特点？这种特点给您带来什么样的影响？比如说训练上和社会关系上，请您举个平常中的例子？

7. 在您看来，世界冠军是怎样产生的？您带队员是看重成绩还是运动员成长（包括做人）？或者两者在不同时期有不同偏重，在中国竞技体制下您怎样认识和处理它们的关系？在您工作的环境里运动员的成长问题是怎么被考虑的？您作为教练员对他们（她们）寄予什么样的希望？您在训练和比赛中最看重运动员哪些方面的成熟度，怎样贯彻这种理念？比如说对运动员自信心的培养、比赛感觉寻求等？它对运动员比赛发挥和成长有多大的影响？

8. 您对自己的到目前为止的执教生涯怎么评价，对现状有什么样的看法？包括某些因素的变化对教练员执教的影响，对未来发展方向有怎样的期望？展望一下自己的发展愿景是什么？自己是如何准备来适应未来的变化发展？

问卷调查指导语

尊敬的教练：

您好！首先非常高兴能够联系到您参与关于教练工作现状的科研调查。本研究的目的在于了解教练职业工作和发展状况，为指导职业发展提供科学依据。整个调查完全采用匿名的方式进行。本调查所收集的数据将只做学术研究之用，只由与本课题有关的专业研究人员经手处理，进行整体的统计分析。因此绝不会涉及任何具体的个人或单位。希望您能依据自己的实际情况认真填写调查问卷，不要漏答。您所提供的客观、真实的信息对于研究结论的有效性和准确性至关重要。

您个人的一些基本信息（在相应的数字上画“√”或在空格栏填上相应的数字及文字）

<table>
<tr><td>您的性别：①男 ②女</td><td colspan="2">婚 否：①未婚 ②已婚 ③离异</td><td>您的年龄</td><td></td></tr>
<tr><td>执教具体项目</td><td></td><td colspan="3">您的职称：①中级教练 ②高级教练 ③国家级教练</td></tr>
<tr><td colspan="2">学历：①研究生 ②本科 ③专科 ④高中</td><td colspan="3">教练职务：①助理教练 ②主教练 ③总教练</td></tr>
<tr><td colspan="2">教龄：① 1 ~ 5 年 ② 5 ~ 15 年 ③ 15 ~ 25 年 ④≥ 25 年</td><td colspan="3">执教岗位：①国家队 ②省队 ③市队</td></tr>
</table>

教练平台问卷

1. 我所在的队伍管理人员、科研人员、医务工作者都很支持我　　1 2 3 4

2. 我们单位在教练编制、职称评定方面比较成熟和公平 1 2 3 4

3. 我所在的队伍气氛好，凝聚力强 1 2 3 4

4. 我们队经常组织同事和专家相互学习交流经验，支持我攻关训练比赛难题 1 2 3 4

5. 我时常有参加专项培训与再教育的机会 1 2 3 4

6. 我执教的队伍发展有主管项目领导持续地关注、关心，他们了解项目规律 1 2 3 4

7. 我们项目的教练岗位能按照能者上的原则 1 2 3 4

8. 我执教的项目在国家队（或本省、市）发展历史较长，经过许多失败经验积累，发展得比较完善 1 2 3 4

9. 我执教的队伍受社会关注度高，群体基础好，青少年后备人才充足 1 2 3 4

10. 我执教的队伍能从项目管理部门或俱乐部那儿获得足够的经济支持 1 2 3 4

11. 单位重视运动员选拔，我执教的队伍形成合理的人才梯队 1 2 3 4

12. 我们的队员相对来说有较好的职业发展前景和未来空间 1 2 3 4

教练自我职业生涯管理问卷

1. 我经常参加各种专项交流学习活动，以丰富职业经验和视野 1 2 3 4

2. 为了获得进一步提升，我能得到很多人的帮助 1 2 3 4

3. 为获得单位的各种信息，我建立了很多关系网来了解即时信息 1 2 3 4

4. 我积极追求达到自己理想的职业状态 1 2 3 4

5. 我经常反思目前的训练方法和工作方法是否符合项目规律 1 2 3 4

6. 我试图尝试一种新的训练思路，寻找创新的东西 1 2 3 4

7. 我让我的上级领导知道我的工作成就 1 2 3 4

8. 我让我的上级意识到我想从事的工作 1 2 3 4

9. 我让我的上级知道我的职业追求和职业目标和策略 1 2 3 4

成就动机问卷

1. 比别的同事做得更好是我的追求　1 2 3 4
2. 我一直努力来证明我的能力比大多数同事强　1 2 3 4
3. 我努力工作，以证明自己能力过人　1 2 3 4
4. 我的人生目标是超过同辈人　1 2 3 4
5. 获得大多数同事和社会上人的尊重和承认，对我的人生至关重要　1 2 3 4
6. 我之所以努力工作，是因为高业绩意味着我有能力超过别人　1 2 3 4
7. 我很少想要与谁比高低，但通过努力使自己的能力得以不断提高，却是我重要的工作动力　1 2 3 4
8. 我之所以努力工作，是因为工作能让我的能力得以发挥　1 2 3 4
9. 希望自己能在工作领域中变得游刃有余的愿望，强烈地激发着我的干劲　1 2 3 4
10. 我喜欢挑战性工作，因为它能扩展我的知识和人生阅历　1 2 3 4
11. 我工作并不是为了超过别人，而是为了不断提高自己　1 2 3 4
12. 我相信，人生的最大价值不是超过别人，而是不断地超越自己，让自己的能力、知识、人生境界变得更完善　1 2 3 4

工作绩效自评问卷

1. 和同事相比，我的工作成绩比较优秀　1 2 3 4
2. 我的领导对我的工作成绩比较满意　1 2 3 4
3. 同事对我的工作成绩评价比较高　1 2 3 4
4. 我的工作成绩经常受到单位的表扬　1 2 3 4

职业满意度问卷

1. 我对我的职业所取得的成功感到满意　1 2 3 4

2. 我对为满足总体职业目标所取得的进步感到满意　　1 2 3 4

3. 我对自己为满足收入目标所得取的进步感到满意　　1 2 3 4

4. 我对自己为满足晋升目标所取得的进步感到满意　　1 2 3 4

5. 我对自己为满足获得新技能目标所取得的进步感到满意　　1 2 3 4

职业竞争力问卷

1. 单位视我为宝贵的资源　　1 2 3 4

2. 因为我的技能和经验，单位认为我能为组织创造价值　　1 2 3 4

3. 我在单位里有许多发展机会　　1 2 3 4

4. 我很容易就能在别的单位找到类似的工作　　1 2 3 4

5. 凭我的技能和经验，我有许多工作机会可以选择　　1 2 3 4

6. 凭我的技能和经验，其他组织会视我为有价值的资源　　1 2 3 4

领导—部属交换关系问卷（LMX）

1. 我非常喜欢我主管的为人　　1 2 3 4

2. 和我主管在一起工作非常有意思　　1 2 3 4

3. 我乐意与我的主管交往　　1 2 3 4

4. 我喜欢与我主管一起工作　　1 2 3 4

5. 即使我的主管对事件并没有充分的了解，他 / 她也会在上级面前为我的工作行为辩护　　1 2 3 4

6. 如果我被人攻击，我的主管会为我辩护　　1 2 3 4

7. 如果我犯了无心之失，我的主管会在公司其他人面前为我辩护　　1 2 3 4

8. 当我与他人发生冲突时，我的主管会站在我这一边　　1 2 3 4

9. 我愿意为主管的利益而付出超额的努力　　1 2 3 4

10. 为了我的主管，即使是要完成很多额外工作，我也不介意　　1 2 3 4

11. 我愿意为我主管做超出我的职责范畴之外的工作　　1 2 3 4

12. 为了我的主管，我会尽自己最大的努力去做自己分内乃至分外的工作　1 2 3 4
13. 我的主管所拥有的工作方面的知识是有目共睹的　1 2 3 4
14. 我主管的专业技能令人羡慕　1 2 3 4
15. 我主管工作方面的知识以及他 / 她的工作能力是众所周知的　1 2 3 4
16. 我主管的技术和能力给我留下了深刻印象　1 2 3 4

上下级关系（SSG）

1. 在假期或非工作时间，我会拜访或看望我的领导　1 2 3 4
2. 我的领导会邀请我去他（或她）家吃中饭或晚餐　1 2 3 4
3. 在特殊场合，如我的领导生日时，我肯定会拜访我的领导并送他礼物　1 2 3 4
4. 我总是积极地和我的领导分享交流我的一些想法、问题、需要和感受　1 2 3 4
5. 我关心，能理解我的领导的家庭或工作状况　1 2 3 4
6. 当存在观点上的矛盾或分歧时，我肯定支持我的领导，站在领导这边　1 2 3 4

请核对一下是否有漏答的问题。再次谢谢你的合作，祝你健康，顺利！

附录二　编码表示例

举国体制

类　别	所属类别开放性编码的原资料举例
行政管理主导	•外行领导内行就是这样子，越外行他越要管，而且还不允许你们提意见，所以我对外行领导内行不太满意。 •领导只要想做，都能做得到，他都懂他就会去问，他会找相关研究人员，要人有人，要财力有财力，要政策有政策，但是领导如果没有意识到这点，什么都是空的。 •非得把这个早操上纲上线去做，那么我感觉非得要这样去做吗? •现在可以说管理人员跟运动员教练员这个位置，虽然我们学院到奥运会的时候作用发挥主力是教练员、运动员，但是在体制方面还是管理人员比较压制教练，他的干预作用还是比较大。
成绩与政绩挂钩	•对啊，它就成为行政的行为，各个省体育局的官员们，都开始采用非常手段，先……再说，这就很少再去考虑体育中的教育内涵和重要作用。 •很重视，就是比别的国家要重视很多，而且投入很大，这个是出于哪方面的考虑呢？还是政治。 •领导一说就是金牌，没有金牌你动都不要动，没有金牌你就得不到很多支持，反过来，你有成绩、有金牌，获得的支持就会多一点。
大投入和大代价	•举国体制形成的好的一面，就是通过经济，金钱这方面情况下好的一面。 •把全国的力量、全省的力量、全市的力量都集中起来，这是目前我们国内所执行的。 •利用国家的国力来投入啊，对不对，比如说集中在二沙岛的地方这么一个培养优秀运动员的基地就是比你分散要好得多，对不对，你分散以后，各方面的物质没有保证，就像二沙的老基地，从五几年开始一直到现在了，相当成熟了，就刚才说的举国体制，你包括那个后勤保障，包括医生，也包括洗澡吧，都很方便，形成配套了。 •至于这个过程你成本多少，不计算。

类　别	所属类别开放性编码的原资料举例
封闭集中管理	•这么一个环境，而且是半军事化管理的环境。 •就是这个体制下，他的训练一三五全天，二四六半天…… •体校自己三集中，集中训、集中吃、集中上学，所谓的三集中，集中在一起办了，学校也在这办，我们就在这里上学，那文化课就比较差一点。
文化教育滞后	•在韶关，我刚开始练的时候是在外面读中学的，读初一、初二，初二才到的省体校，在省体校读到初三的时候我就过二沙岛来了。 •应该说高中我都没有拿到毕业证书，完全断了，就没考好，那后来就等着这个读大专，大专读完是 1993 年了，读大专然后一直到 1999 年才去读本科，在体院读到 2003 年。 •大专，对，广州体院，读了 3 年函授，基本没上什么课，考完试就行了。
制度差异	•内地搞体育主要是为了什么，香港搞体育主要是为了什么？不仅局限于乒乓球，就是它有个主要的目标了，从您的角度是怎么理解的，就是培养人的方式不一样，培养的结果不一样，其实就是…… •香港呢，它没有内地这方面的优越，就是说我能够整体地训练，集中在一个良好的环境，但是它从另外一个，从爱好来说，他们在爱好当中才吸引他兴趣，兴趣往后才能练好，所以他们要在兴趣中去找乐，就是他有一些动力或者希望去练好，提升自己。 •香港整个的大文化，香港人没有一个功名意识啊，小市民思想、唯我思想、自我保护意识特强，他没有一个竞技体育的概念和意识，整个市民、整个香港都是一样，大的困难不行，他叫什么呢，叫康乐文化，所以他不叫体委、不叫精英培训，他叫什么呢，他叫康体发展局，就从这个康体发展局可以看出他这个办体育的思想，就是康乐文化的思想理念。

社会政治经济

类　别	所属类别开放性编码的原资料举例
经济与竞技体育	•可以说现在整个人才方面，是吧？也是可以说，这么多年走过来了，肯定有它好的地方，因为我们整个国家这个竞技，整个这个所谓全民意识，都没达到像欧洲国家那样的水平，是吧？对个人用俱乐部这个形式去培养运动员，是吧？那这个可以说在这个土壤里面，你只能是适应。 •真正要体现这个体育运动这种含义的话，必须在生活水准，也就是作为个人的物质生活满足得差不多的情况下，它才会有竞技体育发展。 •这个大家都知道了，那么当时我们国家的政策叫调整巩固充实体育，就是我们国家的方针大政，那么在此期间呢，就是运动队伍要适当地减少。

类　别	所属类别开放性编码的原资料举例
举国战略	•你要能进省队，那时候省队是铁饭碗，就等于你出来以后能被安排一个比较好的工作。 •在国家队当教练是一个非常巨大的荣誉，你说这个荣誉你要是不接受，纯粹不想在中国混了。 •当时国家体育总局派我去学习，去法国一个月嘛。
政治与体育	•我们经济好啊，所以说各方面都要好啊，这个是我的政治啊，所以要全面啊，不能说光经济，要两手硬啊，这个也是属于政治，竞技体育属于经济的一方面。 •她拿世界冠军的时候，黄石体委甚至放鞭炮庆祝。 •原来是新中国刚成立，百废待兴，靠体育去扬眉吐气也好，升国旗也好，提高知名度也好，人家认可你啊，只有这个途径，升国旗人家必须站起来奏国歌。
高校发展竞体受阻	•这个开始期间清华代表队跟国家体委或哪个地方省队的一些矛盾，我不清楚，完了之后呢就坚决不要这个孩子在清华，必须回省队，因为这个队员是我省的队员，我注册的，我只有亲自打电话给 ×× 省的跳水队。 •你的队员在比赛中把田亮都赢了，你都不能参加奥运会，这简直就觉得失去公平了，你这不是针对个人而是针对清华跳水队，你是针对清华大学，这个闹得就挺厉害了，闹得挺僵的。 •应该是跟国外差不多。

历史文化

类　别	所属类别开放性编码的原资料举例
关系和面子	•中国的竞技体育在某种程度上就是争“面子”。 •如果你没有关系，那就很难获得较大的生存空间。 •国家搞竞技体育就是为国争光，争“面子”，省市搞竞技体育是为地方争“面子”。 •关系也是一种资源，中国人就讲究这个，你说公平，没有关系时讲公平，都说熟人好办事，有关系就不可能讲公平。
传统家庭影响	•他不是搞体育专业的，完了之后他有肝病，他读华南师范学院是因为家庭情况，当时考试办是国家全部供给，除了做老师，是这么一个情况，就是得了肝病，明年治病，完了回到海南师范继续做老师，完了呢，为了我的前途，他申请去海南中学去做体育老师，去教体操，领导也支持他，我这样练上了体操，所以讲家庭背景。 •比较喜欢看书，这可能受家庭影响，我父亲在，虽然搞文艺工作，但是后面主要是创造嘛，所以家里的书还是比较多，但是也不让我们看，那时候属于“四旧”，但是呢，对这种东西他们还是蛮支持的。

类　别	所属类别开放性编码的原资料举例
师徒制	•毕业出来以后，我先当了一年多助理教练，然后我上面那个主教练（老教练）是我原来的教练，他是1987年退休的，我1987年就正式接班，就慢慢成为主教练。 •我当时有一些选手，因为我来的时候我没有带过来，就给了以前带我的老师，他现在还在做，所以我不能把这些学生带走，不合适。

执教探索与理念

类　别	所属类别开放性编码的原资料举例
创新	•基本上不会走我以前走的路了，避免我教练以前所运用的那个模式。 •这个执教过程你得不断改变那些陈旧的或者不合时宜的想法。 •因为我在搞训练时，我的创新性在全国是蛮有名的，因为我搞这个太极，不管是服装、音乐，还是技术导向，所有这些都是我在引导。 •反正当时就倒装法，完了就这么多因素。
沟通	•带高水准运动员那个沟通、信任跟相互理解很重要，这个我有体会，这个训练起来，带起来效果就会好很多，教练不光是在训练方面，从平常生活方面你了解他的性格，建立一种互信，也是相当重要的。 •就是说“我要练”还是“要我练”，这么一种运动员认识方面的东西，那么你也知道带运动员确实也比较累、比较枯燥，生活也比较单调，所以要多沟通，在思想方面给他们不断地灌输。 •沟通构成我工作的大部分内容，跟队员沟通，跟他们家长沟通，还要跟领导沟通。 •很愿意跟运动员谈心，很愿意谈，有什么问题啊帮他们怎么样解释，讨论讨论。 •都没有架子，没什么东西的，他们没叫我教练，都叫我老爷，是吧，我也无所谓的，是吧，既然我都说了，大家下来都是朋友。
科学化	•自己还写了一句话，就是“求大成于自然之中”，就是我们对运动员的培养不要破坏自然规律，比如当时中国体操的揠苗助长问题。 •他的训练方法呢，科学有效，而且他这个流程最大的优点就是避免运动员受伤，这是他成功的两大因素之一——他的训练手段，我们就在清华探索什么叫科学的训练手段，那就是在最短的时间里面，用最有效的方法使运动员成材，这种方法就是科学的训练方法，掌握那些规律，你这套方法是可行的。 •不用走很多弯路，走的是捷径。我是用的这种好的方法，等于自己摸索这么多年做的。

类　别	所属类别开放性编码的原资料举例
高效管理	•在训练方面带给队员一种满足感、成就感，或者训练带来一种乐趣，苦中享乐。 •希望蹦床能获得快乐，也就是希望能实现快乐蹦床，对吧？ •对运动员还是比较公平的，而且希望他们有个比较好的发展。 •这一层次的运动员不好做工作，但是呢，你也得做，反复地做，磨破了嘴皮你还得给他做，真的有时候花的这个精力真不少，我们组这帮队员大的、小的、中的都有，你看是吧，但你也要管大的，你不能不管。
因时而变	•那这个就是一个提高，她跟那个外面的社会交流。 •我去练了一个月嘛，他的要求是再把这个孩子带到清华一直练，就说这样子的话你就不至于把在黄石的工作丢了，你还带着这个队员，这个队员就代表你的黄石跳水队，是这样的，两重意思，你也在那里学习，但是我们这个队呢也算是这样在清华培训，于芬就同意了，黄石也同意了。 •要总结下，你是不是要换一换，或者是转一转，自己适合的这方面不断得到提升。 •现在我们坚持对运动员一定要从教育观念出发，你要理解他们，同时，不是简单地让他在恐惧或者只是在一种不得不的过程中来做你的训练和所有的管理工作。
育人	•嗯，关键是树人吗，运动成绩的取得是他在做运动员期间必须要做的一件事情，从长远来讲，就是把他培养成一种继续能为国家作贡献的人。这个蛮重要的，同时其他素质跟不上去也不行。 •第一要有爱心，不但爱自己，爱队员，当然你爱不是说不能打他屁股，有些人见你打屁股就说你不爱队员，有时候你也骂队员，当然，大家的出发点不同。 •我现在对我儿子或者队员，越小的时候要求应该是越高，越大呢应该是越宽松。
中国式	•或者说通过一个集体的力量让她感化，这个不光是教练的力量。 •现在我们这种体育制度纯粹是领导管理，是吧，那你该露面的时候，你可能是重要部分，你就露面；不重要或感觉不重要……但是任务还是一样要求，对不对啊，还是要拿什么奥运金牌、全运会金牌，那你该重视该看，你都不看，对吧。 •领导不对我们重视，也有一方面好处就是我们在压力可能要小一点。 •一个大白天就 12 个小时，不能从头到尾练 12 个小时，这样子的训练就是很少读书，最后运动员的出路恐怕就是知识不够，体育又是青春饭，很多人就是做到 20 ~ 30 岁，现在的资料可能还有 30 多岁的啊，棋类的可能更长，但是很多人在 20 多岁就退了，但是后面一大半人生你该怎么走？

类　别	所属类别开放性编码的原资料举例
培养自主性	•包括训练，现在都最少要有指导性的东西或大致性的东西，布置下去，自己会有相对掌握权、自我掌握的程度、自我掌握的能力提高了。 •先是要自立格言，我让运动员有发自内心的一句话，我什么时候看到都能把自己激情调动起来。就是自己自立格言，自我激励，不用那些英雄人物写的豪言壮语，写下你自己的目标追求、理想，然后一看到就来劲，这个蛮重要。 •要培养运动员的主动意识。

个性行为特点

类　别	所属类别开放性编码的原资料举例
专业敏感性	•这个是必须要敏感，不断地发现问题，不断地改善这个问题，就等于用什么方式方法和手段去解决问题，这是教练必须要有的，因为你在教学当中，连问题都发现不了，你怎么去改善它。 •我这是通过生活的经历也好，我比较善于观察，也善于总结。 •我就说叫你买那个东西，小肌肉力量训练，是吧？其实我是……我也是去年……去年那个……回来国家队那个培训班那里，我也是听课，听完课我有点感觉，有时候我就想以后反正每次我一听完课，有一些东西跟我无关我就不管它,但是有一些东西会触动我,哎,跟我沾上……有用的，我就会想。
高成就感	•我原来就跟自己说过，做运动员就要做到最好，做教练一定也可以通过自身的努力做到最好。 •实际上你当教练就要下决心当个好教练。 •你要不就不干，要干的话，你最起码对自己要有信心，没有信心的话，那你还干得好吗，干不好，整天就前怕虎后怕狼，那永远就是抖抖缩缩的，永远干不了大事。 •我以前对自己要求太高，总觉得什么事一定要干到最好，我有一点完美主义者的那种感觉吧。 •我作为一个教练好像拿破仑讲的："不想当将军的士兵不是好士兵"，当教练就要培养世界冠军。对教练来讲，不想培养冠军的教练你就不是好教练。 •我想做教练，要想做教练，你不能当个碌碌无为的庸教练。要做一个好的教练，这是我很内心的想法，做一个教练培养出世界最尖端的优秀运动员，那时候哪敢想武术进入奥运会呢，但是一旦有一天武术进入奥运，我希望我的队员能站在领奖台上，获得最高荣誉。

类 别	所属类别开放性编码的原资料举例
事业心和责任心	•从我个人角度讲问心无愧，我只能是这样问心无愧。首先我觉得是自己有一份责任心，就是对队员啊，原来是你比较……怎么说呢……比较……呃……用心的，或者比较就是说出自所谓良心的，那些家长这么辛苦，送队员过来，你要负责起来，是吧。 •对，关键在自己，自己的一个所谓这个态度，就是态度比较认真，工作的态度还是比较认真，要么你不干，一干你就干好，就是这样一个态度。 •一直以来都是这样培养的，都是奉献的，你还想比什么，是吧？ •确实感觉自己有一种为人师表那种感觉，从一个学生到一个老师这种。 •教练员天生就有一种责任感在里边，因为作为可能都是运动员出身的教练员，那么他吃苦耐劳、刻苦这种感觉不是说一年两年而是十年八年可能更长，那么转型到教练员，教练员本身有这个责任感。 •自我责任感和对这个项目的喜爱都调动起来的。 •责任心就是说你既然干了这个工作，你就要干好它，这是肯定的，不管是在省里面做主教练还是在国家队做主教练，对不对，我觉得我的责任心是蛮重。
信仰	•其实说到根本，我认为做一个教练要有信仰，你有了信仰，其他的都好说。 •我加入民盟，我这个性也要追求一点民主，有很多知识分子在里头，我的视野会宽阔一些，而且这个组织适合我。 •这个信仰还是对我的家庭影响非常大，对我改变非常大，包括对我当运动员。

专业积累

类 别	所属类别开放性编码的原资料举例
人生经历	•我只是这个经历比较多就是了，特别是两岸和港澳的经历，我都是亲身经历积累出来的，不是说去怎么学习得来的。 •我个人身上的最大受益其实就是我的经历，对我执教过程受益最多就是我本身的经历、我走过的路，其他也没有什么东西，在训练方面、在执教方面去运用就是了，融会贯通。 •我在德国待过一段时间，也看过他们的俱乐部……我在俱乐部也带过他们，所以我就……各方面对我在生活当中也好在工作当中也好，影响确实挺大的。

类　别	所属类别开放性编码的原资料举例
榜样型教练学习	•请苏联专家，那我们就属于中国第一代开始正规训练的少年队员，所以我们一到国家队就看到了。 •八一队当时有个很优秀的教练，他是咱们中国第一个世界冠军也是中国第一个奥运会冠军，满族的教练，当时我从部队一下到那儿就当他的助手，当他的助手，我学到了很多东西。 •在和他的学习中、工作中获得的，自己取得的、掌握的东西很多。 •我到现在都很愿意跟有水准、有思想性的人接触，就是有上进心那样，整天跟着他训练，那时候常指导国家队的叫宋什么的，好几个人了，就是细水长流，看谁流的好，这个时候就像文火炖汤一样。
师徒式言传身教	•我们国家的教练在经验积累上面普遍都有这个过程，就是跟一下老教练，然后看一下他怎么训练，你跟着他执行，或者……这个过程慢慢再转向主教练这个位置。 •我们国家第一届技巧训练班，那个时候请的是北京戏剧学院的校长啊……李绍春，那确实学到了怎么保护自身，这个过程中都学到了很多。 •再看叶指导以及很多教练的一种计划、一种训练的方式方法，一种跟运动员的沟通或者包括一些身体语言都真的……这个对我们今后的教练工作都有很大的帮助。
同行相互学习	•教练员知识方面的那个增长，还有就是相互之间的借鉴和学习，三个臭皮匠顶过一个诸葛亮，好像三人行必有我师，对不对？我的助教，他的教学，我观察了那么长时间，我们也相互交流，共同探索。 •当时也有很多东西不懂，只有从这个教练或者那个教练那里偷学一点，多看看。 •我是比较重视这一点，就是说，能看到什么东西我就试一试，感觉他那种训练方式不错或者技术不错，我们就去试一试、做一做。 •工作上有志同道合的同志，就要解决一些专业上的问题，这里就要讲友情，他应该算忘年交了。
自学摸索	•我是用一些科学的方法移植过来，我也喜欢移植，创新思维中有个叫移植法嘛，创新嘛，有种叫移植组合，对不对，还有一些叫联想，这方面很多，教学用语言什么，我们就怎么。 •开始也有一个摸索期，就是对队员啊、各方面啊，摸索了不少东西，那么，队员也比较快容易接受我的一些方法。 •他为什么会有这种想法，你就可以琢磨了，对跳水有什么帮助，很多东西都是他发明的，双重保护带，他自己发明成自动的…… •这个我想很多做运动员没有想到、做到的，但是我做到了，我这种积累从那个时候就已经开始了。

教练职业发展

类　别	所属类别开放性编码的原资料举例
职业顶峰期	•我现在都返璞归真了，全部还原了，已经在另外一个高度。 •因为过往我当国家队教练，成绩各方面都有，对吧，后来来香港就当伤残人士教练，也体现出这方面的天赋和能力，可以把他们的运动员的成绩提上来，这就是说不管过去现在，你都可以有这个能力去……，对吧，去提升他们，所以他从几方面考量，就是因为我还是胜任这个位置。 •来国家队当主教练，我的队员在我执教第二年就突破历史拿了世锦赛冠军，这也是中国从未有过的。 •最后你要拿成绩给人家看，是吧？你是报前三，或者亚运会、亚洲锦标赛你要拿个牌，那最后你就要完成这个任务，人家就看这个东西，是吧，人家哪管你平时去踢球啊什么，人家不管你的。
认识提高	•所以我知道，我脑子明白，知道不对，我也有办法解决一点，我只不吭声就妥协了，那我现在看到点东西了，我到一定程度了，我就要说了，说不是为我，多干活少说话，我从那些年代成长过来也是多干活少说话，那个争你也是死，没必要争，我们妥协前进。 •其实人体的复杂程度一点都不亚于我们现在最尖端的机器，因为人不管在哪方面，唯独对自身的了解是很少的，你当教练其实是跟这么一个人在打交道，你想从这个里面知道他的所有的适应、反应的这些规律，其实你就是要对人体这个复杂的东西有敬畏之心…… •我也在这个圈子里这么多年了，就是说这个管理文化背景、体育文化背景不一样，内地搞体育主要是为了什么，培养人的方式不一样，培养的结果不一样，其实就是……
资源积累与调整	•机会是给那些有准备的人的，这有点像挤公共汽车一样，哟，前面人少我就排前面去，走到前面发现还是后面人少又回来，那你看一下前门，赶过去前门也关了，那往后门，后门也关了，最后你还没坐上车。而那些准备好的人呢，就是没有看到公共汽车来，可能也会在那里等，也会在那边努力。但是这个环境要不适合我怎么办，那么我想办法就给我现有的东西我来找，我来修正自己，对不对，你不可能去修正别人，你的力量只能修正自己，我就修正自己。 •只不过我们都把它当成一个学习过程，就是一个积累过程嘛，你有这种……我表达不出来，但是我心里很清楚。 •最终还是想了想，哎呀，既然进入这个角色了就不容易，所以就是说太执着了，就是那种不容易去转换一个环境或者怎么。 •我觉得我们首要的目的首要的问题是活下来。 •所以就是说要能适当地控制好自己、调节好自己啊，平衡好这种物质上的还有这些功利上的追求。

类　别	所属类别开放性编码的原资料举例
自我职业发展实践	•我给他当助手，带她去朝鲜比赛，这个孩子呢，湖南人，长得比较好，但是呢，弱点比较多，他也把她练成了世界杯亚军，也练得比较好，在这种情况下，我学会了女子青年队当时一个比较正确的教法。 •当时那种氛围教练员就需要有文凭，你必须要读书，没有大学文凭你就当不了教练。 •凭着一种经验啊或者那种就是现场的一种悟性的东西可能会多一点，就后面那些要学什么真正要完全投入去学可能还没有这个时间和精力，就是比较专业上面、技术上面的可能会考虑得多一点。 •我自己方面呢也很努力，可以说上午训练，下午学习。 •所以就是说你定位以后，很清楚自己怎么走，最后觉得还是干自己的老本行，是吧，那就可能还能发挥你一些的余力啊（笑）。
职业新手期	•然后回到家，我跟爸爸妈妈商量，爸爸妈妈说了很多道理，说你还是应该做教练。 •这也过了很长一段时间，但那个是从运动训练上面来说，我是全方位介入这个工作，一开始呢我还比较听他的，他说什么我就问他，每次计划好了以后我要问他，按照他的意思来做。 •开始当教练就不行，什么都要管，生活、管理、关系等，的确很难。 •所以当时虽然是做了教练，领导也找我谈话，要独立搞，当时我那个心还没在那上面，还在想有没有什么机会获得更好的发展。 •将来你有一技之长，将来你还是有个文凭好，所以我就去了北京体育学院。 •回来我就不想练了，就读书去，在体院，反正每年有一段时间上课的就上课。 •那个时候可能萌芽里面觉得，带领别人也好，来思考训练也好，这个是挺有意思的一件事情，虽然很短暂，可能这个也对自己有一些影响。
运动员时期	•原来是体操出身，练了 4 年体操，别人把你选过去的。 •不是说小孩小嘛，也不是说我一定要练这个专项或者有一个目标，当时说真的，真的没有这个概念，那么进来以后就开始所谓的专业运动员生涯。 •先是体育老师选我们玩一些好像就……呃……柔韧性的一些活动，也没有完全接触跳水，后来是市体校的教练下去选人。那时候想，反正想去就去呗，也没想其他的。 •运动员生涯 1986 年在南京冠军赛 10 米跳台第三，个人全能第 3。 •最好的成绩应该是全国冠军吧，一个是全运会冠军就是 1983 年第五届全运会冠军，在那届全运会我个人拿了两个冠军。 •练了 15 年，成绩方面呢还过得去，世界冠军也拿了，全国冠军呢，各方面全国冠军都完成了任务。 •全国比赛我拿了很多次，就是拿冠军，就是 1978 年亚运会，然后我就拿了中国第一个亚运会冠军。

社会支持和家庭

类　别	所属类别开放性编码的原资料举例
家庭与工作	•我们也是属于受体育的熏陶吧，对不对，你既然干了这份工作，在你的工作职责范围中，你必须把它干好。如果说有业余时间，那就尽量陪陪家人，再加上我太太原来也是运动员出身，对这个体制她可能从内心里面还很是适应了。 •他肯定要支持要理解，但是肯定也会有矛盾。
教练与裁判	•我感觉人与人之间必须不断地交流、沟通，那么才能达成一种共识，就是好比说，我的哪个裁判打的分数可能与我想象的有一定距离，我就寻找机跟他做一个交流吧，没有一次在比赛里面跟裁判发生冲突，没有过激行为，指责裁判这个怎么怎么样。 •裁判这方面呢，主要要做到一种，什么呢，一种尊重。
教练同行关系	•我去清华大学，完了之后呢也成立了个跳水队，他问："你有没有兴趣一起过来看一看"，我说"可以啊"。 •我跟我教练老杨关系一直蛮好，那时候他整天带着我，有些年纪大的也不太听他的，我算是比较听话的人，他也比较喜欢我，就这样，当教练以后，他就把训练都扔给我了。 •跟那些人相处，我感觉我是很容易相处的，不是那种很有心计的那种。
上下级关系	•体委主任，陈冠虎，他讲过一句话，对我的印象特别深，那就是："××，别看什么国家级，什么高级教练……" •那到了前面是……就是说，也是像你所说的，这个我们是通过组织。 •高压政策可以说……对不对？等于是这样的一个……这样去理解它，我觉得就……就好办一点了，是吧？ •我个人处理与领导的关系，第一是服从，领导嘛，既然他是你领导，肯定他就是你上级，你就必须服从。 •她在国家队训练的时候，经常跟我打电话，那时候我在清华，我说你经常跟那个周领队，周继红是我的师姐，你跟她说，我也和周继红打电话，我说周大姐帮帮忙……

教练平台

类　别	所属类别开放性编码的原资料举例
教练能力与平台获得	•第一个整合资源，这个东西就是发展社会关系，这个能力很重要，专业的技能也很重要，这两个东西缺一不可，在中国要想成材这两个东西是很重要的。 •第一个是你自己的努力，这个是分不开的，对不对啊，这个是要你打下良好的基础，人家要你起码能干出点成绩来，第一个就是肯干，投入，用心。 •你所有的工作和队员在全运会前的这个年度里，他们取得的进步是大家有目共睹的，领导有目共睹，所以到我这一个周期完再开始的时候…… •现在是运用这种海峡两岸暨香港、澳门的经验，就是说回来能够贡献给香港，其实也是给我一个蛮好的平台。 •我感觉，在香港重要的是你个人有没有能力，给你一个队员，你能不能说出他的特点是什么，今后需要在哪些方面塑造他，你没有一个很好的专业敏感性，你就不可能……
教练平台搭建	•训练是领导说了算，时间这些都掌握着，对不对啊，你没有金牌你做什么都没用。 •当时领导找我谈话，要独立，抓队伍。 •现在的价值观、理念的碰撞在这个问题上产生了很大的分歧，我跟领导是这样的。 •主任就……就是说你要……就等于是把这个责任交给我了。 •很多教练员没有这种政治头脑，认识不清，领导关系处理得不好。 •只要这个领导不是过分短视，没有在你这个之前就完全的把你PASS掉了嘛，你一定还有展露的机会，那就是看到你的成绩。
体育战略增加机会	•1970年、1972年、1973年，那个时候是“冰冻”时期，到了1974年，1976年那几年可以说是化冻了，尽管中国整个社会还没有恢复元气，但是那个时候呢，体操房里开始化冻了，训练的热潮也很高。 •真的要把跳水要搞起来的话确实还需要一个跑道、一个平台。 •黄石体委作为一个它的发展方向，小、灵、快这个专案。它这样去发展，那当然一个体操啦、乒乓球啦，跳水算一个，那个时候跳水有这个场地没有人员，而正好我的家乡是那边的，那就理所当然地回去把这个队伍组织起来成立了一个跳水队。 •那个蹦床是列入了奥运会，2000年第一次……就在澳大利亚那一届蹦床就已经列入了奥运会，所以我们国家也把这蹦床项目组建起来了，当时，1999年是广东队第一次组建蹦床队，我在这过程里面一直在蹦床队当教练直到现在。

参考文献

陈启伟，1992. 现代西方哲学论著选读 [M]．北京：北京大学出版社 .

程社明，卜欣欣， 戴洁，2003. 人生发展与职业生涯规划 [M]. 北京 : 团结出版社 .

程艳萍，2006. 组织职业生涯管理对工作满意度的影响研究 [D] . 大连：大连理工大学 .

丁振华， 吴应宇，2014. 高校绩效评价研究综述 [J]. 江苏高教（4）：64-66.

邓晓芒，2007. 中西文化比较十一讲 [M]．长沙：湖南教育出版社 .

费孝通，1948. 乡土中国 [M]. 上海：上海观察社 .

冯明，2013. 人力资源管理 [M]. 重庆 : 重庆大学出版社 .

樊景立，1995. 我对“差序格局与华人组织行为”的一些看法 [J]. 本土心理学研究（3）： 229-237.

樊景立， 郑伯埙，2000. 华人组织的家长式领导：一项文化观点的分析 [J]. 本土心理学研究（13）：127-180.

方丹逸，2012. 公务员职业承诺量表编制及应用研究 [D]. 成都：四川师范大学 .

符堪德，2001. 广州市高校青年体育教师自我职业生涯管理的现状 [J]. 体育成人教育学刊， 27（1）: 55-56.

黄洁华，田甜，2007. 大学教师职业生涯管理因素结构研究 [J]. 心理科学，30（3）：689-692.

葛鲁嘉，1995. 心理文化论要——中西心理学传统跨文化解析 [M]. 大连：辽宁师范大学出版社 .

高日光，王碧英，凌文轮，2006. 德之根源——领导理论中国化研究及其反

思 [J]. 科技管理研究，160（6）：144-147.

高旭繁，2008. 华人在传统与现代生活情境中的传统与现代行为：人境互动论的观点 [D]. 台北：台湾大学心理学研究所 .

高志丹，2016. 关注里约奥运会中国军团 [EB/OL].

格林豪斯，卡拉南，戈德谢克，2006. 职业生涯管理 [M]. 3 版 . 王伟，译 . 北京：清华大学出版社 .

苟仲文，2018. 体育改革要走出“圈子”，突出“开放”[EB/OL].

苟仲文，2018. 体育改革 : 拆篱笆跳出体育圈子办体育 [EB/OL].

郭于华，1994. 农村现代化过程中的传统亲缘关系 [J]. 社会学研究（6）:49-58.

黄光国，1993. 互动论与社会交易：社会心理学本土化的方法论问题 [J]. 本土心理学研究（2）： 94-142.

黄洁华，田甜，2007. 大学教师职业生涯管理因素结构研究 [J]. 心理科学，30（3）：689-692.

胡利军，杨远波，2010. 中国职业体育发展研究 [J] . 体育科学，30（2）: 28-40.

焦若水，2004. 关系、单位与社会转型 [J]. 西安电子科技大学学报：社会科学版，14（2）： 138-144.

金沫，2013. 组织政治知觉、政治技能与职业生涯成功关系研究 [D]. 成都：西南交通大学 .

李维，侯光明，杨波，2008. 软件销售人员的自我职业生涯管理 [J]. 商场现代化（6）：325-326.

李锐，凌文辁，2006. 工业与组织心理学中的集体效能感 [J]. 心理科学进展（6）：924-931.

李富荣，2002. 努力成为一名优秀的教练员 [J]. 中国体育教练员（1）：4-5.

李宗浩，等，2008. 国家社会科学基金项目《2010 年我国竞技体育发展战略研究》[EB/OL].

李元伟，鲍明晓，任海，等，2003. 关于进一步完善我国竞技体育举国体制的研究 [J]. 中国体育科技，39（8）：1-5.

凌文辁，欧明臣，2010. 企业员工自我职业生涯管理与组织职业生涯管理初探 [J]. 广州大学学报：社会科学版，9（4）：38-45.

梁漱溟，1999. 东西文化及其哲学 [M]. 2 版 . 北京：商务印书馆 .

刘天祥，2008. IT 产业知识型员工职业生涯管理策略的构成因素 [J]. 经济与管理，22（3）： 39-45.

刘建军，2000. 单位中国: 社会调控体系重构中的个人、组织与国家 [M]. 天津: 天津人民出版社 .

刘延东，2011. 坚持和完善举国体制 加快体育强国建设 [EB/OL].

刘兵，2013. 职业教练：教练员队伍转型升级的必由之路 [J]. 中国体育教练员（4）：7-10.

刘鲁蓉，李昌吉，龙云芳，等，2009. 中医医生职业承诺量表的结构模型评价研究 [J]. 四川大学学报：医学版（4）：318-321.

刘华芹，黄茜，古继宝，2013. 无边界职业生涯时代员工心理因素对职业成功的影响——自我职业生涯管理的中介作用 [J]. 大连理工大学学报：社会科学版（1）：30-35.

马跃如，程伟波，2010. 自我职业生涯管理结构维度与人口变量的差异性分析 [J]. 科技管理研究（9）：130-133.

苗治文，李勇勤，张大庆，2006. 论举国体制的改革与发展 [J]. 北京体育大学学报（6）: 741-743.

牟临杉，2011. 领导—成员交换理论及其拓展 [J]. 企业改革与管理（5）：5-8.

田麦久，武福全，等，1988. 运动训练科学化探索 [M]. 北京 : 人民体育出版社 .

龙立荣，2002. 职业生涯管理的结构及其关系研究 [M]. 武汉 : 华中师范大学出版社 .

龙立荣，2003. 企业员工自我职业生涯管理的影响因素 [J]. 心理学报，35（4）: 541-545.

龙立荣，毛忞歆，2007. 自我职业生涯管理与职业生涯成功的关系研究 [J]. 管理学报，4（3）：312-317.

林本炫，2004. 质性研究资料分析电脑软体在质性研究中的应用 [M]. 嘉义：

南华大学教育社会学研究所 .

龙立荣，方俐洛，凌文辁，2002. 组织职业生涯管理及效果的实证研究 [J]. 管理科学学报，5（4）:61-67.

廖泉文，2004. 职业生涯发展的三、三、三理论 [J]. 中国人力资源开发（9）：21-23.

彭泗清，1993. 中国人"做人"概念分析 [J]. 本土心理学研究（2）：277-314.

庞涛，王重鸣，2003. 知识经济背景下的无边界职业生涯研究进展 [J]. 科学与科学技术管理（3）：58-61.

秦椿林，等，2005. 再论"举国体制"[J]. 北京体育大学学报（4）：437-439.

任孝鹏，王辉，2005. 领导 - 部属交换（LMX）的回顾与展望 [J]. 心理科学进展，13（6）：788-797.

石勇，2013. 高等学校公共体育教师组织承诺的量表修订研究 [J]. 西安体育学院学报（1）：124-128.

王辉，刘雪峰，2005. 领导—部属交换对员工绩效和组织承诺的影响 [J]. 经济科学（2）：94-101.

王沪宁，1995. 从单位到社会调控体系的再造 [J]. 公共行政与人力资源（1）：56-65.

王牟，2009. 激励对员工工作的影响研究——基于两种激励理论的探讨 [J]. 中国市场（32）：93-94.

王天哲，孙燕，2011. 职业生涯规划与就业指导 [M]. 西安：西北大学出版社 .

汪大昭，薛原，2011. 举国体制与奥运辉煌 [EB/OL]. 人民日报（奥运特刊）. 2012/8/9 第 019 版 .

温忠麟，张雷，侯杰泰，等，2004. 中介效应检验程序及其应用 [J]. 心理学报，36（5）：614-620.

翁清雄，卞泽娟，2015. 组织职业生涯管理与员工职业成长 : 基于匹配理论的研究 [J]. 外国经济与管理（8）：30-42，64.

肖天，梁晓龙，王鼎华，等，2006. 中国高层次教练员培养与成长的战略格局 [J]. 武汉体育学院学报（3）：1-5, 74.

严圣阳，王忠军，杜坤，等，2008. 员工职业生涯成功的测量工具实证研究 [J]. 武汉商业服务学院学报，22（3）: 73-75.

杨鑫辉，等，2002. 危机与转折——心理学的中国化问题研究 [M]. 哈尔滨：黑龙江人民出版社 .

杨国枢，1993. 我们为什么要建立中国人的本土心理学 [J]. 本土心理学研究（1）：6-88.

杨国枢，1997. 心理学研究的本土契合性及其相关问题 [J]. 本土心理学研究（8）：75-120.

杨国枢，2004. 中国人的心理与行为：本土化研究 [M]. 北京：中国人民大学出版社。

杨中芳，1993. 试论如何深化本土心理学研究：兼评现阶段之研究成果 [J]. 本土心理学研究（1）：122-183.

杨宜音，2008. 自己人：一项有关中国人关系分类的研究 [J]. 本土心理学研究（8）：277-316.

杨宜音，2000. 关系化还是类别化：中国人“我们”概念形成的社会心理机制探讨 [J]. 中国社会科学（4）：148-159，207-208.

杨桦，孙淑惠，舒为平，等，2004. 坚持和进一步完善我国竞技体育举国体制的研究 [J]. 北京体育大学学报，27（5）：577 - 582.

杨茜，2011. 基于个人—组织匹配的组织职业生涯管理及其效果研究 [D]. 大连：大连理工大学 .

游黎丽玲，1993. 学校心理辅导 [M]. 香港：香港中文大学出版社 .

袁伟民，1988. 我的执教之道 [M]. 北京：人民体育出版社 .

袁伟民，2004. 在全国体育局长会议上的总结讲话 [EB/OL]. 02-27.

于文谦，常成，孔庆波，2011. 再论举国体制的坚持与完善 [J]. 体育文化导刊（3）：5-8.

翟学伟，1994. 面子、人情、关系网 [M]. 郑州：河南人民出版社 .

章崇会，朱学雷，2013. 专家教练研究述评 [J]. 武汉体育学院学报，47（3）：67-74.

章友德，2016. 使中国女排重回世界之巅的不仅是女排精神，更是专业主义 [N]. 探索与争鸣杂志（奥运特刊），08-24.

张宛丽，1996. 非制度因素与地位获得——兼论现阶段中国社会分层结构 [J]. 社会学研究（1）：64-73.

张丹，2006. 组织政治行为视角中的管理者职业生涯管理 [J]. 商业时代（4）：93-94.

赵凯，胡琳琳，2007. 职业生涯成功及其标准的研究综述 [J]. 社会心理科学（Z3）：109-113，123.

周文霞，2006. 职业成功 : 从概念到实践 [M]. 上海 : 复旦大学出版社 .

周丽芳，2006. 华人组织中的关系与社会网络 [J]. 中国社会心理学评论（2）：53-86.

周文霞，2006. 职业生涯管理 [M]. 上海：复旦大学出版社 .

郑伯埙，2006. 差序格局与华人组织行为 [J]. 中国社会心理学评论（2）：1-52.

佐斌，1997. 中国人的脸与面子——本土社会心理学探索 [M]. 武汉：华中师范大学出版社 .

朱佩兰，钟秉枢，左琼，2002. 教练员——中国体育腾飞的关键 [M]. 北京 : 北京体育大学出版社 .

钟秉枢，黄诗薇，2007. 交融共享，五色回味——2007 年全球教练员大会杂感 [J]. 中国体育教练员（4）：28-29.

钟鸣，2018. 组织职业生涯管理与工作绩效的关系研究 [D]. 广州：华南理工大学 .

钟伯光，姒刚彦，蒋小波，等，2010. 中国高水平教练员成长过程的特点 [J]. 国际运动及锻炼心理学期刊（中文部分）（8）：249-282.

左琼，钟秉枢，蒋志学，等，2009. 全国体育系统教练员人才队伍现状分析 [J]. 中国体育教练员（4）：40-44.

Abraham A，& Collins D，1998. Examining and extending research in coach development[J]. *Quest*（50）： 59-79.

Abraham A，Collins，D，& Martindale R，2006. The coaching schematic: Validation through expert coach consensus[J]. *Journal of Sports Sciences*（24）： 549 -564.

Anderw，W，1987. Communist Neo-traditionalism: Work and Authority in Chinese Industry[M].Oakland: The University California Press.

Arthur，M. B，Khapova，S N & Wilderom，2005. C P M Career success in a boundaryless career world[J]. *Journal of Organizational Behavior*，26（2）： 177-202.

Aryees D Y，1993. Across cultural amication of cater planning model[J]. *Journal of Organizational Behavior*（14）： 119-127.

Bagozzi R P & Edwards J R，1998. A general approach for representing constructs in organizational research[J]. *Organizational Research Methods*（1）： 45-87.

Baric R，2007. The relationship of coach's leadership behaviour and his motivational structure with athletes' motivational tendencies[D]. Ljubljana: Fakulteta za šport.

Bergmann D S，2000. Coaches，ethics and autonomy[J]. *Sport*，*Education and Society*，5（2）： 147-162.

Berliner D C，1986. In pursuit of the expert pedagogue[J]. *Educational Researcher*，15（7）:5-13.

Berliner D C，1991. Educational psychology and pedagogical expertise: new findings and new opportunities for thinking about training[J]. *Educational Psychologist*，26（2）： 145-155.

Bloom G A，Salmela，J H，& Schinke，R J，1995. Expert coaches' views on the training of developing coaches[C]//R. Vanfraechem-Raway & Y Vanden Auweele（Eds.）.Proceedings of the Ninth European Congress on Sport Psychology. Brussels，Belgium: Free University of Brussels：401-408.

Bloom G A，Durand-Bush N，Schinke R & Salmela J.（1998）. The importance of mentoring in the development of coaches and athletes[J]. *International Journal of Sport Psychology*, 29, 267-281.

Bloom G A, Schinke R J, & Salmela J H, 1997. The development of communication skills by elite basketball coaches[J]. *Coaching and Sport Science Journal*, 2（3）: 3-10.

Bompa T, 2000. Periodization, theory and methodology of training[M].（Eds.）. Champaign, IL: Human Kinetics.

Bowes I & Jones R, 2006. Working at the edge of chaos: understanding coaching as a complex interpersonal system[J]. *The Sport Psychologist*, 20: 235-245.

Bronfenbrenner U, 1979. The ecology of human development[M]. Cambridge, MA: Harvard University Press.

Buchanan B G, Barstow D, Bechtel R, Bennett J, et al., 1983. Constructing an expert system[C]//F Hayes-Roth D A, Waterman, & D B Lenat（Eds.）.Building expert systems. Don Mills, ON: Addison-Wesley: 129-168.

Cassidy T, Jones R L, & Potrac P, 2004. Understanding sports coaching: The social, cultural and pedagogical foundations of coaching practice[M]. London: Routledge.

Charmaz K, 2002. Qualitative interviewing and grounded theory analysis[C]//J Gubrium & J A Holstein（Eds.）. Handbook of interview research: Context and method. Thousand Oaks: Sage: 694-765.

Chiu, et al., 1997. Implicit theories and conceptions of morality[J]. *Journal of Personality and Social Psychology*, 73（5）: 923-940.

Choi I, Nisbett R E, & Norenzayan A, 1999. Causal attribution across cultures: Variation and universality[J]. *Psychological Bulletin*, 125（1）: 47-63.

Côté J, Gilbert W, 2009. An Integrative Definition of Coaching Effectiveness and Expertise[J]. *International Journal of Sports Science & Coaching*（4）: 307-325.

Corbin J. & Strauss A, 2001. 质性研究入门：扎根理论研究方法 [M]. 吴芝仪，廖梅花，译 . 台北：涛石文化。

Côté J，Salmela J，Trudel P，et al.，1995. The coaching model: A grounded assessment of expert gymnastic coaches' knowledge[J]. *Journal of Sport & Exercise Psychology*（17）：1-17.

Creswell J，Plano Clark V，2011. Designing and Conducting Mixed Methods Research[M]. 2nd ed. Thousand Oaks，CA: Sage Publications.

Cushion C J，Armour K M，& Jones R L，2003. Coach education and continuing professional development: experience and learning to coach[J]. *Quest*（55）：215-230.

D'Arripe-Longueville，F，Fournier J F，Dubois A，1998.The perceived effectiveness of interactions between expert French judo coaches and elite female athletes[J]. *The Sport Psychologist*（12）：317-332.

D'Arrippe-Longueville F，Saury D，Fournier J，Durand M，2001. Coach-athlete interaction during elite archery competitions: An application of methodological framework used in ergonomics research to sport psychology[J]. *Journal of Applied Sport Psychology*，13: 275-299.

Dehn N & Schank R，1982. Artificial and Human Intelligence[C]//R. J. Sternberg（Ed.）. Handbook of human intelligence. Cambridge: Cambridge University Press: 352-386.

Dienesch R，Liden R，1986. Leader-member exchange model of leadership: A critique and further development[J]. *Academy of Management Review*，11: 618-634.

Douge B，Hastie P，1993. Coach effectiveness[J]. *Sport Science Review*，2（2）：14-29.

Douglas K, Carless D，2008. Using stories in coach education[J]. *International Journal of Sports Science and Coaching*，3（1）: 33-49.

Dreyfus S E, Dreyfus H L，1986. Mind Over Machine[M]. NY: Blackwell Publishers.

Duchon D，Green S，Taber T，1986. Vertical dyad linkage: A longitudinal assessment of antecedents，measures，and consequences[J]. *Journal of*

Applied Psychology，71: 56-60.

Durand-Bush N，Salmela J，2002. The development and maintenance of expert athletic performance: perceptions of world and Olympic champions[J]. *Journal of Applied Sport Psychology*（14）：154-171.

Eby L T，Butts M，Lockwood A，2003. Predictors of success in the era of boundaryless careers[J]. *Journal of Organizational Behavior*，24（5）：689-781.

Erickson K，Côté J，Fraser-Thomas J，2007. Sport experiences，milestones，and educational activities associated with high-performance coaches' development[J]. *The Sport Psychologist*（21）：302-316.

Farh J H，Tsui A S，Xin K R & Cheng B S，1998. The influence of relational demography and guanxi: the Chinese case[J]. *Organization Science*（9）：471-487.

Fleurance P，Cotteaux V，1999. Development of expertise in elite athletic coaches in France[J]. *Avante*，5（2）：54-68.

Furnham A，Jaspars J，1983. The evidence for interactionism in psychology: A critical analysis of the situation-response inventories[J]. *Personality and Individual Difference*，4（6）：627-644.

Gauthier A P，Schinke R J，Pickard P，2005. Coaching in Northern Canadian Communities: reflections of elite coaches[J]. *Journal of Sports Science and Medicine*，4: 113-123.

Gauthier A P，Schinke R J，& Pickard P，2006. Coaching adaptation: techniques learned and taught in one Northern Canadian region[J]. *The Sport Psychologist*（20）：449-464.

Gerard A C，Jeffrey H G，1990. The career indecision of managers and professionals: development of a scale and test of a model[J]. *Journal of Vocational Behavior*，37（1）: 79-103.

Gioia D A，Pitre E，1990. Multiparadigm perspectives on theory building[J]. *Academy of Management Review*（15）：584-602.

Gould D，Dieffenbach K，Moffett A，2002. Psychological talent and their development in Olympic champions[J]. *Journal of Applied Sport Psychology*（14）：172-204.

Gould D，Giannini J，Krane V，Hodge K，1990. Educational needs of elite US national team Pan American and Olympic coaches[J]. *The sport psychologist*（9）：332-344.

Gould D，Hodge K，Peterson K，Petlichkoff L，1987. Psychological foundations of coaching: Similarities and differences among intercollegiate wrestling coaches[J]. *The sport psychologist*（1）：293-308.

Gould D，Hodge K，Peterson K，Giannini J，1989. An exploratory examination of strategies used by elite coaches to enhance self-efficacy in athletes[J]. *Journal of sport & exercise psychology*（11）：128-140.

Hall D T，Froster L，1977. A psychological success cycle and goal setting: Goal，performance，and attitudes[J]. *Academy of Management Journal*（20）：282-290.

Hall R J，Snell A F，Foust M S，1999. Item parceling strategies in SEM: Investigating the subtle effects of unmodeled secondary constructs[J]. *Organizational Research Methods*（2）：233-256.

Hall D T，Moss J E，1998. The new protean career contract: Helping organizations and employees adapt[J]. *Organizational Dynamics*（4）：22-36.

Liam R，Terry A，Garrison D R & Walter A，2000. Methodological issues in the content analysis of computer conference transcripts[J]. *International Journal of Artificial Intelligence in Education*（11）：8-22.

Hwang K K，1987. Face and favor: The chinese power game[J]. *American Journal of Sociology*，92（4）：944-947.

Irving J A，Williams D I，1999. Personal growth and personal development: concepts clarified[J]. *British Journal of Guidance & Counselling*（4）：517-526.

Jacobs L B，1980. The Concept of Guanxi and Local Politics in a Rural Chinese Cultural Setting [C]//Greenblatt S L，Wilson R W and Wilson A A.（Eds.）Social Interaction in Chinese Society. New York: Praeger.

John R Evans & Richard L，2008. Coach development through collaborative action research: A rugby coach's implementation of game sense pedagogy[J]. *Asian Journal of Exercise & Sports Science*（5）：31-39.

Jones R，Wallace M，2006. The Coach as "Orchestrator"：More Realistically Managing the Complex Coaching Context[C]// Jones R.（Eds）. The Sports Coach as Educator: Re-Conceptualising Sports Coaching. Routledge: Abingdon: 51-64.

Jowett S，Meek G A，2000. The coach-athlete relationship in married couples: An exploratory content analysis[J]. The Sport Psychologist（14）：157-175.

Jowett S，Cockerill I M，2003. Olympic medalists' perspective of the athlete-coach relationship[J]. *Psychology of Sport and Exercise*（4）：313-331.

Knowles E D，Morris M W，Chiu C Y，& Hong Y Y，2001. Culture and the process of person perception: Evidence for automaticity among East Asians in correcting of situational influences on behavior[J]. *Personality and Social Psychology Bulletin*，27（10）：1344-1356.

Law K S，Wong C S，Wong D & Wong，L，2000. Effect of supervisor subordinate guanxi on supervisory decisions in China: An empirical investigation[J]. *International Journal of Human Resource Management*，11（4）：751-765.

LeCompte M D，Goetz J P，1982. Problems of reliability and validity in educational research[J]. *Review of Educational Research*，52（2）：31-60.

Lewin K，1935. A dynamic theory of personality[M]. New York: McGraw-Hill.

Levy A，Nicholls A，Marchant D，Polman R，2009. Organisational Stressors，Coping，and Coping Effectiveness: A Longitudinal Study with an Elite Coach[J]. *International Journal of Sports Science and Coaching*，4（1）：31-46.

Lyle J，1999. Coaching philosophy and coaching behaviour[M]//N Cross & J Lyle（Eds.）The coaching process: principles and practice for sport. Oxford: Butterworth-Heineman：25-46.

Lyle J，2002. Sports Coaching Concepts: A Framework for Coaches' Behaviour[M]. London：Routledge.

Lyle J，2007. The learning formats of coach education material[C]//2007 Global Coach Conference，International Council for Coach Education. Beijing: Beijing Sports University.

Lyle J，2007. Learning the lessons for workforce planning for coaches and coaching[C]//2007 Global Coach Conference，International Council for Coach Education. Beijing：Beijing Sports University.

Lyle J & Trudel P，2007. Formal and informal learning in coach education[C]//International Council for Coach Education Master Class. Beijing：Beijing Sports University.

Malete L，& Feltz D L，2000. The effect of a coaching education program on coaching efficacy[J]. *The sport psychologist*（14）：410-417.

Mallett C J，Trudel P，Lyle J，& Rynne S B，2009. Formal vs. Informal Coach Education[J]. *International Journal of Sports Science & Coaching*（4）：325-336.

Martindale R，Abraham A，Collins D，2007. Effective talent development: The elite coach perspective in U. K. sport[J]. *Journal of Applied Sport Psychology*（19）: 187-206.

Mielke D，2008. Coaching experience，playing experience and coaching tenure[J]. *International Journal of Sports Science and Coaching*（2）: 105-108.

Nash C & Collins D, 2006. Tacit Knowledge in Expert Coaching: Science or Art? [J]. *Quest*（58）: 464-476.

Nash C & Sproule J，2009. Career Development of Expert Coaches[J]. *International Journal of Sports Science and Coaching*，4（1）: 121-138.

Nash C & Sproule J，2011. Insights into Experiences: Reflections of an Expert and

Novice Coach[J]. International Journal of Sports Science and Coaching, 16（3）: 149-162.

Nash C, Sproule J & Horton P, 2008. Sport Coaches' Perceived Role Frames and Philosophies[J]. *International Journal of Sports Science and Coaching*（3）: 539-556.

Nee V & Ingram P, 1998. Embeddedness and Beyond, in The New Institutionalism in Sociology[M]. Cambridge University Press.

Noe R A, 1996. Is career management related to employee development and performance[J]. *Journal of Organizational Behavior*（17）: 119-133.

O'sullinvan M & Doutis P, 1994. Research on expertise : Guideposts for expertise and teacher education in physical education[J]. *Quest*（46）: 176-185.

Pazy A, 1998. Joint responsibility: The relationships between organizational and individual career management and the effectiveness of careers[J]. *Group and Organization Studies*（13）: 311-331.

Park S & Luo Y, 2001. Guanxi and organizational dynamics: organizational networking in chinese firms[J]. *Strategic Management Journal*（22）: 455-477.

Peng Y, 2004. Kinship networks and entrepreneurs in china's transitional economy[J]. *American Journal of Sociology*, 109（5）: 1045-1074.

Peterson P L & Comeaux M A, 1987. Teachers' schemata for classroom events: the mental scaffolding of teachers' thinking during classroom instruction[J]. *Teaching and Teacher Education*（3）: 319-331.

Poczwardowski A, Barott J E, Henschen K P, 2002. The athlete and coach: Their relationship and its meaning, results of an interpretive study[J]. *International journal of sport psychology*, 33（1）: 116-140.

Potrac P & Jones R L, Armour K M, 2002. It's all about getting respect: The coaching behaviours of an expert English soccer coach[J]. *Sport, Education and Society*, 7（2）: 183-202.

Romond P, Pantaléon, N, 2007. A qualitative study of rugby coaches' opinions about the display of moral character[J]. *The sport psychologist*（21）：58-77.

Reade I， Rodgers W，HALL N，2008. Knowledge Transfer: How do High Performance Coaches Access the Knowledge of Sport Scientists[J]. *International Journal of Sports Science & Coaching*，3（3）: 319-336.

Salmeila J H， Draper S P，Laplante D，1993. Development of expert coaches of team sports[C]//S Serpa， J Alves，V Ferreira & Paula-Brito（Eds）. Sport psychology: An integrated approach. Lisbon: FMH：296-300.

Salmeila J H，1996. Great job coach! Getting the edge from proven winners[M].（Eds.）. Ottawa，ON: Potentium.

Salmela J，1995. Learning from the development of expert coaches[J]. *Coaching and Sport Science Journal*，2（2）：3-13.

Salminen S，Liukkonen J，1996. Coach-athlete relationship and coaching behavior in training sessions[J]. *International Journal of Sport Psychology*（27）：59-67.

Scandura T，Graen G B，1984. Moderating effects of initial leader-member exchange status on the effects of a leadership intervention[J]. *Journal of Applied Psychology*（69）: 428~436.

Schinke R J，Bloom G A，Salmela J H，1995. The evolution of elite Canadian basketball coaches[J]. *Avante*（1）：48-62.

Schein E H，2009. Organizational Psychology[M]. 马红宇，译 . 北京：中国人民大学出版社 .

Seibert S E，Kraimer M L & Linden R C，2001. A social capital theory of career success[J]. *Academy of Management Journal*，44（2）：219-237.

Seibert S E， Kraimer M L，Holtom B C，2013. Even the best laid plans sometimes go askew: career self-menagement processes，career shocks，and the decision to pursue graduate education[J]. *Journal of Applied Psychology*，98（1）:169-182.

Sloane P，2008. Coaching Experience，Playing Experience and Coaching Tenure: A Commentary[J]. *International Journal of Sports Science and Coaching*（2）:

117-118.

Smith R E, Smoll F, 1990. Self-esteem and children's reactions to youth sport coaching behaviors: a field study of self-enhancement processes[J]. *Developmental Psychology*（26）: 987-993.

Smith R E, Smoll F L & Curtis B, 1979. Coach effectiveness practice: A cognitive-behavioral approach to enhancing relationship skills in youth sport coaches[J]. *Journal of Sport Psychology*（1）: 59-75.

Spencer L M & Spencer S M, 1993. Competence at work: models for superior performance[M]. New York: John Wiley & Sons. Inc.

Stephenson B & Jowett S, 2009. Factors that influence the development of english youth soccer coaches[J]. *International Journal of Coaching Science*（3）: 3-16.

Stump S A, 1983. Development of the career exploration survey（CES）[J]. *Journal of Vocational Behavior*（22）: 191-226.

Sturges J, Guest D, Mackenzie D K, 2009. Who's in charge? Graduates' attitudes to and experiences of career management and their relationship with organizational commitment[J]. *Europeon Journal of Work and Organizational Psychology*（9）: 351-371.

Su Chenting, Littlefield J E, 2001. Entering guanxi: A business ethical dilemma in mainland China? [J]. *Journal of Business Ethics*, 33（3）: 199-210.

Sugalski T D, Greenhaus J H, 1986. Career exploration and goal setting among managerial employees[J]. *Journal of Vocational Behavior*（29）: 102-114.

Super D E, 1957. The psychology of careers[M]. New York: Harper.

Tesch R, 1990. The mechanics of intepretational qualitative analysis[C]// Qualitative research: analysis types and software tools, New York: Falmer Press: 115-123.

Tharenou P, 1997. Managerial career advancement[C]//C L Cooper, I T Robenson（Eds.）. International Review of Industrial and Organizational Psychology.

Trudel P, Côtés J, Bernard D, 1996. Systematic observation of youth ice hockey coaches during games[J]. *Journal of Sport Behavior*（19）：50-66.

Trninić V，Papić V & Trninić M，2009. Role of expert coaches in development of top-level athletes' carreers in individual and team sports[J]. *Acta Kinesiologica*，3（1）：99-106.

Tsang E W K，1998，Can guanxi be a source of sustained competitive advantage for doing business in China? [J]. *Academy of Management Executive*，12(2)：64-73.

Tsui A S，Farh J L，Xin K，2000. Guanxi in the Chinese Context[M]//J T Li，A S Tsui & Weldon E（Eds.）. Management and Organizations in the Chinese Context. London: MacMillan.

Weiss M R，Barber H，Sisley B L，Ebbeck V，1991. Developing competence and confidence in novice female coaches: Ⅱ. Perceptions of ability and affective experiences following a season-long coaching internship[J]. *Journal of Sport and Exercise Psychology*（13）：336-363.

Werthner P，Trudel P，2006. A new theoretical perspective for understanding how coaches learn to coach[J]. *The Sport Psychologist*（20）：198-212.

Wilkins D，1980. Using patterns and plans in chess[J]. *Artificial Intelligence*（14）：165-203.

Wright T，Trudel P & Culver D，2007. Learning how to coach: the different learning situations reported by youth ice hockey coaches[J]. *Physical Education and Sport Pedagogy*（12）：127–144.

Wylleman P，2003. Interpersonal relationships in sport: Uncharted territory in sport psychology research[J]. *International Journal of Sport Psychology*（31）：555–572.

Wylleman P，2005. The career development of elite athletes: a sport psychological perspective[M]//U D. Milanović i F. Prot（Eds.）.Proceedings of 4th International Scientific Conference on Kinesiology, Opatija. Zagreb: Faculty of Kinesiology：622-627.

Xin K R & Pearce J L，1996. Guanxi: Connections as substitutes for structural support[J]. *Academy of Management Journal*（36）：1641-1658.

Yang K S，2000. Monocultural and cross-cultural indigenous approaches: The royal road to the development of a balanced global psychology[J]. *Asian Journal of Social Psychology*，3（3）：241-263.

Yeung I Y M & Tung R L，1996，Achieving business success in Confucian societies: The importance of guanxi[J]. *Organizational Dynamics*，25（2）：54-65.

Young B W，Jemcxyk K，Brophy K，Côtê J，2009. Discriminating skilled coaching groups: quantitative examination of developmental experiences and activities[J]. *International Journal of Sports Science & Coaching*，3（4）: 397-416.

Zoellner J & Harris J E，2017. Mixed-Methods Research in Nutrition and Dietetics[J]. *Journal of the Academy of Nutrition and Dietetics.*（In Press）. doi: 10. 1016/j.jand. 01.018

/后　记/

自从硕士研究生毕业以来，我从事专业实践工作已有 14 年，在这过程中，我发现实践远比我想象的要更复杂，而现有的理论和研究成果远不能像我想象的那样可以被应用。面对自己的实践工作，也许是个性使然，我脑子里总有一些与别人不一样的概念：中国社会现实、本土文化、社会环境与个体、教练职业群体……有些问题像影子一样跟随着我，而我却弄不清究竟是我出了问题，还是这些本就是“如影随行”的。2008 年，我带着特别的实践体验选择重新回到校园，希望自己的感性体验变得更加理性。作为我三年来学习和研究的一个总结，我把我的研究定位在介于理论和实践之间，尝试对实践中的一些问题进行理性思考。

历时三年，近两年的田野调查，一年的问卷调查，超过五次的修改……可以说，从博士阶段之前的积累，到博士论文的写作开始，再到进入重庆大学后的反思和后续研究，经过长期的资料积累和分析，渗透了自己多年的心血，饱含硕士、博士导师辛勤的教诲和培养。当我改完最后一稿的那一刻，心中感慨万千。蜀道之难，难于上青天，只有真正经历这个过程，才真正知道个中滋味，失望、艰辛、无奈、欢欣、满足、感叹……五味杂陈！像一次不知结果、不敢问收获的探险，看着脚下的荆棘路，一不小心便可能身陷囹圄，一边克服艰难险阻，一边还要抬头望一下通向目标的正途在哪里。对于我这个参加实践工作多年后又回到校园的老学生，最后转入高校任教，从一个教育者的角度思考教练职业生涯，这种难得的经历真让我难以忘却。不管怎么样，我走过的这个漫长而艰辛的历程，成为我人生旅程中的一段永远值得珍视的记忆。其中，最让我觉得弥足珍贵的是所有指导我、陪伴我的老师、家人及朋友，正是你们对我的指导、帮助、理解与支持，让我觉得不再孤单，并使我始终前行在正确的道路上。

我于 2011 年进入重庆大学任教，本书的部分内容是博士毕业研究，但我的研究没有止步于博士论文答辩通过。带着当时专家评委的一些疑问，我对教练自我职业生涯管理的研究一直持续至今，终于可以告一段落。在这期间，利用教学和体育局实践服务的便利，穿梭于大学课堂和运动队之间，继续保持着研究与实践之间的弹性，发现实践性研究在一定程度上可以填平理论和实践之间的巨大鸿沟。在进一步收集数据时，我继续得到山东体育局程静静师姐、上海体育局朱学雷副院长等朋友的大力支持，使本研究在获取资料上既有广度，又有深度。无疑，他们也是本系统研究的参与者，在此，感谢我的研究团队。

以下是我简单的致谢：

首先要感谢我的博士导师马红宇教授，我的毕业论文从选题立题、结构设计到结果分析直至文章撰写和论文的修改都凝结了导师的心血和智慧。马红宇教授是一位良师益友，她严谨的治学态度，精益求精的工作作风，渊博的知识，严以律己、宽以待人的为师风范给我留下了深刻的印象，也将使我受益终身。还记得第一次见面，马老师询问我博士研究生阶段的规划，要求我充分利用在心理学院里强大的资源，不怕向院里其他老师多问多学，比如刘老师的研究方法、周老师的教育发展心理学和国际视野、郭老师和江老师的文化和理论心理学、佐老师的社会心理学更是我们应用心理学的基础……虽然已经过去十多年时间，但现在想起，和导师的最初几次谈话对于我这个从外校考入心理学院的学生来说，印象依然深刻。真的很感谢马老师像学长一样向我详细介绍心理学院的情况，滔滔不绝，如数家珍，让我清楚地知道在博士三年里应该努力的方向和应寻求指导的老师。也正是马老师的引入，我在听刘老师不厌其烦地讲“研究方法和高级统计”时，比别人多下一些功夫；在听其他几位博导介绍“最新研究进展”时认真记下各位老师的启示。可能因为个人兴趣和实践使然，我在很早的时候就读过江老师和郭老师的著作，深感两位老师的功力深厚，尤其在本土文化和理论心理学方面，只是苦于在心理学院三年时间还是太短，不能很好地跟老师们有更多的交流。感谢心理学院的老师和其他老师给予我的帮助，我至今还会时常听听邓晓芒老师在院里给我们做的关于“中西文化心理”的系列讲座。心理学院浓厚的学术氛围，舒适的学习环境，使我终生难忘！

另外，还要特别感谢另一位老师——姒刚彦教授，即我的硕士研究生导师（前任国际运动心理学会主席），本论文研究的最早参与者，质性研究有他的悉心指导和鼓励。从我 2000 年进入硕士研究生阶段，是他把我带入质性研究领域。姒老师的关心与无限包容使我胆敢那样执着地以质性方法做研究，一路上跌跌撞撞，做着那似乎遥远又庞大的研究大梦，一直得到他那春风细雨般的支持。如果不是他担任中间人，并用他的人脉关系为我大力引荐朋友，帮我物色研究对象，我就很难有那么多的好机会从事一系列的调查研究，并获取极高质量的数据资料，在此深表谢意！

协助我收集资料的还有其他许多老师，如朱学雷院长、胡桂英教授，给予我心理上支持的张力为教授，师兄黄志剑、邢建辉、朱小龙、刘皓，师姐程静静，还有庞晓东、钟宏同学，以及一大批师弟师妹、朋友。在此，感谢所有人的帮助，这些支持和帮助对我顺利完成本书帮助很大。也非常感谢参与我调查的教练，尤其是参与访谈的教练，很多国家队教练在备战重大比赛前不惜空出时间与我一起探讨教练职业生涯成长，并允许我参与实地观察，使我所收集的原始资料非常丰富。在此十分感谢武汉体育学院的师弟赵大亮、蒋小波等，他们无畏苦闷、不辞辛苦地协助我收集资料，帮助我转录访谈录音。对于历时达一年的质性资料收集过程和庞杂的原始资料，我不敢说这样便可以有什么成就，但这个过程绝对使我更加懂得了倾听，学会了对生活、对教练的尊重。

同时，感谢我们博士小组的高记师姐、唐汉瑛同学，还有贾留战师弟，以及 2008 级、2009 级的师弟师妹们，我们小组有家一样的温暖。还要感谢华中师范大学田家炳楼 703 室的学长孙晓军、张陆、涂阳军和韩磊、平凡、老潘等同学，当年共处 703 室，学习、讨论从心理学角度探讨自我职业生涯管理……令我一生难忘。

后期研究在广东省体育局、重庆市体育局、山东省体育局、北京市体育局等合作单位的协助和应用下得到更进一步的研究成果并应用检验，对本研究继续完善，建构中国本土化竞技体育教练员自我职业生涯管理理论具有非常重大的理论意义和现实意义，在此一并感谢。感谢曾经的领导，现任广东省体育局二沙基地主任孙小华的大力协助，感谢张德军为本研究在重庆市体育局应用做的沟通工作。再次感谢师姐程静静为本研究在山东省体育局应用做的沟通工作，还有很多应用单位的大力协助，为本研究能更多地服务社会做了不少铺垫和宣传工作，非常感谢。

最后，我要感谢与我关系最亲密的家人。我的父母、岳父母、哥哥、妹妹等诸亲友，在我成长的过程中，总是给予我无限的呵护，做我的后援。尤其感谢我至爱的父母，无怨无悔地支持着我的实践、求学和研究之路，说实在的，那几年的“不忠不孝”（为了备战奥运会，为了工作，连续6年没有回老家陪双亲过年），没有让他们过上一天幸福的生活（本研究过程中两位至亲相继去世，使本研究蒙上一层悲情色彩）。如今，我已经能接受双亲离去的现实。正如双亲弥留之际所言，生老病死谁也逃不过，去另一个世界也会对儿子充满挂念，保佑儿子健康、事业有成……感谢我的妻子，正如我几年来的每一次进步都与她的关心和辛劳持家密不可分一样，本书的最终完成，同样凝结着她的包容与汗水。

再多的话也难以道尽我心中的感激，感谢你们，仅以此书献给所有关心、帮助、支持和爱我的老师、朋友和家人吧！

本书为重庆大学中央高校基本科研业务项目（106112016CDJSK25XK23）的成果。

2019年于重庆大学